KB038997

질적연구방법론

QUALITATIVE RESEARCH
METHODOLOGY —— 서경혜 저

학지사

머리글

질적연구를 배우며 질적연구를 해 온 지 30년이 넘었고 질적연구를 가르친 지 20년이 다 되어 가기에 이 책을 쉽게 쓸 줄 알았다. 그런데 3년이 넘게 걸렸다. 나의 질적연구 경험을 되돌아보는 시간이었고, 질적연구자로서 나 자신을 성찰하는 시간이었다.

나는 질적연구를 하면서 많이 달라졌다. 언제라고 특정할 수는 없지만 내 자신에 대한 큰 깨달음이 있었다. 나도 19세기 원시사회 연구의 열풍에 편승한 서구 백인 연구자들과 다를 바 없다는 깨달음이었다. 당시 연구자들은 인류 문화의 기원을 찾아서라는 숭고한 목적을 가지고 원시사회를 찾아 나섰다. 아프리카나 아시아 등 비서구사회 원주민들과 생활하며 그들의 문화를 연구하였다. 그리고 자국으로 돌아와서 서구사회에 원주민 문화를 소개하는 문화기술지를 발표하였다. 정작 원주민들은 읽을 수도 없는 언어로 쓰인 이 문화기술지는 타문화에 대한 신기한 이야기들로 서구인들의 호기심을 충족시켰다. 나아가서 미개사회 야만인들을 문명화한다는 명분의 식민정책을 정당화하고 그들이 연구한 원주민들을 식민화하는 데 일조하였다.

나도 이들과 크게 다를 바 없다는 깨달음이었다. 그제야 내 연구에 참여한 사람들이 보였다. 내 연구에 참여하며 연구참여자들은 어떤 경험을 했을까? 내 연구는 연구참여자들에게 어떤 의미로 남았을까?

질적연구를 하면서 내가 겪은 경험과 깨달음에 대하여 내가 가르치는 학생들과 나누고 싶지만 이야기를 꺼내기가 어렵다. 논문 편수 경쟁을 해야 하고 일 년에 논문을 몇 편 게재하느냐로 능력을 평가받는 학계에서 한 편이라도 더 쓰라는 말 밖에 무슨 말을 할 수 있겠는가. 많은 시간과 노력을 요하는 질적연구를 권하기조차 망설여진다. 이 시대 질적연구를 한다는 것은 정말 대단한 용기를 필요로 한다.

그럼에도 불구하고 매 학기 뜻을 같이 하는 학생들과 질적연구 수업을 함께할 수 있어서 좋았다. 그간 질적연구 수업을 함께한 이화여자대학교 학생들에게 감사를 드린다. 아울러 질적연구를 함께 수행해 온 한국교육과정평가원의 이주연 박사, 한국교육개발원의 김지혜 박사, 김수진 박사, 성균관대학교의 노진아 교수, 이화여자대학교의 김란주 박사, 우라미 박사 그리고 김지수, 박주현, 황승우 학생에게도 감사를 드린다.

교수연구년 덕분에 이 책의 집필에 몰두할 수 있었다. 이화여자대학교와 교육학과 교수님들께 감사의 말씀을 드린다. 이화여자대학교 도서관장님과 직원들에게도 감사를 드린다. 집필에 필요한 도서를 바로바로 구입해 주셨고 구하기 어려운 자료를 찾을 때마다 친절하게 도와주셨다. 이 책의 출판을 맡아 주신 학지사에 감사드린다. 도움을 주신 분들께 누가 되지 않도록 열심히 했는데 그 결과는 부끄럽기 짝이 없다. 부디 이 책이 독자들에게 도움이 되기를 바란다.

2023년 10월
서경혜

목차

세부 목차

제3장 근거이론연구 · 81

제7장 사례연구 · 279

제8장 여섯 가지 질적연구방법론 · 315

제**1**장

질적연구의 여섯 가지 방법론

질적연구는 인간의 삶과 경험을 깊이 탐구하는 연구이다. 인간을 연구하는 방법은 물질세계를 연구하는 방법이나 동물이나 식물을 연구하는 방법과 달라야 한다. 그럼에도 불구하고 '과학적 연구'라는 미명 아래 표준화된 방법으로 인간의 삶과 경험을 측정하고 수량화하는 연구들이 학계를 지배해 왔다. 질적연구방법론은 인간의 삶과 경험을 어떻게 연구할 것인가 그 적절한 방법에 대한 탐구를 담고 있다.

여기 질적연구의 여섯 가지 방법론이 있다. 문화기술적 연구, 근거이론 연구, 현상학적 연구, 내러티브 탐구, 생애사 연구 그리고 사례연구. 이 여섯 가지 질적연구방법론은 인간의 삶과 경험을 어떻게 연구할 것인가에 대한 새로운 패러다임, 관점, 방법을 제시한다. 각각의 연구방법론을 고찰하기에 앞서 이 장에서는 질적연구의 여섯 가지 방법론에 대해 개괄적으로 살펴보고자 한다.

○ 문화기술적 연구

문화기술적 연구는 질적연구 역사의 산증인이라 할 만큼 그 역사가 깊다. 문화기술적 연구는 민족지 연구, 민속지학적 연구, 또는 에스노그라피 등으로도 지칭되는데, '문화'를 탐구하는 연구이다. 문화는 일정한 시간과 장소에서 살아가는 사람들이 공유하는 생활양식을 의미한다. 그러므로 문화기술적 연구는 특정 시공간의 집단이 공유하는 생활양식과 그 기저의 가치관, 사고방식, 행위양식 등을 탐구하는 연구이다.

초기 문화기술적 연구는 1800년대로 거슬러 올라간다. 인류 문화의 기원과 진화에 관심을 가진 서구 인류학자들은 아프리카나 아시아 등 이른바 원시사회를 찾아가 원주민들과 생활하며 그들의 문화를 연구하였다.

이들 인류학자들의 연구는 문화기술적 연구의 초석을 마련하였다. 특히 필드워크(fieldwork), 참여관찰, 면담, 필드노트(fieldnote) 등이 문화기술적 연구의 방법으로 자리 잡는 데 크게 기여하였다. 1900년대 들어 서구사회는 자본주의적 산업화가 급속히 진행되며 이민노동자들이 급증하였다. 문화기술자들은 자국 내 다양한 문화에 관심을 기울였다. 특히 비주류문화, 소수문화, 저항문화 등에 대한 연구가 활발히 이루어졌다. 이후 문화기술적 연구는 우리의 삶 전반에 걸친 문화적 현상이나 경험을 탐구하는 연구로 점차 확대되었다. 나아가 타문화에 대한 연구에서 연구자 자신이 속한 집단의 문화에 대한 연구, 즉 자문화기술지도 크게 증가하였다. 2000년대 들어서는 온라인 문화에 대한 관심이 급증하는 추세이다. 이에 온라인 문화기술지, 가상 문화기술지, 인터넷 문화기술지, 넷노그라피(netnography) 등 온라인상 문화기술적 연구방법론들이 새롭게 등장하고 있다.

문화 연구에 대한 여러 접근 중에서 몇 가지 주요한 연구방법론을 꼽자면, 사실주의적 문화기술지, 해석적 문화기술지, 비판적 문화기술지, 자문화기술지를 들 수 있다.

사실주의적 문화기술지는 문화 현상에 대한 정확하고 객관적인 기술을 강조한다. 그 역사는 초기 문화기술적 연구로 거슬러 올라간다. 초기 문화기술자들은 문화기술지를 과학적 연구로 정립하고자 심혈을 기울였다. 이들에 따르면, 과학적 연구는 정확하고 객관적이다. 그러므로 연구자가 보고 들은 것을 정확하게 기록하고 객관적으로 기술해야 한다. 이 같은 주장의 기저에는 문화라는 것이 객관적으로 실재하고 연구자는 그것을 찾아내서 있는 그대로 보여 주어야 한다는 가정과 신념이 깔려 있다. 객관주의와 사실주의에 기반한 문화기술적 연구는 문화를 있는 그대로 정확하게 기술하는 데 중점을 둔다.

이와 달리 해석적 문화기술지는 문화를 상징으로 본다. 해석적 문화기술자들에 의하면, 문화는 인간의 사회적 행위이다. 인간의 사회적 행위는 의미를 내포하고 있는 상징적 행위이다. 그러므로 문화를 이해하려면 문화가 상징하는 바를 이해해야 한다. 문화 현상을 있는 그대로 기술하는 표면적 서술(thin description)을 넘어서서 문화 현상 기저에 깔려 있는 복합적인 의미들을 해석해 내야 한다. 즉, '심층서술(thick description)'이 필요하다. 심층서술은 사회 구성원들이 사회적 행위를 통해 교류, 공유하는 의미들을 해석하고 그리하여 사회적 행위 기저에 깔려 있는 중층적 의미구조를 해석하는 것이다. 문화기술지는 심층서술이다(Geertz, 1973). 문화기술적 연구는 특정 시공간의 특정 집단이 문화라는 상징을 통해 생성, 교류, 공유하는 의미를 해석하는 연구이다.

　비판적 문화기술지는 전통적 문화기술지 기저의 식민주의에 대한 반성에서 비롯되었다. 19세기 서구 열강들이 아프리카, 아시아 등 비서구사회를 침탈하여 식민지 쟁탈전을 벌이던 제국주의 시대, 인류학자들도 비서구사회로 향했다. 이른바 원시사회에 대한 온갖 종류의 자료를 수집하여 이를 정리 분석해서 문화기술지를 발표하였다. 과연 이 문화기술지는 누구를 위한 것인가? 원주민들은 읽을 수도 없는 언어로 쓰인 이 문화기술지는 누구를 위한 것인가?

　전통적 문화기술지는 서구사회 백인 연구자에 의한 비서구사회 원주민 문화에 대한 연구이다. 자기가 속한 집단의 문화가 아니라 타집단의 문화, 타문화에 대한 연구이다. 그러므로 타자, 타문화를 어떻게 표상하는가는 중요한 문제가 아닐 수 없다. 전통적 문화기술지에서 타자는 야만인으로 그려졌고 그들의 문화는 미개한 원시문화로 묘사되었다. 그리하여 서구의 식민지 정책은 미개사회 야만인을 문명화한다는 명분으로 정당화되었다. 이 같은 전통은 현재도 계속되고 있다. 타문화에 대한 연구, 특히 소수집단의 문화에 대한 연구의 경우, 주류문화의 우월성을 강조하고 비주류문화에 대한 편견과 차별을 강화하는 경향이 있다.

　비판적 문화기술지는 전통적 문화기술지 기저의 뿌리깊은 식민주의에

반성을 촉구하며, 객관성과 중립성이라는 미명 아래 불공정하고 불평등
한 현실을 방관시한 연구, 그리하여 연구대상자에 대한 억압과 착취를 묵
인하는 연구에 저항한다. 비판적 문화기술지는 주류문화의 권력과 지배에
문제제기하고 지배문화에 의해 주변화되고 억압받는 비주류문화, 소수문
화에 관심을 기울인다. 나아가서 편견, 차별, 억압에 맞서 정의롭고 평등
한 세상을 세우는 데 참여한다. 비판적 문화기술지는 세상을 이해하는 데
그치지 않고 더 나은 세상을 만드는 데 참여하는 실천연구이다.

한편, 전통적 문화기술지에 대한 비판은 원주민 문화기술지의 등장으로
더욱 확산되었다. 원주민 문화기술지는 문화기술적 연구에 대한 근본적인
문제를 제기하였다. 외부인 연구자가 타문화를 얼마나 이해할 수 있을까?
문화기술지는 '원주민의 관점'에서 문화를 이해해야 한다고 하는데, 외부
인 연구자가 원주민의 관점에서 문화를 이해한다는 것이 가능할까? 오직
내부자만이 할 수 있지 않을까? 내부자만이 원주민의 관점에서 문화를 이
해할 수 있지 않을까?

자문화기술지는 이 같은 문제의식에서 비롯되었다. 자문화기술지는 연
구자 자신이 속한 집단의 문화에 대한 연구로, 연구자가 그 집단의 구성원
으로서 내부자로서 수행하는 연구이다. 외부자에 의한 문화기술적 연구의
한계를 극복할 수 있는 대안으로 주목을 받으며 자문화기술지는 1980년
대 폭넓게 확산되었다. 1990년대 들어 자기서사, 주관성 등이 질적연구계
에 화두로 떠오르며 자문화기술지는 집단보다 개인의 경험에 초점을 맞추
고 연구자 자신의 경험을 통해 자문화를 연구하는 데 관심을 기울였다.

자문화기술자 엘리스(Ellis, 2004)는 다음과 같이 자문화기술지를 정의하
였다. 자문화기술지는 연구자 자신의 경험을 활용하여 문화를 기술하고
비평하는 연구이다. 자문화기술자는 외부인 연구자는 접근하기 어려운 문
화적 현상을 가까이서 면밀히 조사하는 한편, 내부자들이 당연시하는 문화
적 규범, 실천, 경험 등을 새로운 관점에서 조명하고 비판적으로 고찰한다.

이제 연구자와 연구대상자 간의 경계는 무너졌다. 외부인 연구자에 의한 타자화를 거부하고 자신이 속한 집단의 문화에 대해 내부자로서 자신이 직접 연구하는 연구자들이 늘고 있다. 타자 표상에 근본적인 문제를 제기하며 연구자 자신의 경험을 연구의 대상으로 삼는 연구자들이 늘고 있다.

○ 근거이론연구

근거이론연구는 이론 개발을 목적으로 한다. 그렇다면 이론을 어떻게 개발하는가? 데이터로부터 개발한다. 데이터로부터 도출된 이론, 이것을 근거이론이라고 한다. 근거이론연구는 데이터에 근거하여 이론을 개발하는 연구이다.

근거이론연구의 창시자 글레이저(Glaser)와 스트라우스(Strauss)는 1967년 저서 『The Discovery of Grounded Theory: Strategies for Qualitative Research (근거이론의 발견: 질적연구를 위한 설계)』에서 근거이론, 즉 데이터에 근거한 이론을 어떻게 개발하는지 소개하였다. 글레이저와 스트라우스(Glaser & Strauss)에 의하면, 근거이론연구는 연속적인 데이터 수집 · 코딩 · 분석, 이론적 표집을 통한 데이터 수집, 지속적 비교분석을 특징으로 한다.

첫째, 근거이론연구는 여러 차례에 걸친 데이터 수집과 분석 그리고 연속적인 비교를 통해 이론을 세워 나간다. 근거이론연구는 단 한 차례 연구로 끝나지 않는다. 이론적 포화에 이를 때까지 수차례에 걸쳐 데이터 수집 · 코딩 · 분석을 한다.

둘째, 근거이론연구는 이론적 표집을 통해 데이터를 수집한다. 근거이론연구는 모집단을 대표하는 표본 추출 방식이 아니라 이론 개발에 적합한 표본을 선정한다. 즉, 이론적 목적과 이론적 적합성을 준거로 표집이 이루어진다.

셋째, 근거이론연구는 지속적인 비교분석을 통해 이론을 도출한다. 근거이론연구는 이미 확립된 분석틀이나 코딩시스템 등을 데이터에 적용하는 분석 방법이 아니라 데이터로부터 코드를 도출, 이들을 계속해서 비교분석해 가며 이론을 세워 나간다. 요컨대, 근거이론연구는 유목적 표집 → 데이터 수집 → 데이터 분석 → 이론적 표집 → 데이터 수집 → 데이터 분석 → 이론적 표집 → 데이터 수집 → 데이터 분석의 연속적인 과정을 통해 이론을 개발한다.

글레이저와 스트라우스(Glaser & Strauss)의 근거이론연구 저서 출간 20여 년 후 1990년 스트라우스(Strauss)는 코빈(Corbin)과 함께 기존 근거이론 연구방법론을 보강하여 『Basic of Qualitative Research: Grounded Theory Procedures and Techniques(질적연구의 기초: 근거이론 방법과 기법)』을 출간하였다. 스트라우스와 코빈(Strauss & Corbin)의 근거이론연구는 이론 개발을 위한 데이터 분석에 중점을 두고 있다. 사실 글레이저와 스트라우스(Glaser & Strauss)의 근거이론연구는 '지속적 비교분석' 방법을 제시하였지만, 수집한 데이터를 어떻게 코딩하고 분석해서 범주와 속성을 도출하고 이론을 개발하는지 모호한 점이 많다는 비판을 받아 왔다. 스트라우스와 코빈(Strauss & Corbin)은 근거이론연구에서 코딩은 데이터로부터 이론을 세우는 가장 핵심적인 과정이라 주장하며 다음과 같은 세 가지 코딩 방법을 제시하였다.

첫째는 개방코딩이다. 개방코딩은 데이터를 개념화하고 범주화하는 과정이다. 개방코딩을 통해 코드를 도출하고 도출된 코드를 범주화하여 범주를 생성한 후 범주의 속성과 차원을 규명한다. 둘째는 축코딩이다. 축코딩은 개방코딩을 통해 도출된 범주들을 패러다임 모형을 적용하여 서로 관련짓는 과정이다. 먼저, 가장 중심이 되는 현상을 파악하고, 현상을 중심으로 그 인과조건, 맥락, 매개조건, 행위/상호작용 전략, 결과의 관계로 범주를 연관시킨다. 이것이 패러다임 모형이다. 셋째는 선택코딩이다. 선택코딩은 핵심범주를 중심으로 그 외 범주들을 연관시키며 이론화하는 과정이다. 선택코딩을 통해 근거이론을 세운다.

스트라우스와 코빈(Strauss & Corbin)의 근거이론연구는 질적 데이터를 어떻게 분석해야 할지 몰라 골머리를 앓던 연구자들에게 큰 인기를 끌었고 근거이론연구의 확산에 크게 기여하였다. 그러나 다른 한편으로 신랄한 비판도 제기되었다. 글레이저(Glaser)를 비롯한 많은 근거이론 연구자는 스트라우스와 코빈(Strauss & Corbin)의 근거이론 연구방법이 '이론 개발'이라는 근거이론연구의 기본 정신을 심각하게 훼손하였다고 비판하였다. 시간과 노력이 많이 들더라도 개념, 범주, 이론 등이 자연스럽게 '발현'될 때까지 계속해서 데이터를 수집, 비교 분석하여 근거이론을 '발견'하는 것이 근거이론연구의 핵심인데, 스트라우스와 코빈(Strauss & Corbin)은 패러다임 모형이라는 틀 속에 개념, 범주, 이론을 '강제'함으로써 근거이론연구의 기본 정신을 훼손했다는 것이다(Glaser, 1992). 글레이저(Glaser)가 제기한 '발현' 대 '강제'의 문제는 근거이론 연구자들 사이에 큰 논쟁을 불러일으켰다.

근거이론연구를 둘러싼 논쟁이 벌어지는 가운데 질적연구의 토대 위에 근거이론연구를 다시 세우고자 하는 노력이 일었다. 그 대표적인 연구자로 샤매즈(Charmaz)를 들 수 있다. 샤매즈(Charmaz)는 종래 근거이론연구를 '객관주의적 근거이론연구'라고 일컬으며 다음과 같이 주장하였다. 객관주의적 근거이론연구는 실증주의를 토대로 실재는 주관과 독립하여 존재하며 과학적 방법을 통해 실재를 파악할 수 있다고 주장한다. 따라서 객관주의적 근거이론 연구자는 데이터라는 것이 객관적으로 존재하며 연구자는 데이터를 찾아내서 그로부터 이론을 도출해야 한다고 주장한다. 그러나 이론이란 무엇인가? 이론은 현상을 이해하는 하나의 해석적 틀이다. 근거이론 연구자는 특정 상황에 처한 사람들이 자신이 처한 상황을 어떻

게 인식하고 어떻게 대응하는지 탐구한다. 그리하여 그들의 경험을 이해
할 수 있는 해석적 틀을 구성한다. 이것이 '구성주의적 근거이론'이다.

샤매즈(Charmaz)의 구성주의적 근거이론연구는 연구참여자들의 경험
을 이해하고 '이론화'하는 데 중점을 둔다. 여기서 '이론화'라는 용어를 사
용한 이유는 구성주의적 근거이론연구가 절대 불변의 이론을 추구하지 않
기 때문이다. 구성주의적 근거이론연구는 이론의 가변성, 임시성, 오류 가
능성에 열려 있다. 끊임없이 이론을 재구성하기에 이론화를 특징으로 한
다. 구성주의적 근거이론연구의 이론화는 이론적 표집, 코딩, 메모잉의 과
정을 통해 진행된다.

이론화 과정을 간략하게 제시하면 다음과 같다. 유목적 표집 → 데이터
수집 → 초기코딩·메모잉 → 이론적 표집 → 데이터 수집 → 초기코딩·
메모잉 → 연속적인 이론적 표집·데이터 수집·초기코딩·메모잉 → 초
점코딩 → 이론적 코딩의 연속적인 과정을 통해 이론을 개발한다. 이때
초기코딩은 데이터를 면밀히 검토하며 데이터가 의미하는 바를 파악하는
과정이고, 초점코딩은 초기코딩을 통해 생성된 코드들 중 가장 핵심적인
코드들을 선정하여 이를 초점으로 데이터를 통합, 범주화하는 과정이며,
이론적 코딩은 초점코딩을 통해 생성된 범주들을 통합, 이론화하는 과정
이다.

샤매즈(Charmaz)는 특히 메모잉을 데이터 분석의 한 방법으로 강조하였
는데, 연구자가 연구를 하며 지속적으로 메모를 한다는 것 자체가 분석 활
동이며 이것은 연구자의 생각을 개념화하고 추상화하는 데 크게 기여한다
고 주장하였다.

글레이저와 스트라우스(Glaser & Strauss)의 근거이론연구, 스트라우스
와 코빈(Strauss & Corbin)의 근거이론연구, 샤매즈(Charmaz)의 근거이론
연구 등이 병존하고 있는 가운데 최근 이들을 통합, 근거이론 연구방법론
을 한 단계 더 발전시키고자 하는 노력이 일고 있다. 일례로 벅스와 밀스

(Birks & Mills)의 근거이론연구를 들 수 있다. 그러나 이 또한 그저 하나의 방법이 더 추가되었을 뿐이라는 비판이 있다. 그 기저에는 과연 글레이저(Glaser), 스트라우스(Strauss), 코빈(Corbin), 샤매즈(Charmaz)의 연구방법이 통합될 수 있는가 하는 의문과 회의가 깔려 있다. 다시 말해, 실증주의, 후기 실증주의, 구성주의 관점이 과연 통합될 수 있는가 하는 문제제기이다. 이것은 단지 방법의 차이가 아니다. 세계관, 인식관, 가치관 등이 다르기 때문에 그 방법이 다른 것이다. 여러 방법을 적절히 섞어 놓는다고 통합될 수 있는 문제가 아니다.

통합이다, 발전이다, 정교화이다 등등의 명분으로 새로운 모형이 계속 나오고 있는 상황에서 무엇보다도 근거이론연구의 기본 정신, 즉 데이터로부터 이론을 개발한다는 정신을 구현하는 데 노력을 쏟을 필요가 있다. 이론 검증 연구가 지배적인 학계에서 이론 개발 연구를 하기란 쉽지 않다. 무엇보다도 이론을 세워 나가는 일이 태생적으로 지닌 불확실성과 그로 인한 불안감을 견디기가 무척 어렵다. 그럼에도 불구하고 근거이론 연구자는 이론 개발에 나선다. 앞선 근거이론 연구자들의 연구 여정이, 그들이 활용한 연구방법이, 그들이 구축해 놓은 연구방법론이 데이터로부터 이론을 개발하는 길을 안내해 줄 것이다.

○ 현상학적 연구

현상학적 연구는 인간 경험의 본질을 탐구하는 연구이다. 현상학적 연구는 현상학 철학에 바탕을 두고 있다. 현상학 철학이 어떻게 질적연구의 한 방법론 '현상학적 연구'로 발전하게 되었는가? 현상학 철학을 심리학 연구에 적용, 현상학적 연구방법론을 발전시키는 데 크게 기여한 죠지(Giorgi)는 다음과 같이 주장하였다. 주류 심리학은 환원주의와 객관주의에 빠져 있다. 우리에게는 '변인'이 아니라 인간의 '체험'에 근거한 연구, 체험자를 배제시킨 이른바 '객관적인' 분석이 아니라 체험자의 관점에서 현상이 어떻게 체험되는지를 분석하는 연구가 필요하다. 이것이 바로 현상학적 연구이다.

현상학적 연구는 여러 갈래로 뻗어 나가 여러 형태로 발전되었다. 주요 연구방법론으로 서술적 현상학적 연구(descriptive phenomenological research), 해석학적 현상학적 연구(hermeneutic phenomenological research), 해석적 현상학적 연구(interpretative phenomenological research)를 들 수 있다.

서술적 현상학적 연구는 현상의 본질을 탐구하는 데 궁극적인 목적이 있다. 현상의 본질을 탐구하기 위해 현상을 직접 경험한 사람들의 체험을 연구한다. 예컨대, 사랑하는 사람을 잃은 상실감의 본질을 탐구하기 위하여 사별을 경험한 사람들의 체험을 연구한다. 그리고 여러 다양한 개별 체험 속에서 공통된 것, 불변하는 것을 탐구한다. 개개인의 체험은 서로 다를지라도 그 다양성을 관통하는 공통된 것이 있다. 변화무상하게 보여도 불변하는 것이 있다. 이것이 바로 '본질'이다. 현상학 철학에서 말하는 본질과는 구별된다. 철학자와 달리 현상학적 연구자는 현상을 직접 경험한 사람들의 체험을 통해 본질을 탐구한다.

서술적 현상학적 연구자는 연구하고자 하는 현상을 체험한 사람들을 연구참여자로 선정하여 체험자에게 그가 겪은 경험을 구체적으로 상세히 서술하도록 한다. 이때 체험자의 체험을 통해 그 본질에 다가가기 위해 '현상학적 환원'을 수행한다. 현상학적 환원이란 현상에 대한 통념, 고정관념, 선입견 등을 더 이상 자명한 것으로 받아들이지 않고 일체의 판단을 유보한 채 오로지 현상 그 자체에 집중함을 의미한다. 에포케(epoche), 괄호치기(bracketing), 판단중지(suspension) 등으로도 지칭된다.

현상학적 환원을 통해, 즉 연구자 자신이 가지고 있는 선입견, 주관적 신념이나 가치 등으로부터 벗어나서 또한 연구하고자 하는 현상에 관한 이론이나 개념 등에서 벗어나서 오로지 연구참여자의 체험에 집중한다. 연구참여자 한 사람 한 사람의 체험을 깊이 이해하고 나아가서 여러 다양한 개별 체험 속에서 공통된 것, 불변하는 것을 탐구한다. 연구참여자들의 체험 서술로부터 체험의 불변요소를 도출하고 이 불변요소들을 범주화하여 주제를 도출한다. 그리하여 체험의 불변요소와 주제를 통해 체험의 본질을 파악한다.

한편, 해석학적 현상학적 연구는 현상학과 해석학에 기반한 질적연구방법론이다. 그 대표적인 연구자로 밴 매넌(van Manen)을 들 수 있다. 밴 매넌(van Manen, 1990)에 의하면, 해석학적 현상학적 연구는 '체험연구'이다. 이는 곧 생활세계로의 귀환을 뜻한다. 대상화된 세계가 아니라 우리가 몸으로 직접 경험하는 세계, 객관화된 세계가 아니라 주관적이고 감각적인 세계, 수치화된 세계가 아니라 다양한 의미가 복잡하게 얽혀 있는 세계, 생활세계로의 귀환을 뜻한다. 해석학적 현상학적 연구는 생활세계 속에서 하루하루를 살아가는 실존적 존재가 겪는 경험을 탐구하고 그 본질적 의미를 고찰하는 연구이다.

해석학적 현상학적 연구는 연구자의 실존적 문제에서 시작된다. 생활세계에서 삶을 살아가는 실존적 존재로서 연구자가 고심해 온 문제를 연구의 문제로 탐구한다. 예를 들어, 아버지가 된다는 것은 어떠한 것인가? 이를 탐구하기 위해 생활세계의 여러 다양한 체험자료, 예컨대 연구자 자신의 경험이라든가 연구하고자 하는 경험을 체험한 사람들의 체험, 나아가서 어원 및 관용어, 또는 소설, 시, 그림, 사진 등과 같은 예술작품, 전기나 자서전과 같은 기록물 등을 수집한다. 수집한 체험자료들에 대한 주제분석을 통해 체험의 의미를 담은 주제들을 도출한다. 그리고 도출된 주제들이 본질적인 것인지, 즉 체험의 의미를 이해하는 데 반드시 필요한 것인지 검토하며 본질적 주제를 선별한다. 그리하여 생활세계의 체험자료로부터 도출된 본질적 주제를 통해 체험의 본질적 의미를 파악한다. '아버지가 되다는 것'의 본질적 의미를 파악하는 것이다.

해석적 현상학적 연구는 해석학적 현상학적 연구와 마찬가지로 현상학과 해석학에 토대를 두고 있다. 인간의 경험을 이론적 틀에 넣어 몇 개의 변인으로 설명하는 전통적인 연구방법을 거부하고 체험자의 경험 그 자체에 주목한다는 점에서 현상학적이며, 체험자가 그의 경험을 어떻게 이해하는지 이해하고 체험자의 해석을 해석하는 데 중점을 둔다는 점에서 해석학적이다.

그러나 해석학적 현상학적 연구와 달리, 또한 서술적 현상학적 연구와 달리, 해석적 현상학적 연구는 체험의 본질보다 체험의 개별성에 더 관심을 기울인다. 서술적 현상학적 연구와 해석학적 현상학적 연구는 본질 탐구를 그 궁극적 목적으로 한다. 현상을 직접 경험한 사람들의 체험을 연구하고 이를 통해 궁극적으로 체험의 본질 또는 체험의 본질적 의미를 파악하고자 한다. 이와 달리 해석적 현상학적 연구는 인간 경험이 지니고 있는 개인성, 고유성, 특수성을 온전히 이해하는 데 중점을 둔다.

해석적 현상학적 연구자는 소수의 연구참여자를 선정하여 연구참여자 한 사람 한 사람의 체험을 각각의 사례로 탐구한다. 이를 위해 심층면담이 주로 활용된다. 수집된 자료는 해석적 현상학적 분석(IPA) 방법을 통해 분석된다. 해석적 현상학적 분석은 '공감과 물음의 이중해석'을 특징으로 한다. 일반적으로 다음과 같은 여섯 단계로 진행된다. 수집한 자료를 읽고 또 읽으며 자료 숙지하기, 자료의 의미 탐색하기, 의미 탐색에 기반하여 주제 생성하기, 생성된 주제들을 관련짓기, 이상의 과정으로 연구참여자 한 명의 사례를 분석한 후 다음 사례 분석하기, 그리고 사례 각각에 대한 분석 후 사례들을 관통하는 주제 찾기의 과정으로 해석적 현상학적 분석이 이루어진다. 이를 통해 인간 경험의 특수성과 보편성을 깊이 이해하고자 한다.

현상학적 연구가 여러 갈래로 뻗어 나가면서 서술적 현상학적 연구, 해석학적 현상학적 연구, 해석적 현상학적 연구 등 여러 방법론이 병존하고 있는 상황이다. 더욱이 현상학적 연구자들은 현상학에 뿌리를 두고 있다고 주장하지만 철학적 관점에서 보았을 때 현상학적 연구는 현상학 철학과 아무런 관련이 없으며 그러므로 현상학적 연구라고 지칭되어서는 안 된다고 주장하는 철학자들도 있다. 그럼에도 불구하고 현상학적 연구는 질적연구자들에게 새로운 가능성을 열어 주었다. 특히 인간의 경험을 이론의 틀에 넣어 몇 개의 변인으로 연구하는 전통을 거부하는 연구자들에게, 당연하게 받아들여졌던 것들을 더 이상 당연하게 받아들일 수 없는 연구자들에게, 자신의 주관, 선입견, 편견 등을 끊임없이 비판적으로 성찰하는 연구자들에게, 타자의 체험세계에 깊이 빠져들어 타자의 관점에서 세상을 보고자 하는 연구자들에게 현상학적 연구는 새로운 가능성을 열어 주었다.

○ 내러티브 탐구

내러티브(narrative), 즉 서사란 복잡다단한 삶의 경험을 구조화한 이야기를 말한다. 인간은 내러티브를 통해 경험을 이해하고 경험을 표상하고 경험에 대해 소통한다. 내러티브가 아니고서야 어찌 인간의 경험을 이해할 수 있겠는가. 내러티브 탐구는 인간의 경험과 그 의미를 깊이 이해하기 위한 연구이다. 내러티브 탐구는 인간을 각자의 서사를 써 내려가는 저자로 그리고 그 서사 속의 주인공으로 삶을 살아가는 인물로 본다. 삶의 서사를 쓰는 저자로 그리고 그 서사 속의 주인공으로 삶을 살아가는 인물로, 연구참여자와 연구자가 생의 한가운데에서 만나 삶의 서사를 이야기하고 재해석하고 재구성하는 과정, 이것이 바로 내러티브 탐구이다.

내러티브 탐구는 종래 형식주의, 환원주의에 입각한 연구에 문제제기한다. 삶의 경험을 이론적 틀에 맞추어 논리적으로 설명하려는 형식주의, 삶의 경험을 몇 개의 변인으로 간명하게 설명하려는 환원주의를 거부한다. 또한 종래 '내러티브에 대한 연구'와도 구별된다. 내러티브 탐구는 연구참여자의 이야기를 데이터로 수집, 코딩해서 개념화, 범주화, 일반화한 연구 또는 연구참여자의 이야기를 잘 요약해서 전하는 연구가 아니다.

내러티브 탐구는 연구자가 연구참여자의 삶의 서사 속으로 들어가서 그의 삶의 경험을 깊이 탐구하는 연구이다. 이는 연구참여자의 삶의 서사에 초대를 받아야 함을 의미한다. 그러려면 연구자가 먼저 자신의 삶의 서사에 연구참여자를 초대해야 할 것이다. 연구자의 초대에 응하지 않는 사람도 있을 것이고, 연구자의 초대를 받고 연구자의 삶의 서사에 들어와서 서서히 연구자를 자신의 삶의 서사로 이끄는 사람도 있을 것이다. 그리하여 연구자는 그와 함께 내러티브 탐구에 나선다. 이 같은 과정을 종래 연구에서는 '표집' 또는 '연구참여자 선정'이라고 지칭한다.

내러티브 탐구자는 연구참여자의 삶의 서사 속으로 들어가서 서로의 삶의 서사를 나누며 현장텍스트를 구성한다. 일반적으로 이 과정을 '데이터 수집'이라고 일컫는다. 내러티브 탐구자는 '데이터(data)'라는 용어를 사용하지 않는다. 대신 '텍스트(text)'라는 용어를 사용한다. 텍스트란 해석해야 할 그 무엇을 의미한다. 삶의 경험은, 마치 텍스트와 같이, 끊임없이 재해석되고 재구성된다.

연구참여자는 연구자를 자신의 삶의 서사에 초대하여 자신의 삶의 경험을 들려준다. 자신이 겪은 경험에 대해 연구자에게 이야기하며 그는 자신의 삶의 경험을 되돌아본다. 또 연구자와 서로 이야기를 나누며 그는 자신의 삶의 경험을 다른 관점에서 다른 시각으로 다시 바라본다. 그렇게 연구참여자는 연구자와 삶의 서사를 나누고 재해석하고 재구성하며 함께 삶의 서사를 써내려간다. 이것이 현장텍스트이다. 현장텍스트는 현장에서 연구참여자와 연구자에 의해 구성된다.

현장텍스트를 바탕으로 내러티브 탐구자는 연구텍스트를 구성한다. 일반적으로 이 과정을 '데이터 분석'이라고 일컫는다. 현장텍스트에서 연구텍스트로 가는 길은 불확실성으로 점철된 여정이다. 이제 내러티브 탐구자는 연구참여자의 서사 속에서 빠져나와 그의 서사가 의미하는 바에 대해 성찰한다. 연구참여자의 경험이 갖는 개인적 의미와 의의를 넘어서서 사회적 의미와 의의를 고찰한다. 그리고 이를 연구자의 서사로 다시 풀어낸다. 다시 말해, 연구참여자의 경험의 의미와 의의를 재해석하고 이를 중심으로 연구참여자의 경험에 대해 연구자가 다시 이야기를 하는 것이다. 이것이 연구텍스트이다.

연구텍스트를 구성한 후, 내러티브 탐구자는 연구참여자와 연구텍스트를 공유하고 조율한다. 그리하여 연구참여자와 함께 최종 연구텍스트를 구성한다.

이제 내러티브 탐구의 마무리 단계에 접어들며 논문 발표를 생각하는 순간 그간 잊고 있었던 독자들이 불현듯 떠오른다. 그러자 그간 덮어 두었던 문제들이 엄습한다. 사람들이 "왜 당신의 서사에 귀 기울여야 하죠?"라고 물으면 뭐라고 대답해야 하나? 다른 사람들에게 우리의 서사는 어떤 의미와 의의가 있을까?

내러티브 탐구 논문을 쓴다는 것은 연구참여자의 경험세계로 독자를 초대하는 것이다. 초대에 응한 독자는 연구자가 이끄는 대로 연구참여자의 경험세계로 한 걸음 한 걸음 깊이 더 깊이 들어간다. 그리하여 연구자의 내러티브를 통해 연구참여자의 삶의 경험에 대해 깊이 이해하게 된다. 나아가서 독자 또한 삶의 서사를 써가는 저자로 그리고 그 서사 속의 주인공으로 삶을 살아가는 인물로, 자신의 삶을 서사를 가지고 연구참여자의 경험세계 속으로 들어가, 그 속에서 자신의 삶의 경험을 성찰한다. 그리고 그에 새로운 의미를 부여한다. 연구자가 쓴 연구참여자의 삶의 서사를 읽으며 독자는 그의 삶의 서사를 다시 쓴다. 그렇게 내러티브 탐구 논문은 독자의 삶의 서사를 변화시킨다. 내러티브 탐구를 통해 연구자와 연구참여자뿐만 아니라 독자도 성장한다.

○ 생애사 연구

생애사 연구는 한 인간이 살아온 삶의 궤적을 연구한다. 초기 생애사 연구자들은 사회적 약자들의 삶에 관심을 기울였다. 노동자, 이민자, 원주민 등 이들로부터 살아온 삶의 이야기를 수집하여 사회적 약자들의 목소리를 들려주었다. 이 같은 전통은 연면히 이어졌다. 1960년대 서구에서 페미니즘 운동, 인종차별철폐 운동, 인권 운동 등이 일며 사회적 약자에 대한 생애사 연구는 더욱 확대되었다. 예컨대, 가부장제 사회를 살아온 여성들의 생애사 연구, 비장애중심의 사회를 살아온 장애인들의 생애사 연구, 자본주의 세계화 시대를 살아온 이주노동자들의 생애사 연구 등 이들 연구는 사회에서 주변화된 사람들의 위치에서 그들의 눈으로 그들이 살아온 시대와 사회를 바라보았고 그들의 목소리로 그들의 삶에 대해 들려주었다.

근래 들어서는 보통 사람들의 삶에 대한 생애사 연구가 늘고 있다. 역사가나 전기작가가 보기에 너무 평범해서 기록할 가치가 없다고 여겨지는 삶. 평범한 보통 사람들이 특정 사회 특정 시대를 어떻게 살아왔는지에 생애사 연구자들이 관심을 기울이고 있다. 그렇다면 생애사 연구는 역사가나 전기작가의 연구와 무엇이 다른가?

첫째, 생애사 연구는 서사성을 특징으로 한다. 생애사 연구는 연구참여자의 삶의 서사를 통해 그의 생애사를 연구한다. 앞서 내러티브 탐구에서 논한 바와 같이, 내러티브, 즉 서사란 복잡다단한 인간의 경험을 구조화한 이야기이다. 생애사 연구는 삶의 서사에 주목한다. 연구자가 마치 타임머신을 타고 과거로 돌아가서, 연구참여자의 과거 행적을 전지적(全知的) 시점에서 서술하는 연구와 구별된다.

생애사 연구자는 현재의 삶을 살아가고 있는 연구참여자가 과거를 돌아보고 자신의 지나온 삶에 대해 들려주는 이야기에 귀를 기울인다. 생애사 연구자는 연구참여자가 자신의 지나온 삶을 어떻게 이해하는지, 어떠한 의미를 부여하는지에 관심을 기울인다. 생애사 연구자는 연구참여자가 현재의 시점에서 자신의 과거 경험을 어떻게 해석하는지 그리고 과거 경험의 조각들을 어떻게 유기적으로 엮어서 이야기로 풀어내는지에 주목한다. 그리하여 생애사 연구자는 연구참여자의 위치에서 그의 눈으로 그가 살아온 생애를 바라보고, 연구참여자의 삶의 서사를 통해 그의 생애를 깊이 이해하고자 한다.

둘째, 생애사 연구는 맥락성을 특징으로 한다. 생애사 연구는 연구참여자가 살아온 삶의 맥락 속에서 그의 생애사를 연구한다. 어떤 사회에 사느냐, 어떤 시대에 사느냐는 개인의 삶에 큰 영향을 미친다. 그리고 그 시공간 속에서 어떤 위치에서 사는가도 중요한 영향을 미친다. 같은 사회, 같은 시대를 산다 해도 여성으로, 약자로 또는 장애인으로 사는 삶은 그와 다른 위치에 있는 사람들의 삶과 사뭇 다를 것이다. 개인의 위치에 따라 삶은 달리 경험되고 달리 이해된다. 그러므로 한 인간이 살아온 삶을 온전히 이해하기 위해서는 그가 어떤 사회, 어떤 시대를 살아왔는가뿐만 아니라 어떤 위치에서 그 사회와 시대를 살아왔는가를 이해해야 한다. 즉, 삶의 맥락을 이해해야 한다.

셋째, 생애사 연구는 관계성을 특징으로 한다. 생애사 연구의 서사성은 전통적인 연구자/연구참여자의 관계에서 벗어남을 시사한다. 우리는 아무에게나 자신이 살아온 삶에 대해 이야기하지 않는다. 설령 이야기해 달라는 부탁을 받는다 해도 사람을 가려 이야기를 한다. 상대가 누구냐에 따라, 말하자면 화자(話者)와 청자(聽者)의 관계에 따라, 화자는 자신의 삶에 대해 어떤 이야기를 얼마나 어디까지 어떻게 할지 선택을 한다. 연구참여자의 삶의 서사를 깊이 탐구하기 위하여 생애사 연구자는 연구참여자와 새로운 관계를 맺는다. 생애사 연구자와 연구참여자의 관계는 객관성과 중립성의 가치보다 신뢰와 공감을 우선시한다. 거리두기의 원칙보다 소통을 우선시한다. 생애사 연구자는 연구의 전 과정을 연구참여자와 함께 걷는다.

요컨대, 생애사 연구는 한 개인의 삶의 궤적에 대한 깊이 있는 연구를 특징으로 한다. 생애사 연구자는 한 사람의 삶을 깊이 이해하는 것이 인간의 삶에 대한 깊은 통찰에 이르는 길이라 믿는다. 나아가서 생애사 연구는 개인 생애사를 통해 그 시대와 사회를 재조명한다. 개인의 주관적 경험을 통해 시대와 사회를 들여다본다. 특히 제 목소리를 내지 못하는 사회적 약자들, 소수자들의 위치에서 그들의 관점에서 그들이 살아온 시대와 사회를 바라본다. 그리하여 우리가 보지 못했던 우리 사회 우리 시대의 또 다른 모습을 보여 준다. 우리로 하여금 우리가 바라는 세상은 어떤 모습인지 깊이 생각하게 한다.

그런 점에서 생애사 연구는 기억과 기록에 대한 문제제기라 할 수 있다. 기억할 만한 삶, 이야기할 만한 삶, 기록할 만한 삶. 생애사 연구는 이에 대한 문제제기이다. 누구의 삶이 기억되고, 이야기되고, 기록되었는가? 어떤 삶이 기억할 만한 가치가 있는 삶, 이야기할 만한 가치가 있는 삶, 기록한 만한 가치가 있는 삶인가? 생애사 연구는 특정 사회 특정 시대를 살아온 평범한 보통 사람들의 주관적 경험에 대한 사적(史的) 연구이다.

○ 사례연구

사례연구는 '사례'를 연구한다. 왜 사례를 연구하는가? 연구하고자 하는 현상을 몇 개의 변인으로 단순화하여 연구하고 싶지 않기 때문이다. 연구하고자 하는 현상을 그것이 실제로 일어난 상황과 맥락 속에서 이해하고 싶기 때문이다. 연구하고자 하는 현상을 심층적으로 탐구하고 싶기 때문이다. 그래서 사례연구를 한다.

요컨대, 사례연구는 연구하고자 하는 현상을 실세계 맥락 속에서 심층 탐구하는 연구로 총체성, 맥락성, 특수성을 특징으로 한다. 사례연구의 특징을 자세히 살펴보면 다음과 같다.

첫째, 사례연구는 복잡한 현상을 총체적으로 이해하고자 한다. 따라서 종래 변인연구와 구별된다. 사례연구는 현상을 몇 가지 변인으로 또는 변인들의 합으로 설명하려 하기보다 현상의 복잡성을 총체적으로 이해하는 데 중점을 둔다.

둘째, 사례연구는 현상을 그 실세계 맥락 속에서 탐구한다. 사례연구는 실세계 맥락을 현상을 연구하는 데 방해가 되는 변수라든가 또는 통제해야 할 변인으로 다루지 않는다. 사례연구는 탈맥락화를 경계한다. 현상은 그것이 일어난 상황과 맥락 속에서 연구될 때 온전히 이해될 수 있다.

셋째, 사례연구는 사례 그 자체에 대한 이해를 중요시한다. 사례연구를 통해 사례를 넘어서서 일반적이고 보편적인 그 무엇을 찾으려 들기 전에 먼저 사례 그 자체에 대해 아주 구체적으로 상세하게 이해하는 것을 우선시한다.

사례연구는 그 목적에 따라 본질적 사례연구와 도구적 사례연구로 구분된다. 본질적 사례연구는 사례 그 자체에 대한 이해를 목적으로 한다. 다시 말하면, 사례의 고유성과 특수성을 이해하는 데 목적이 있다. 도구적 사례연구는 사례 그 자체에 대한 이해를 넘어서서 이를 통해 특정 목적을 이루고자 한다. 예를 들어, 어떤 문제나 이슈를 고찰하기 위한 목적으로, 구체적인 예시를 통해 개념을 명확화하기 위한 목적으로, 또는 이론을 증명하거나 반증하기 위한 목적으로 사례를 선정하여 연구한다. 따라서 사레 그 자체에 대한 관심보다 사례가 갖는 도구적 가치에 관심을 둔다.

사례의 수에 따라 한 사례에 대한 연구는 단일사례연구, 두 개 이상의 사례를 포함하는 연구는 다중사례연구로 구분한다. 단일사례연구에 대해 부정적인 입장을 보이는 경향이 있는데, 사례연구자 인(Yin, 2018)은 단일사례연구가 적절한 다섯 가지 근거를 제시하였다. 연구하고자 하는 사례가 중요사례, 즉 이론이나 가설을 검증하는 데 매우 중요한 사례인가? 예외사례 혹은 극단사례인가? 전형적이거나 대표적인 특징을 보여 주는 일반적 사례인가? 기존에 알지 못했던 것을 밝혀 주는 현시적 사례인가? 또는 종단적 사례인가? 그렇다면 단일사례연구가 적절할 수 있다. 다시 말해, 연구하고자 하는 사례가 중요사례, 예외사례나 극단사례, 일반적 사례, 현시적 사례, 종단적 사례일 경우, 단일사례연구가 정당화될 수 있다는 것이다.

한편, 다중사례연구는 일반적으로 사례 비교를 목적으로 한다. 사례 비교를 통해 공통점과 차이점을 발견할 수 있고, 이를 토대로 무엇이 일반적이고 무엇이 특수한지 도출해 낼 수 있고, 나아가서 일반화의 토대를 마련할 수 있다.

사실 일반화의 문제는 사례연구를 둘러싼 중요한 쟁점 중의 하나이다. 사례연구를 한다 하면 사례를 몇 개 연구하느냐는 질문을 많이 받는다. 한 개를 한다 하면 두세 개는 해야 하지 않느냐고 하고, 두세 개를 한다 하면 네다섯 개는 해야 하지 않느냐고 한다. 도대체 몇 개를 해야 더 하란 소리를 듣지 않을까?

사례연구자는 말한다. 사례연구에서 몇 개가 중요한 것이 아니라 어떤 사례를 연구하느냐가 중요하다. 그럼에도 불구하고 사례연구자에게 사례 수를 묻는 것은 정말로 개수가 궁금해서 묻는 것이 아닐 것이다. 사례 몇 개 연구하는 것이 무슨 소용이 있느냐고 말하는 것이다. 고작 사례 몇 개 연구해서 연구 결과를 일반화할 수 있겠느냐고 말하는 것이다. 당신이 연구한 사례를 넘어서서 보다 일반적이고 보편적인 것을 찾아봐야 하지 않느냐고 말하는 것이다.

"사례연구는 표본연구가 아니다."(Stake, 1995: 4). 사례연구는 '표본'이 아니라 '사례'를 연구한다. 우리가 사례연구를 하는 이유는 바로 그 사례를 깊이 이해하기 위해서이다. 우리가 연구한 사례에 대한 깊은 이해가 우리를 보다 일반적이고 보편적인 이해로 이끌 수 있다. 그러나 그것이 목적이 될 수는 없다. '사례'에 대한 관심, '변인'이 아니라 '사례'에 대한 관심, 데이터 조각이 아니라 총체에 대한 관심, 단순화보다 복잡성에 대한 관심, 일반화보다 특수성에 대한 관심. 그래서 사례연구를 한다.

지금까지 질적연구의 여섯 가지 방법론에 대해 개괄적으로 살펴보았다. 이제 각각의 연구방법론에 대해 구체적으로 살펴보자.

제**2**장

문화기술적 연구

문화기술적 연구는 문화 탐구를 목적으로 한다. 문화는 일정한 시간과 장소에서 살아가는 사람들이 공유하는 생활양식을 의미한다. 따라서 문화기술적 연구는 특정 시공간의 집단이 공유하는 생활양식과 그 기저의 가치관, 사고방식, 행위양식 등을 탐구하는 연구라 할 수 있다.

문화기술적 연구는 인류학에 뿌리를 두고 있다. 인류학에서는 '문화기술지', 영어로는 '에스노그라피(ethnography)'[1]라고 일컫는데, 그 어원을 살펴보면 '에스노(ethno)'는 사람들 그리고 '그라피(graphy)'는 기술하다 또는 기술(記述)을 의미한다. 즉, 에스노그라피(ethnography)는 '사람들에 대해 기술하다' 또는 '사람들에 대한 기술'이라는 어원적 뜻을 가지고 있다. 이에 근원하여 인류학에서는 문화기술지를 연구방법론이자 또 그 결과물을 의미하는 용어로 혼용하기도 한다. 질적연구에서는 일반적으로 연구방법론을 의미하는 용어로 '문화기술적 연구(ethnographic research)' 그리고

---

1) 에스노그라피(ethnography)는 '문화기술지' 외에 '민족지' '민족지학' '민족지학적 연구' 또는 '민속지' '민속지학' '민속지학적 연구' 등의 용어로도 지칭된다. 문화기술지라는 용어가 적절하지 않다고 주장하는 연구자들도 있는데, 그에 따르면, 문화기술지의 '지(誌)'라는 글자가 '기록한다'는 의미를 가지고 있기 때문에 '기술지'는 중언부언이라는 것이다. "더구나 '지'라는 말 앞에 '기술'이라는 말을 넣어 '기술'을 강조하게 되면 자칫 ethnography 연구가 '해석'이나 '분석'보다는 과학적으로 엄정하고 객관적인 순수한 기술(description)을 지향하는 것이라거나 또는 마치 이것이 가능하다는 인상을 줄 우려도 있다. 인류학의 성립 초기에는 일단 객관적 관찰과 기록을 통해 개별 사회와 문화에 대한 자료를 수집하고, 이러한 자료를 충분히 수집하면 비교 방법을 통해 인류 사회에 공통되는 법칙을 도출할 수 있을 것이라는 기대가 널리 퍼져 있었다는 사실을 고려한다면 '문화기술지'라는 용어에 대한 이러한 우려는 무시하기 어렵다."(이용숙·이수정·정진웅·한경구·황익주, 2012: 16-17) 이러한 우려에 깊이 공감하지만, 그럼에도 불구하고 필자가 '문화기술지'라는 용어를 사용하는 것은 '문화'에 방점을 찍고 싶었기 때문이다. '에스노(ethno)'를 '민족'이나 '민속'으로 직역하기보다 이것이 '문화'를 의미하는 것임을 드러내는 방식으로 번역하는 것이 더 적절하다고 생각하였다. 그럼 '문화지'라고 번역할까 생각도 해 보았으나, 용어라는 것이 혼자 만들어서 쓰는 것이 아니기에 일반적으로 통용되고 있는 '문화기술지'라는 용어를 사용하였다. 차제에 '에스노그라피(ethnography)'의 적절한 번역어에 대한 논의가 활발하게 이루어졌으면 한다.

그 결과물을 의미하는 용어로 '문화기술지(ethnography)'를 사용한다.

　문화기술적 연구는 질적연구 역사의 산증인이라 할 만큼 그 역사가 깊고 광범위하다.[2] 초기 연구는 원시사회[3]에 대한 탐사에 많은 노력이 기울어졌다. 19세기 후반, 인류 문화의 진화에 관심을 가진 서구 인류학자들은 당대 아프리카나 아시아 등 비서구사회를 서구 문명 이전의 사회, 인류 문화 발생 초기의 원형을 간직하고 있는 사회로 여겼고 원시사회에 대한 연구를 통해 문화의 기원과 그 진화 과정을 밝히고자 하였다. 1900년대 들어 문화 진화론은 문화의 다양성과 특수성을 무시한 채 모든 문화를 일직선상에 놓고 진화라는 이름으로 서열화했다는 비판을 받았다. 그리고 그 대안으로 문화를 그 사회가 처해 있는 특수한 환경과 상황과 역사적 맥락에서 이해하고자 하는 문화 상대주의 관점이 대두되었다.

　문화의 다양성에 대한 이해가 폭넓게 확산되면서 자국 문화의 다양성에 대한 관심이 높아졌고 문화기술적 연구자들은 자국 내 다양한 문화에 주목하였다. 그 대표적인 예로 1920년대 등장한 시카고학파(Chicago school)

---

2) 문화기술적 연구를 질적연구와 동의로 사용하는 연구자들도 있다. 앞서 어원에서 언급한 바와 같이, 에스노그라피(ethnography)를 '사람들에 대해 기술하다'라고 광의로 이해한다면 질적연구와 크게 다를 바 없다. 그러나 이에 대한 비판의 목소리도 높다. 에스노그라피의 식민주의적 전통에 대한 자성이 우선되어야 한다는 주장이다. 이들에 의하면, '에스노', 즉 '사람들'이 누구를 지칭하는 것이냐, 그 어원을 살펴보면, '우리가 아닌 다른 사람들', 즉 그리스인이 아닌 다른 민족, 이민족(異民族), 이방인을 의미하는 용어로 차별적·경멸적 의미를 담고 있다(Erickson, 2018). 더욱이 초기 문화기술적 연구는 서구 백인 연구자에 의한 비서구사회, 이른바 원시사회에 대한 연구가 주를 이루었고 그 기저에는 식민주의가 뿌리 깊게 박혀 있다. 식민주의적 연구방법론에 대한 반성이 우선되어야 한다.
3) 초기 문화기술적 연구의 대상을 설명할 때 '원시사회'라는 용어를 일반적으로 사용하는데, 이에 대한 비판이 적지 않다. 원시사회는 문명세계에서 격리되어 원시적인 생활을 하는 미개 부족의 사회를 의미하는 용어로(표준국어대사전) 미개함, 즉 문화 수준이 낮은 상태를 가정한다. 그렇다면 문화 수준이 높다, 낮다의 기준은 무엇인가? 이 기준은 누구에 의해 세워진 것인가? 연구자들이 속한 서구사회의 기준으로 특정 사회의 문화 수준을 평가하고 미개함을 규정하는 것은 식민주의적 관점을 여실히 드러낸다. 그들이 사용하는 '원시사회'라는 용어 자체가 식민주의적이라는 것이다.

를 들 수 있다. 당시 시카고에는 일자리를 찾아 이주한 여러 다양한 인종, 민족, 종족 집단이 특정 지역에 밀집하여 살고 있었다. 시카고대학교 사회학과 파크(Park) 교수와 버제스(Burgess) 교수 및 동료 연구자들은 시카고 내 여러 다양한 지역사회, 예컨대 유대인 거주지역, 이탈리아 이민자 밀집지역, 흑인 빈민가 등에 직접 나가서 그들의 일상을 참여관찰하며 도시 빈민들의 삶과 문화를 연구하였다. 시카고학파의 연구는 문화기술적 연구방법론은 물론이고 비판적 질적연구(critical qualitative research) 그리고 특히 비판적 문화기술지(critical ethnography)에 큰 영향을 미쳤다.

문화기술적 연구는 우리의 삶 전반에 걸친 문화적 현상이나 경험을 탐구하는 연구로 점차 확대되어 왔다. 우리에게 낯선 문화에 대한 연구에서 우리에게 친숙한 문화적 현상이나 경험에 대한 연구로 계속 확대되고 있다. 나아가 타문화에 대한 연구에서 연구자 자신이 속한 집단의 문화에 대한 연구, 자문화기술지(autoethnography)도 날로 늘고 있는 추세이다. 근래에는 온라인 공간으로 확대되어 온라인 문화기술지(online ethnography), 가상 문화기술지(virtual ethnography), 인터넷 문화기술지(internet ethnography), 넷노그라피(netnography) 등 온라인상 문화기술적 연구방법론들이 새롭게 등장하고 있다.

이와 같이 문화기술적 연구는 150여 년의 오랜 세월에 걸쳐 여러 다양한 관점, 접근, 방법 등을 흡수, 수정, 보완, 개선하며 그 특유의 연구방법론을 발전시켜 왔다. 문화기술적 연구를 한 줄기로 간결하게 정리하기 어려운 이유가 여기에 있다. 그렇다면 먼저 큰 줄기들을 살펴볼 필요가 있다.

문화를 어떻게 연구할 것인가. 이를 기준으로 문화기술적 연구를 몇 가지 유형으로 구분할 수 있다. 이 장에서는 크게 네 가지 유형, 사실주의적 문화기술지(realist ethnography), 해석적 문화기술지(interpretive ethnography), 비판적 문화기술지(critical ethnography), 자문화기술지(autoethnography)에 대해 살펴보겠다.

1. 사실주의적 문화기술지

사실주의적 문화기술지는 문화 현상에 대한 정확하고 객관적인 기술을 강조한다. 이것의 역사는 초기 문화기술적 연구로 거슬러 올라간다. 19세기 후반 인류 문화의 진화를 탐구하고자 원시사회를 찾아 나섰던 인류학자들은 아프리카, 아시아 등 비서구사회에서 원주민들과 생활하며 그들의 문화를 연구하였다. 그리고 자국으로 돌아와 서구사회에 원시사회의 문화를 소개하는 문화기술지를 발표하였다. 당시 문화기술자들을 당혹스럽게 한 질문이 있었다. 그들의 문화기술지와 원시사회에 대해 그곳에서 선교활동을 펼친 서구 선교사들이 쓴 글, 식민지 개척을 위해 원시사회 정복에 나선 관료들이나 식민사업에 뛰어든 무역상들이 쓴 글 또는 원시사회로 미지 탐험에 나선 여행가들이 쓴 글과 무엇이 다른가?

과학적 연구, 문화기술자들은 그 답을 바로 여기에서 찾았다. 그들은 다음과 같이 주장하였다. 과학적 연구는 정확하고 객관적이다. 이것이 자신들의 문화기술지와 그 외 다른 기록들을 구별 짓는 가장 핵심적인 특성이다. 일례로 1874년 영국과학증진협회는 미개지(uncivilized lands)에서의 필드워크(fieldwork)[4]를 위한 매뉴얼을 출간, 문화기술자들의 과학적 연구를 촉진하였다(Erickson, 2018). 이 책은 문화기술자들이 늘 가지고 다닐 수 있도록 사파리 재킷 호주머니 정도의 크기로 제작되었고, 겉표지에는 센티미터와 인치 자를 찍어 넣어 측정이 필요할 때 곧바로 잴 수 있도록 하였다. 책의 내용은 현지에서 탐사해야 할 주제들, 예컨대 원주민의 신체적 특징, 의식주 생활상, 제도, 규범, 종교나 토속신앙, 지리적 환경 등

---

[4] 필드워크(fieldwork)는 '현지조사', '현장연구', '현장작업', '현장조사', '현지답사' 등으로도 지칭된다.

의 목록으로 구성되었다. 이후 이 목록은 필드워크에서 수집해야 할 자료들에 대한 지침 역할을 하였고, 문화기술자들은 목록에 제시된 자료들을 빠짐없이 수집해서 정확하게 기술하고자 노력하였다.

이같은 전통은 1900년대 문화기술자들에게도 이어졌다. 예를 들어, 트로브리안드 섬(Trobriand Islands) 원주민의 문화를 연구한 말리노프스키(Malinowski), 브라질 원주민의 문화를 연구한 레비스트로스(Levi-Strauss), 사모아(Samoa) 원주민의 문화를 연구한 마가렛 미드(Margaret Mead) 등 20세기 초 문화 상대주의를 표방하며 원주민의 토착문화를 연구한 인류학자들도 과학적 연구를 강조하였고 연구자가 보고 들은 것을 정확하게 기록하고 객관적으로 기술하고자 심혈을 기울였다.

그 기저에는 다음과 같은 가정과 신념이 깔려 있다. 문화라는 것이 객관적으로 실재하고 연구자는 그것을 찾아내서 있는 그대로 보여 주어야 한다. 이러한 객관주의와 사실주의에 기반한 문화기술적 연구는 연구자의 주관을 배제하고 문화를 있는 그대로 정확하게 기술하는 데 중점을 두었다. 이 같은 노력은 현대에도 계속되고 있다.

2. 해석적 문화기술지

여기 옹기종기 모여 놀고 있는 아이들이 있다. 한 아이(A)가 왼쪽 눈을 살짝 감았다 뜨며 눈을 깜박였다. 그것을 본 한 아이(B)가 입가에 엷은 미소를 지으며 한쪽 눈을 깜박였다. 이 둘을 멀찍이서 지켜보던 한 아이(C)가 A의 이름을 불렀다. A가 그를 보자 C도 한쪽 눈을 깜박였다. 맞은편에서 이를 본 한 아이(D)가 신기하다는 듯 자신의 눈을 깜박였다. 처음에는 두 눈을 깜박깜박하다 차차 오른쪽 눈만 깜박였다 또 양쪽 눈을 깜박였다 하더니 옆의 아이에게 자신을 보라고 하고는 오른쪽 눈을 깜박였다.

이 필드노트(fieldnote)[5]를 사실주의적 문화기술자들에게 보여 주었다면 아마 이렇게 말했을 것이다. 연구자가 보고 들은 것을 더 자세하게 구체적으로 기술하십시오. 예를 들어, 눈을 깜박이는 행위를 할 때 얼굴 표정이라든가 몸짓 등 그 미묘한 움직임까지 포착해서 아주 상세하게 묘사하십시오. 이때 팩트(fact)만 기술하십시오. 연구자의 생각이나 느낌(예컨대, 신기하다는 듯 등)은 괄호를 치고 적거나 아예 따로 적어서 팩트, 즉 사실과 구별하십시오. 이것을 읽는 독자들도 마치 그 자리에서 이 광경을 보고 있다는 생각이 들 만큼 현장 상황을 있는 그대로 생생하게 전하십시오.

그러나 아이들의 행동을 아무리 더 자세하게 더 구체적으로 더 정확하게 기술한다 한들, 기어츠(Geertz, 1973)에 의하면, 지금 여기서 무슨 일이 벌어지고 있는지 제대로 이해하기 어렵다. 왜냐면 이 아이들은 그저 눈을 깜박인 것이 아니기 때문이다. 아이들은 윙크(wink)를 한 것이다. 눈 깜박임과 윙크는 겉으로 보기에는 별반 다를 바 없다. 그러나 그 차이는 아주 크다. 윙크는 의사소통 행위이다. 상대방에게 특별한 방식으로 메시지를 전하는 의도적인 행위인 것이다. 그러므로 이것은 사회적 행위이다. 그 사회 구성원이라면 상대방의 눈 깜박임을 윙크로 알아차리고 그 행위의 의미를 이해할 것이다. 그리고 자신 또한 특정 상황에서 특정 메시지를 특정 방식으로 보내기 위해 윙크라는 행위를 할 것이다. 그런 점에서 윙크는 상징적 행위라 할 수 있다. 인간의 사회적 행위는 의미를 내포하고 있는 상징적 행위이다. 문화란 바로 이런 것이다.

문화라는 개념은 본질적으로 기호학적이다. 막스 베버(Max Weber)가 주장한 바와 같이, 인간은 자신이 뿜어낸 의미의 거미줄 속에 사는

---

5) 필드노트(fieldnote) 외에 '현장노트' '현장일지' 등의 용어도 사용된다.

동물이다. 나는 문화란 바로 이 의미망과 같다고 생각한다. 그러므로 문화 분석은 법칙을 찾는 실험과학이 아니라 의미를 찾는 해석적 연구이어야 한다(Geertz, 1973: 5).[6]

　문화를 이해하려면 문화가 상징하는 바를 이해해야 한다. 문화 현상을 있는 그대로 기술하는 '표면적 서술(thin description)'[7]만으로는 문화를 이해할 수 없다. 현상에 대한 표면적 서술을 넘어서서 문화 현상 기저의 의미를 해석해 내야 한다. 이때 그 의미는 단순하지 않다. 예컨대, 아이들의 윙크는 각기 다른 의미를 내포하고 있다. A의 윙크는 B에게 은밀한 메시지를 보내는 모의의 성격을 띠고 있고, B의 윙크는 A의 메시지에 대한 동의를 의미하며, C의 윙크는 A와 B가 공모하고 있음을 안다는 의미를 담고 있고, D의 윙크는 앞의 세 아이와 달리 윙크를 연습하는 행위이다. 이처럼 동일하게 보이는 하나의 행위에도 여러 다양한 의미가 복잡하게 얽혀 있다. 이 아이들은 그것을 이해하고 있다. 윙크라는 행위 기저의 여러 복합적인 의미를 알고 있고, 자신의 의도에 맞게 적절한 의미를 담아 윙크라는 행위를 한 것이다. 그리고 그 행위는 아이들 사이에서 모종의 의미를 담고 있는 의미 있는 행위로 해석되고 받아들여진 것이다.

　문화를 이해하려면 문화 현상 기저에 깔려 있는 복합적인 의미들을 해석해 내야 한다. 문화 현상 심층에 겹겹이 쌓여 있는 의미들을 한 겹 한 겹 벗겨 내고 깊이 더 깊이 파고들어가 중층적(重層的) 의미구조를 해석해 내야 한다. 즉, '심층서술(thick description)'[8]이 필요하다. 심층서술은 사회

---

6) 한국어 번역본 『문화의 해석』(클리포드 기어츠 저, 문옥표 역, 2009)과 달리 번역해 보고 싶은 마음에 원본을 참고하였다.

7) 띤 디스크립션(thin description)은 '표면적 서술' 외에 '현상기술'로도 번역, 사용되고 있다. 현상을 있는 그대로 기술한다는 의미를 반영하여 현상기술로 번역된 것 같다. 그 외에 직역하여 '단순한 기술' '빈약한 서술' 등의 용어도 사용되고 있다.

적 행위에 대한 표면적 서술을 넘어서서 사회 구성원들이 사회적 행위를
통해 교류, 공유하는 의미들을 해석해 내고, 그리하여 사회적 행위 기저에
깔려 있는 중층적 의미구조를 해석해 내는 것이다. 따라서 심층서술은 해
석적이고 상황적, 맥락적이며 미시적인 특징을 띤다.

   기어츠는 "문화기술지는 심층서술이다."(Geertz, 1973: 9)라고 주장하였
다. 문화 현상을 있는 그대로 기술하는 전통적인 문화기술지에서 벗어나
서 문화 현상의 심층을 깊이 파고들어가 그 기저에 켜켜이 깔려 있는 중층
적 의미구조를 해석하는 데 역점을 두어야 한다고 강조하였다. 그의 명저
『문화의 해석(The Interpretation of Cultures)』에서 그는 객관주의와 사실주
의에 입각한 문화기술지에서 탈피, 해석적 문화기술지를 제시하였다. 일
례로 발리인의 닭싸움에 대한 그의 문화기술지는 야만스러워 보이는 닭싸
움 기저에 깊이 깔려 있는 의미들을 파헤치고, 발리라고 하는 역사적 공간
에서 20세기 중반을 살아가는 발리인들에게 닭싸움이 상징하는 바에 대한
해석을 담고 있다.

   요컨대, 해석적 문화기술지는 문화에 대한 일반적 원리나 보편적 법칙
을 찾는 연구가 아니라 문화가 상징하는 의미를 찾는 연구이다. 특정 시
공간의 특정 집단이 문화라는 상징을 통해 생성, 교류, 공유하는 의미를
해석하는 연구이다.

---

8) 띡 디스크립션(thick description)은 '심층서술' 외에 '심층기술' 또는 '중층(重層)기술' '두꺼운
   기술' '두터운 기술' 등의 용어로도 번역, 사용되고 있다. '띡(thick)'이라는 용어가 일반적으로
   두꺼운, 두툼한 등으로 번역이 되어서인지 띡 디스크립션(thick description)을 '자세히 많이 써
   서 그 두께를 두껍게 만들라'는 의미로 오해하기도 한다. 표면적인 현상 그 기저로 깊이 파고
   들어가 겹겹이 쌓여 있는 중층적인 의미의 구조를 해석해 낸다는 뜻에서 심층서술이라는 용
   어가 적절한 것 같다.

3. 비판적 문화기술지

비판적 문화기술지는 전통적 문화기술지 기저의 식민주의에 대한 반성에서 비롯되었다. 19세기 서구 열강들이 아프리카, 아시아 등 비서구사회를 침탈, 식민지 쟁탈전을 벌이던 제국주의 시대, 인류학자들도 비서구사회로 향하였다. 정복자들과 달리 이들에게는 숭고한 목적이 있었다. 인류문화의 기원을 찾아서, 원시문화에 대한 과학적 연구를 위해서였다. 원주민들과 짧게는 몇 달 길게는 몇 년을 생활하며 온갖 종류의 자료를 수집하였고 이를 집으로 가져와 정리 분석해서 문화기술지를 발표하였다. 이들의 문화기술지는 원시사회 야만인들에 대한 기이한 이야기들로 서구인들의 호기심을 충족시켰다(Rosaldo, 1989). 게다가 마치 그곳에 다녀왔다는 증거라도 되는 양 현지에서 가져온 물건들은 원주민의 문화를 기념품 정도로 신기한 구경거리로 전락시켰다.

이 문화기술지는 과연 누구를 위한 것인가? 원주민들은 읽을 수도 없는 언어로 쓰인 이 문화기술지는 누구를 위한 것인가?

당시 문화기술자들이 연구한 이른바 원시사회는 서구 열강의 식민지였거나 식민지화되었고 서구의 식민지 정책은 미개사회 야만인을 문명화한다는 명분으로 정당화되었다(Denzin & Lincoln, 2005). 초기 문화기술지에 묘사된 비서구사회 원주민의 모습은 이러한 정당화에 적잖이 기여했을 것이다(Erickson, 2018). 문명화되어야 할 미개인, 구원받아야 할 야만인으로 서구인들의 눈에 비쳤을 테니 말이다.

20세기 들어 이 같은 문화기술지에 대한 자성의 목소리가 나오기 시작하였다. 특히 비판이론(critical theory)에 기반을 둔 문화기술자들은 다음과 같은 문제를 제기하였다. 전통적 문화기술지는 서구사회 백인 연구자에 의한 비서구사회 원주민 문화에 대한 연구이다. 즉, 자기가 속한 집단의 문화가 아니라 타집단의 문화, 타문화에 대한 연구이다. 그러므로 타자, 타문화를 어떻게 표상하는가는 중요한 문제가 아닐 수 없다. 전통적 문화기술지에서 타자는 미개인, 야만인으로 그려졌고 그들의 문화는 서구 문명 이전의 인류 문화 발생 초기의 원형을 간직하고 있는 원시문화로 묘사되었다. 그리고 이 같은 표상은 과학적 연구라는 미명 아래 객관적이고 중립적인 것으로 받아들여졌다.

연구자 자신이 속한 서구사회 문화를 기준으로 타자의 문화를 미개하다, 야만적이다, 원시적이다 평하는 것이 과연 객관적인 것인가? 자신의 연구결과가 연구대상자들을 식민화하는 데 이용되어도 '나는 연구를 했을 뿐 그 결과에 아무런 책임이 없다' 방관하는 것이 중립적인 것인가?

비판적 문화기술자들은 다음과 같이 주장한다. 전통적 문화기술자들이 주장하는 중립성의 허상에서 벗어나 연구자 자신이 옹호하는 가치에 대해 깊이 성찰해야 한다. 어떤 가치관에도 치우치지 않는다는 중립의 허울을 벗어 버리고 '나는 누구의 가치를 옹호하고 있는가' 비판적으로 성찰해야 한다. 그리고 그 가치가 바람직한 것인가 가치 판단해야 한다.

나아가서 비판적 문화기술자들은 전통적 문화기술자들이 있는 그대로 객관적으로 기술한다는 명목으로 연구대상자가 처해 있는 불의한 현실을 방관한 데 신랄한 비판을 가하며 다음과 같이 주장한다.

> 비판적 문화기술지는 실제 현실에서 일어나는 불의, 불공정에 맞서야 한다는 윤리적 책임감에서 시작한다…. 바람직하지 못한 삶의 여건 속에서 살아가는 사람들이 있고, 그로 인해 연구자는 이러한 여건을 보다 자유롭고 공정하게 만드는 데 기여해야 한다는 도덕적 의무감을 느낀다…. 비판적 문화기술자는 길들이기에 저항하고 '있는 그대로'가 아니라 '무엇이 가능한가'를 추구한다…. 길들이기에 저항한다는 것은 그간 억눌려 왔던, 소외되었던 사람들의 목소리와 그들의 경험을 알리기

위해 연구자가 가진 능력과 자원, 힘을 활용함을 의미한다. 이는 곧 비
판적 문화기술자가 해방적 지식과 사회 정의 담론에 기여함을 의미한
다(Madison, 2005: 5).

비판적 문화기술자들은 길들이기에 저항한다. 전통적 문화기술지 기저
의 뿌리 깊은 식민주의에 저항한다. 객관성과 중립성이라는 미명하에 불
의하고 불공정하고 불평등한 현실을 방관시하는 연구, 그리하여 연구대상
자에 대한 억압과 착취를 묵인하는 연구에 저항한다.

비판적 문화기술지는 바람직한 가치를 추구하는 연구이다. 보다 자유
롭고 정의롭고 평등한 사회를 만드는 데 기여해야 한다는 도덕적 의무감
과 윤리적 책임감에 토대한 연구이다. 그 일환으로 비판적 문화기술지는
주류문화의 권력과 지배에 문제제기하고 지배문화에 의해 주변화되고 억
압받는 비주류문화, 하위문화, 소수문화 등에 주목한다.

예를 들어, 19세기 후반 인류학자들이 비서구사회 원시문화에 대한 연
구에 열중할 때 자국 내 흑인들의 삶과 문화를 연구한 드부아(DuBois,
1899)의 문화기술지에서부터, 1920년대 미국 시카고 도시 빈민들의 삶과
문화를 연구한 시카고학파의 문화기술지, 1960~1970년대 영국사회 청
년문화, 예컨대 오토바이족 문화, 히피(hippie)문화, 노동계급 남학생들의
'싸나이' 문화 등을 연구한 윌리스(Willis, 1977, 1978)의 문화기술지 그리고
최근 한국사회 다문화가정 아이들에 대한 문화기술지에 이르기까지 비판
적 문화기술지는 차별받고 소외당하는 비주류문화에 관심을 기울인다.

나아가서 비판적 문화기술지는 비주류문화 집단이 지배문화에 대항하
며 자신들의 문화적 정체성을 확고히 세워 나가는 노력을 지지하고 편견과
차별에 맞서 보다 정의롭고 평등한 세상을 만들기 위한 그들의 노력을 지
원한다. 때로는 그들에 대한 주류문화의 지배와 억압을 폭로 공박하고, 때
로는 그들을 단지 연구대상이 아니라 공동연구자로 서로 협력하며, 또 때

로는 그들의 자발적 자생적 변혁 노력에 동참하며 연구를 통해 불의, 불공정, 불평등의 현실을 개혁하는 데 기여하고자 한다. 그런 점에서 비판적 문화기술지는 프락시스(Praxis), 즉 '의식적 실천' 지향적 연구이다. 세상을 이해하는 데 그치지 않고 더 나은 세상을 만드는 데 참여하는 실천연구이다.

4. 자문화기술지

인류학자 말리노프스키(Malinowski)가 트로브리안드 군도를 떠난 지 30여 년 후 볼드윈(Baldwin) 신부가 발표한 석사학위논문이 큰 파장을 일으켰다. 볼드윈(Baldwin) 신부는 트로브리안드 군도에서 10여 년 넘게, 말리노프스키(Malinowski)보다 더 오랫동안 원주민들과 지냈고 원주민 언어도 습득하였다. 볼드윈(Baldwin) 신부의 논문에 의하면(Young, 1979 재인용), 그는 원주민들에게 그들의 문화에 대해 말리노프스키(Malinowski)가 쓴 문화기술지 『Argonauts of the Western Pacific』(Malinowski, 1922)[9]을 번역해서 읽어 주었다. 원주민들의 반응은 대체로 '그는 그렇게 생각했구나'였다. 말리노프스키(Malinowski)를 귀가 얇은 사람이라 여기는 원주민들도 있었고, 또 그를 기억하는 몇몇 원주민들은 '바보 같은 질문을 하던 사람이었다'고 회고하였다.

말리노프스키(Malinowski)가 누구인가. 문화기술지의 목표는 "원주민의 관점"(Malinowski, 1922/1984: 25)을 이해하는 것이라고 주창한 인류학자 아닌가. 그런데 정작 원주민들은 그의 문화기술지에 고개를 갸웃한다고 하니, 학계는 큰 혼란에 빠졌다. 게다가 말리노프스키 사후에 출간된 그

---

9) 한글 번역본 『서태평양의 항해자들』(최협 역, 2013)을 참고하기 바란다.

의 일기(Malinowski, 1967)는 더 큰 파장을 불러일으켰다. 머나먼 이국땅에
서 겪은 외로움, 고립감, 좌절감, 피로감 등이 그의 일기에 고스란히 담겨
있었다. 그의 문화기술지에 그려진 그의 모습, 투철한 사명감과 강한 자부
심, 지칠 줄 모르는 탐구열을 가진 연구자의 이미지와는 너무나도 다른, 너
무나 낯선 모습이었다(Young, 1979). 오랜 객지 생활로 지친 속내를 털어놓
은 것이라 이해할 수 있고 그래서 더 인간적으로 느껴질 수도 있겠으나, 이
제 더 이상 그의 문화기술지를 예전처럼 받아들일 수 없게 되었다.

　비단 말리노프스키(Malinowski)만이 아니었다. 일례로 마가렛 미드
(Margaret Mead) 사망 후 인류학자 프리먼(Freeman)은 미드(Mead)의 문
화기술지에 의혹을 제기하였다. 당시 미드(Mead)가 사모아(Samoa)의
제보자들(informants)[10]이 하는 이야기를 액면 그대로 받아들였고 미드
(Mead)의 반응을 본 제보자들은 더욱더 과장해서 이야기를 했다는 것이다
(Erickson, 2018 재인용).[11] 요컨대, 미드(Mead)의 문화기술지를 믿을 수 없
다는 것이다.[12]

　전통적 문화기술지의 권위는 점차 무너져 갔다. 원주민들이 자신의 문
화에 대해 외부인 연구자들이 쓴 문화기술지를 읽거나 듣고 문제제기를
하고 나섰고, 나아가서 이른바 원주민 문화기술지(native ethnography)가
등장, 제 목소리를 내기 시작하였다. 과거 연구대상이었던 원주민들이 서
구식 교육을 받고 서구 학계에 진출하면서 전통적 문화기술지에 신랄한
비판을 제기하며 자문화에 대해 직접 쓰기 시작한 것이다. 일례로 미국 인
디언 보호구역(Indian reservation)에서 원주민의 아들로 태어나 대학교육

---

10) 인포먼트(informant)는 '제보자' 외에 '정보제공자' '정보원' 등의 용어로도 지칭된다.

11) 마가렛 미드의 문화기술지 『Coming of Age in Samoa(사모아의 청소년)』(Mead, 1928; 박자
　　영 역, 2008)를 읽어 보기 바란다.

12) 프리먼의 주장에 대한 비판도 적지 않다. 예를 들어, 『The Trashing of Margaret Mead:
　　Anatomy of an Anthropological Controversy』(Shankman, 2009)를 참고하기 바란다.

을 받고 법조인이자 교수, 작가로 활동한 드로리아(deLoria)는 아머인디언
(Amerindian), 즉 아메리칸 인디언 문화에 대한 미국 인류학자들의 문화기
술지는 미국 백인의 관점에서 인디언 정복과 착취를 정당화한 이야기라고
통렬히 비판하며 그 자신이 아메리카 원주민의 삶과 문화에 대해 저술하
였다. [13]

원주민 문화기술지는 전통적 문화기술지 기저의 식민주의에 대한 반성
과 연구자 자신의 관점, 신념, 가치에 대한 자기성찰(reflexivity), 연구자의
위치성(positionality)에 대한 자각을 촉구함은 물론, 문화기술자들에게 보
다 근본적인 문제를 제기하였다. 외부인 연구자가 타문화를 얼마나 이해
할 수 있을까? 문화기술지는 '원주민의 관점'에서 문화를 이해해야 한다고
하는데, 외부인 연구자가 원주민의 관점에서 문화를 이해한다는 것이 가
능할까? 오직 내부자만이 할 수 있지 않을까? 내부자만이 원주민의 관점
에서 문화를 이해할 수 있지 않을까?

자문화기술지는 이 같은 문제의식에서 비롯되었다. 이 용어의 창안자
로 알려진 하이더(Heider, 1975)와 하야노(Hayano, 1979)는 자문화기술지
를 다음과 같이 정의하였다. 자문화기술지는 연구자 자신이 속한 집단의
문화에 대한 연구로, 연구자가 그 집단의 구성원으로서 내부자로서 수행
하는 연구이다. 자문화기술지는 외부자에 의한 문화기술적 연구의 한계를
극복할 수 있는 대안으로 주목을 받으며 1980년대 폭넓게 확산되었다.

1990년대 들어 자기서사(personal narrative), 주관성(subjectivity), 자기성
찰(reflexivity) 등이 질적연구계에 화두로 떠오르며 자문화기술지는 새로
운 전환점을 맞게 되었다. 집단보다 개인에 초점을 맞춘 것이다. 종래 문
화기술지는, 초기 자문화기술지를 포함하여, 집단이 공유하는 문화적 경

---

13) 드로리아의 저서 『Custer Died for Your Sins: An Indian Manifesto』(deLoria, 1969)를 참고
하기 바란다.

험에 초점을 두었다. 이제 자문화기술지는 집단보다 개인의 경험에 초점을 맞추고 연구자 자신의 경험을 통해 자문화를 연구하는 데 관심을 기울였다. 그 대표적인 연구자로 엘리스(Ellis)를 들 수 있다. 그의 저서 『The Ethnographic I』(Ellis, 2004)에서 엘리스(Ellis)는 자문화기술지를 다음과 같이 정의하였다.

자문화기술지는 연구자 자신의 경험을 활용하여 문화를 기술하고 비평하는 연구이다. 자문화기술자는 외부인 연구자는 접근하기 어려운 문화적 현상을 가까이서 면밀히 조사하는 한편, 내부자들이 당연시하는 문화적 규범, 실천, 경험 등을 새로운 관점에서 조명하고 비판적으로 고찰한다.

예컨대, 엘리스(Ellis)의 자문화기술지는 상실 경험을 주로 다루고 있는데, 엘리스(Ellis)에 의하면 항공기 추락사고로 남동생을 잃고 큰 슬픔에 빠져 지냈던 경험이 이 연구주제에 관심을 갖게 하였다고 한다. 그리하여 사랑하는 사람을 잃은 경험을 연구하게 되었고, 자신의 경험을 연구참여자들과 나누며 그들의 경험에 더 깊이 들어갈 수 있었고, 자신의 경험과 연구참여자들의 경험을 관련지으며 개인적 차원을 넘어서서 사회적·문화적·정치적 맥락에서 접근할 수 있었다고 그는 설명하였다(Ellis & Bochner, 2000).

엘리스(Ellis)와 저술 활동을 같이 한 홀먼 존스(Holman Jones)는 입양모로서, 입양 부모들의 경험을, 특히 아이를 입양한 경험 없이는 이해하기 어려운 경험들을 내적으로 깊이 탐구하는 한편, 입양을 둘러싼 사회적·경제적·문화적·정치적·제도적 문제와 특히 국제 입양에 관한 문제들을 고발하는 자문화기술지들을 발표하였다(Adams, Jones, & Ellis, 2015). 또 아담스(Adams)는 자신의 경험을 토대로 미국 사회에서 동성애자들이 겪는 경험과 그들에 대한 미국 사회의 편견과 차별을 폭로하는 자문화기술지를 발표하였다(Adams, Jones, & Ellis, 2015).

그들의 공저에서 엘리스, 아담스, 존스는 자문화기술지에 대해 다음과 같이 설명하였다(Adams, Jones, & Ellis, 2015).

첫째, 자문화기술지는 개인 경험을 중시한다. 종래 문화기술지에서 집단이 공유하는 문화적 경험에 초점을 둠으로써 간과 또는 무시되어 온 개인의 경험에 관심을 기울이고, 문화적 현상이나 경험에 대한 일반화나 거대서사(master narrative)에 파묻혀 듣지 못했던 개인의 경험 이야기에 귀를 기울인다.

둘째, 자문화기술지는 연구자 자신의 경험을 연구에 적극 활용한다. 종래 연구에서 이것은 금기시되어 왔다. 필드워크를 나갈 때 연구자는 자신의 신념, 가치, 관점 등을 집에 두고 나와야 했다. 문화기술지를 쓸 때도 연구자는 자신을 드러내서는 안 되었다. '나'라는 용어를 써도 안 되었다. 이같이 금기시되어 왔던 것에 자문화기술자들은 문제제기한다. 그리고 이제 더 이상 타문화에 대한 연구자 자신의 해석을 객관성과 중립성으로 위장하지 않겠다고 선언한다. 대신 연구자 자신에 대한 엄격한 비판적 성찰을 토대로 자신의 경험을 활용하여 자신이 속한 집단의 문화에 대해 깊이 연구하고자 한다.

셋째, 자문화기술지는 문화적 현상에 대한 내부자의 관점, 의미, 해석을 제시한다. 외부인 연구자가 '내부자 관점'이라고 제시한 종래 문화기술지의 문제와 한계를 지적하며 자문화기술자들은 내부자 연구(insider research)의 중요성과 필요성을 강조한다. 내부자만이 알 수 있는 것들을 담아냄으로써 자문화기술지는 복잡미묘한 문화적 현상에 대해 보다 깊이 이해할 수 있도록 해 주고 또한 내부자들이 당연시해 왔던 문화적 관습을 새로운 관점에서 재조명함으로써 그 기저의 문화적 신념, 가치, 인식 등에 대해 비판적으로 성찰하게끔 한다.

이제 연구자와 연구대상자 간의 경계는 무너졌다. 외부인 연구자에 의한 타자화를 거부하고 자신이 속한 집단의 문화에 대해 자신이 직접 연구하는 연구자들이 늘고 있다. 아울러 타자 표상(representation of Others)에 근본적인 문제를 제기하며 연구자 자신의 경험을 연구의 대상으로 삼는 연구자들도 늘고 있다.

5. 필드워크

타문화를 이해하기 위해서는 그 문화에서 살아보아야 한다. 현지에 가서 현지인들과 함께 생활하며 그들의 일상을 연구하고 그들의 삶을 이해하고자 노력해야 한다. 이것을 필드워크라고 한다. 필드워크는 문화기술자들뿐만 아니라 질적연구자들이 주로 활용하는 연구방법이다. 필드워크에 대해 에머슨(Emerson) 등은 다음과 같이 설명하였다.

> 문화기술자는 현지에 나가 타인들의 일상생활과 활동에 가까이 다가가고자 한다. '가까워진다'는 것은 타인들의 삶에 물리적으로 그리고 사회적으로 근접함을 의미한다…. 그러나 이보다 훨씬 더 중요한 요소가 있다. 문화기술자는 타자의 세계에 깊이 몰입(immersion)하여 그들에게 의미 있는 것, 중요한 것이 무엇인지 이해하고자 한다. 몰입함으로써 연구자는 타자의 삶과 경험을 내부자의 관점에서 보게 된다(Emerson, Fretz, & Shaw, 1995: 2).

필드워크는 타자의 세계에 몰입하는 것이다. 그들에게 소중한 것, 의미 있는 것, 가치로운 것이 무엇인지 이해하는 것이다. 그리하여 그들의 눈으로 세상을 보는 것이다. 그런 점에서 필드워크는 재사회화(resocialization) 또는 문화화(enculturation)의 과정이라 할 수 있다(Emerson, Fretz, & Shaw, 1995; Schensul, LeCompte, & Schensul, 1999; Spradley, 1979, 1980). 필드워크는 새로운 생활양식과 사회규범을 배우는 학습의 과정이다.

그러므로 연구자는 그저 멀찌감치 떨어져서 연구대상자들을 지켜보기만 할 수 없다. 그들의 일상에 참여해야 한다. 이것은 양적연구자들에게는 객관성과 중립성의 원칙에 어긋나는 일일 것이다. 데이터를 오염시키는 해악으로 금하거나 연구자 오류로 통제하려 들 것이다. 그러나 타자의 세계에 들어가지 않고 어떻게 그들을 이해할 수 있겠는가. 결국 과거 많은 연구자가 그러했듯 객관성과 중립성이라는 미명하에 자신의 세계에서 타자의 세계를 바라보고 자신의 잣대로 타자를 판단하는 독선과 편견에 빠지게 될 것이다.

참여는 오염이 아니라 배움의 근원이다. 타자의 세계에 들어가 그들의 일상에 참여함으로써 그들의 문화를 배울 수 있다. 그들과 관계를 맺고 상호작용함으로써 그 사회에서 살아가는 데 필요한 지식과 기술, 적절한 가치, 규범, 행동양식 등을 습득할 수 있다. 참여하고 배워야 내부자의 관점에서 문화를 이해할 수 있다.

그럼 필드워크에 대해 자세히 살펴보자. 먼저 필드(field), 즉 연구지(研究地) 선정이 필요하다.

1) 연구지 선정

초기 문화기술지는 특정 지역에 사는 특정 집단의 문화에 대한 연구가 주를 이루었다. 예를 들어, 20세기 초 말리노프스키(Malinowski)는 당시 오스트레일리아(Australia)의 속령 파푸아(Papua)에 가서 6개월간 남부해안에 사는 마이루(Mailu) 부족의 문화를 연구하였고, 이후 트로브리안드 군도의 본 섬 키리위나(Kiriwina)에서 원주민들과 함께 1년여간 생활하며 그들의 문화를 연구하였다. 그의 연구는 필드워크를 문화기술적 연구방법으로 발전시키는 데 크게 기여하였다. 이처럼 특정 지역에 사는 특정 집단의 문화에 대한 연구는 현재도 계속되고 있다. 예컨대, 미국 뉴욕 월가 (Wall Street) 증권맨들의 문화에 대한 연구(Ho, 2009; 캐런 호 저, 유강은 역, 2013)라든가, 한국의 경우 중국동포 밀집지역에 사는 중국동포 문화에 대한 연구 또는 탈북 청소년들이 다니는 학교 문화에 대한 연구 등이 있다.

그런데 가령 한국의 학생 문화를 연구하고 싶다면 어디로 필드워크를 나가야 할까? 한국에는 만여 개가 넘는 초·중·고등학교가 있고 그 학생 수도 5백만 명이 넘는데, 연구자가 만여 개의 학교에서 5백만여 명의 학생과 필드워크를 한다는 것은 현실적으로 불가능하다. 필드, 즉 연구지를 선정해야 한다. 그렇다면 학생 문화 연구를 위한 연구지는 어떻게 선정해야 할까?

아마 양적연구의 표집 방법을 권하는 연구자들이 적지 않을 것이다. 예컨대, 초·중·고등학교로 나누어 각각의 군집에서 일정 수의 학교를 무선표집한다는가, 또 여기에 유층화를 활용하여 시·도별 학교 수를 고려해서 표집비율을 정하고 시·도별로 초·중·고등학교 각각의 군집에서 해당 크기의 표본을 무선표집하는 것이다. 이처럼 모집단을 대표하는 표본을 추출하기 위한 노력도 중요하지만, 무엇보다 연구의 목적에 맞는 연구지를 선정하는 것이 중요하다.

학생 문화에 대한 문화기술적 연구를 하고 싶다면, 다시 말해 어떤 문화적 현상에 관심이 있고 그것이 특정 지역에 제한된 것이 아니라면, 문화기술적 연구를 위한 연구지 선정에 고민하지 않을 수 없다. 이러한 경우 먼저 선행연구에 대한 면밀한 검토가 필요하다. 예컨대, 학술연구정보서비스(riss)를 이용하여 학생 문화에 대한 선행연구를 검색하면 방대한 양의 연구물들을 찾아볼 수 있다. 아주 오래전부터 수많은 연구자가 이 주제에 대해 연구를 해 왔고, 그리하여 많은 지식이 축적되어 있음을 확인할 수 있다. 선행연구자들의 연구를 면밀히 검토하며 학생 문화에 대한 연구자 본인의 궁금증을 푸는 것이 우선되어야 한다. 그럼에도 여전히 풀리지 않는 문제가 있다면 그것은 이제 본인이 직접 풀어야 할 것이다. 요컨대, 연구의 문제의식을 날카롭게 세우고 연구의 목적을 뚜렷이 할 필요가 있다.

　일례로 윌리스의 문화기술적 연구(Willis, 1977)[14]를 살펴보자. 그는 학교가 자본주의 사회의 불평등한 계급구조를 재생산한다는 선행연구에 공감하면서도 다음과 같은 문제의식을 갖게 되었다. 학생들이 학교의 재생산 역할에 그저 순응하는가? 특히 노동계급 학생들의 경우, 어떻게 노동계급의 직업을 물려받게 되는가? 도대체 학교 안에서 무슨 일이 벌어지고 있는 것인가? 윌리스(Willis)는 노동계급의 자녀들이 어떻게 노동계급의 직업을 갖게 되는지, 다시 말해, 노동계급의 직업이 어떻게 노동계급 부모들로부터 자녀들에게 계승되는지 그 과정을 심층탐구하고자 하였다. 이러한 연구목적하에 그는 노동자들이 밀집해서 거주하는 도시, 가칭 해머타운(Hammertown)의 한가운데 위치한 실업계 남자 중등학교를 연구지로 선정하였다. 그리고 이 학교에서 공부에 관심이 없는 노동계급의 학생 열두 명을 선정하여 주요 연구대상으로 삼았다.

　해머타운 학교에서 필드워크를 하며 윌리스(Willis)는 열두 명의 남학생을 중심으로 수업 시간, 쉬는 시간, 방과후 활동, 여가 활동 등 학생들의 학교 안팎의 생활을 참여관찰하였고, 개별면담과 집단면담을 수차례 수행하였으며, 아울러 학교의 교사들, 학교에 오는 취업담당 공무원들 그리고 학부모들과도 면담하였다. 특히 열두 명의 학생과는 졸업 후에도 관계를 지속하며 이 학생들이 일자리를 구하고 노동자로 살아가는 삶을 지켜보았다.

　윌리스(Willis)의 문화기술지는 노동계급 학생들이 학교문화에 적극적으로 저항하며 '대항문화(counter culture)'를 형성, 주체적으로 살아가는 모

---

14) 윌리스(Willis)의 저서 『Learning to Labor: How Working Class Kids Get Working Class Jobs』의 한글 번역본 『학교와 계급재생산: 반학교문화, 일상, 저항』(폴 윌리스 저, 김찬호·김영훈 공역, 2004)을 참고하기 바란다.

습을 생생하게 묘사하였다. 그러나 한편, 그들의 이른바 '싸나이' 문화는 학교문화, 즉 지배계급의 문화를 거부하는 대신 노동계급의 문화를 신봉, 추종하였고 결국 노동계급의 직업을 자발적으로 선택하는 결과로 귀착되었다. 노동계급 학생들의 저항이 역설적이게도 스스로 기존 질서에 편입하여 불평등한 사회구조의 재생산에 동조하는 결과를 가져온 것이다.

월리스(Willis)의 연구는 대항문화에 대한 새로운 통찰을 제공하였고 '저항이론(resistence theory)'의 발전에도 크게 기여하였다. 영국 해머타운의 한 학교의 열두 명의 노동계급 남학생의 삶에 대한 심층탐구를 통해 이룬 성과였다. 아울러 다섯 개 비교집단(예컨대, 같은 학교의 순응집단, 같은 지역 다른 실업계 학교의 노동계급 순응집단, 같은 지역 인문계 학교의 노동계급 비순응집단, 인근 지역 종합학교의 노동계급 비순응집단, 인근 지역 인문계 학교 비순응집단 등)을 선정, 비교연구를 통해 연구 결과의 타당성을 제고하였다.

일반적으로, 연구지 선정과 연구대상자 선정에 있어 많으면 많을수록 좋다는 통념을 깨고 오히려 연구의 목적에 맞는 연구지와 대상자 선정에 각별한 주의를 기울였다. 이를 일반적으로 유목적 표집(purposive sampling)이라고 한다.[15] 전문가의 판단에 의거하여 연구목적에 적합한 대상을 선정하는 것이다. 유목적 표집은, 앞서도 강조한 바와 같이, 연구의 문제의식을 날카롭게 정련하고 연구의 목적을 뚜렷이 세워야 가능하다. 자, 그럼 이제 연구지에 들어가 보자.

2) 현장 들어가기

연구에 적절한 연구지를 선정했는데 그곳에서 연구를 못하는 경우

---

15) 유목적 표집에 대해서는 제7장 사례연구에서 자세히 설명하였다. 제7장 사례연구의 사례 선정을 참고하기 바란다.

가 적지 않다. 필자의 연구경험을 예로 들면, 교사학습공동체 연구에 가장 적절하다고 생각한 학교 중 실제 연구를 하지 못한 학교들이 적지 않았다. 학교장의 허락을 받지 못한 곳도 있었고, 교장은 허락했는데 교사들이나 학부모들이 연구를 허락하지 않은 학교도 있었다. 이른바 문지기(gatekeeper), 즉 현장에 외부인의 접근을 허락하는 권한을 가진 사람, 예컨대 학교의 경우 교장이나 교감 등 학교 관리자의 허락만으로 들어갈 수 있는 것은 아니었다. 거절 이유는 다양했다. 그러나 내게는 매한가지로 들렸다. 내 연구에 왜 참여해야 하는지 이유를 찾지 못했기 때문이라 생각되었다. 특히 '이 연구가 우리 학교 교직원과 학생들에게 어떤 도움을 줄 수 있는가'라는 질문에 내가 만족할 만한 답을 주지 못했기 때문이라 생각되었다. 그래서 연구의 필요성과 목적에 대한 공감대를 형성하고자 더 노력했고, 연구 참여가 연구대상자들에게 도움이 될 수 있도록 더욱더 노력하였다.

여러 난관을 헤치고 나가 마침내 연구 허락을 받고 드디어 학교 현장에 들어갔다. 그러나 몸만 들어왔을 뿐 진짜 들어온 것이 아니었다. 예컨대, 학교장을 통해서 들어간 학교에서는 교사들이 거리를 두었다. 교사를 통해 들어간 학교에서는 이 교사와 가깝게 지내는 교사들 속에서 지냈다. 학교 안에 눈에 보이지 않는 벽들이 겹겹이 쳐져 있는 것 같았다. 그제야 깨닫게 되었다. 현장에 '들어간다'는 것이 밖에서 안으로 향하여 간다는 공간적 의미뿐 아니라 외부자에서 내부자가 되어 간다는 사회적 의미임을, 그 사회에 들어가서 구성원들과 관계를 맺고 신뢰를 쌓아 가야 한다는 뜻임을.

깨달음은 새로운 고민으로 이어졌다. 이렇게 내게 벽을 치고 거리를 두고 있는데 어떻게 관계를 맺는단 말인가. 내가 본 것이 또는 내게 한 말이 학교장 귀에 들어갈까 나를 경계하고 조심하는데 어떻게 신뢰를 쌓아 간단 말인가. 필드워크에 관한 논문이나 저서에서는 여러 조언을 해 준다.

예를 들어, 김영천(2001)은 필드워크 연구자는 개방성, 호기심, 모호함에 대한 수용, 라포(rapport), 성실성과 열의, 자기반성, 인내심, 창의성 등을 갖추어야 한다고 조언하였다. 나는 이러한 역량을 갖추었는가, 이 같은 역량을 어떻게 키울 수 있을까, 성찰과 숙고를 하던 중 조은(2012)의 『사당동 더하기 25: 가난에 대한 스물다섯 해의 기록』이 답을 주었다.

　　　철거를 앞둔 한 불량 주거 지역에 대한 현장 연구에 들어간 것은 1986년 여름이다. 그에 앞서 1986년 4월 22일은 30대 중반의 사회학자와 인류학자 그리고 그들의 현장 조사 조교 남녀 대학원생, 이렇게 네 명이 연구 현장을 확정하기 전 주변을 둘러보기 위해 현장에 진입한 날이다…. 그러고 나서 6월 말 사당동 철거 재개발 예정 지역에 방을 얻고 현장 연구를 시작하게 되었다.

　　　지난 25년간 나는 내가 속한 일상과 내가 속하지 않으면서 연구 대상이 된 사람들의 일상을 오가야 했다. 계속 두 세계를 왔다 갔다 한 셈이다…. 연구자에게 연구자가 속한 일상과 다른 일상을 경험하고 연구한다는 것은 어떤 의미인가를 수시로 자문해야 했다(조은, 2012: 13-14, 31).

　25년의 연구 앞에서 겨우 며칠 학교 현장에 나가고 어떻게 해야 그들이 나를 받아들일지, 그들의 신뢰를 얻을 수 있을지 묘책을 찾는 나의 조급함과 가벼움에 부끄러움을 느꼈다. 현장에 들어간다는 것은 타자의 세계에, 타자의 일상에 들어감을 의미한다. 연구자의 일상과는 전혀 다른 일상, 예컨대 조은 연구진처럼 공사판을 따라 나가기도 하고, 소줏집에 가서 술을 마시며 어울리기도 하고, 동네 미장원에서 아주머니들과 이런저런 이야기도 나누고, 부업하는 데 끼어서 일도 도와주고, 마실도 다니는 등, 새로운 일상을 살아감을 의미한다. 새로운 일상에 적응하고 익숙해지는 데 많은 시간과 노력이 든다. 그리고 그 일상을 살아가며 자연스럽게 자료를 수집하고 연구를 수행하는 데에는 더 많은 시간과 노력이 든다.

3) 필드노트

문화기술적 연구자는 필드워크를 하며 그가 보고 경험한 것을 기록한다. 이것을 필드노트라고 한다. 연구자의 필드노트는 연구대상자의 문화를 이해하는 데 중요한 자료로 활용된다. 일반적으로 필드노트라고 하면, 현장에서 일어난 일을 있는 그대로 적어 놓은 기록이라고 생각한다. 사실 필드노트 작성에 관한 지침서들에서도 이러한 조언을 한다. 예컨대, 본 대로 써라, 관찰한 것과 연구자 자신의 생각이나 느낌은 구분해서 따로 적어라, 객관적으로 기록하라 등등. 필드노트 쓰는 것을 마치 복사기처럼 현장에서 일어난 일을 그대로 글로 옮기는 것이라 생각하는 것 같다.

무엇을 쓴다는 것은 무엇을 쓰지 않는다는 것을 의미한다. 즉, 선택을 의미한다. 예를 하나 들겠다. 필자가 가르치는 교육학과 학생들과 중학교 수업 참관을 나갔다. 참관 전에 학생들에게 수업 관찰을 하며 본인이 관찰한 것을 기록하고 수업 참관 후에 이를 토대로 관찰기록지를 작성해서 제출하도록 안내하였다. 그렇게 10여 명의 학생이 한 교사의 한 차시 수업을 참관하였고 수업 관찰기록지를 썼다. 학생들이 제출한 관찰기록지를 보니, A가 쓴 것을 B는 언급조차 하지 않았고, C는 교사에 초점을 두었는가 하면, D는 학생들에게 초점을 맞추어 썼고, 또 E는 한 학생의 행동에 집중하여 관찰기록지를 썼다.

같은 시간 같은 장소에서 같은 것을 보았는데 어떻게 이렇게 다를 수가 있을까? 누구의 관찰기록지가 정확한 것인가? 혹시 이 중 누구는 꾸며 쓴 것 아닐까? 필드노트를 실재에 대한 객관적 기록이라 여긴다면, 아마 이러한 질문을 할 것이다. 그러나 이 관찰기록지들 중 그 어느 것도 거짓이 아니다. 서로 다를 뿐이지 맞고 틀리고의 문제가 아니다. A가 쓴 것을 B는 쓰지 않았다고 해서 둘 중 하나는 꾸며 썼다거나 또는 제대로 정확하게 기록하지 않았다는 것이 아니라, 무엇을 쓸 것인가에 대해 서로 다른 선택을 하였음을 보여 준다. 이 선택은 무엇이 중요한가에 기반하여 이루어진다. 각자 자신이 생각하기에 중요한 것, 즉 쓸 가치가 있다고 판단한 것을 쓴 것이다. 그러므로 필드노트를 쓴다는 것은 해석적 행위이다(Emerson, Fretz, & Shaw, 1995).

그렇다고 연구자가 쓰고 싶은 것만 쓰라는 뜻이 아니다. 실제 연구자들이 쓴 필드노트를 보면[16] 필드워크를 하며 보고 들은 것들을 아주 자세하고 꼼꼼하게 기록하였다. 연구자들 대다수는 필드노트 쓰기에 얼마나 많은 시간과 노력을 들였는지 회고하며 필드워크 하는 것만큼이나 필드노트 쓰는 것도 힘들었다고 토로한다.

필자의 경험 또한 다르지 않다. 선행연구자들이 조언한 대로, 현장에서 참여관찰을 하면서 멘탈노트(mental notes)나 헤드노트(headnote), 즉 기억을 돕기 위해 중요한 것들을 머릿속에 새겨 넣거나 또는 비망록(jottings)같이 수첩에 주요 용어들을 간략하게 적어 두었으며, 참여관찰 후에 혼자 있는 시간이 생겼을 때 멘탈노트나 비망록에 적어 둔 것들을 더 자세히 서술하였고, 집으로 돌아와서 그날 바로 이 기록들을 토대로 필드노트를 작성하는 등의 노력을 기울였다. 때로는 필드워크를 한 시간보다 필드노트를 쓰는 데 더 많은 시간이 들었고, 때로는 집에 돌아와 너무 피곤해서 필드노트 쓰는 것을 다음 날로 미루었다가 후회한 적도 있었다. 그래서 필드워크를 마치고 집으로 돌아오는 길에, 대중교통을 이용할 때는 휴대폰 메모함에 필드노트 초안을 써서 저장했고, 자차를 이용할 때는 휴대폰 음성 녹

---

16) 일례로 조은(2012)의 『사당동 더하기 25: 가난에 대한 스물다섯 해의 기록』에 수록된 필드노트를 참고하기 바란다.

음기능을 활용하여 구술로 필드노트 초안을 작성하였다. 요컨대, 필드워크 경험이 생생할 때 그것을 자세하고 꼼꼼하게 기록하고자 많은 시간과 노력을 기울였다.

그럼에도 불구하고, 필드노트를 쓴다는 것, 그것이 선택과 해석을 내포하고 있음을 강조하는 이유는 연구자가 쓴 필드노트는 현상을 보는 하나의 관점임을, 그 외 여러 다양한 관점이 있을 수 있음을 인지해야 한다는 뜻이다. 그 한계를 인식하고, 자신이 무엇을 썼고 무엇을 쓸 가치가 있다고 여겼는지 연구자는 끊임없이 비판적으로 자기성찰해야 한다는 뜻이다.

앞서 필드워크는 타자의 세계에 몰입하는 것이라고 설명하였다. 연구자의 세계에서 나와 새로운 생활양식과 그 기저에 깔린 가치관, 사고방식, 행위양식 등을 배우는 학습의 과정이라고 설명하였다. 필드노트는 이러한 배움의 과정에 대한 기록이라 할 수 있다. 필드노트는 연구자가 연구대상자의 세계에 들어가 자신이 중요시하는 것에서 벗어나서 연구대상자가 중요시하는 것이 무엇인지, 왜 그것을 중요시하는지, 그리고 어떠한 의미를 부여하는지 이해하게 되는 과정에 대한 기록이다. 연구자가 자신의 틀을 깨고 연구대상자의 눈으로 세상을 보게 되는 과정에 대한 기록이다.

6. 문화기술적 자료 수집

문화기술적 연구는 필드워크를 통해 자료를 수집한다. 연구자가 직접 현지에 가서 현지인들과 함께 생활하며 문화기술적 연구의 자료를 수집한다. 그래서 참여관찰이 주요 자료 수집 방법으로 활용된다. 참여관찰은 현지에서 연구대상자들의 일상에 참여하면서 그들의 일상을 관찰하며 자료를 수집하는 방법이다. 따라서 관찰뿐 아니라 면담도 참여관찰 중에 진행된다. 대체로 자연스럽게 연구대상자들과 대화를 나누는 방식이다. 그러나 연구방법의 측면에서 관찰과 면담이 각기 고유한 특성이 있어 참여관찰과 면담을 구분해서 별개의 방법으로 다루기도 한다. 또한 관찰뿐 아니라 면담도 문화기술적 연구에서 주요한 자료 수집 방법으로 활용되기 때문에 면담을 따로 다룰 필요가 있다.

월콧(Wolcott, 2008)은 필드워크를 통한 문화기술적 연구의 자료 수집 방법을 3E로 설명하였다. Experiencing 경험하기, Enquiring 질문하기, Examining 검토하기이다. 경험하기는 현장에서 일어나는 일을 관찰하는 것, 질문하기는 현장에서 일어나는 일에 대해 물어보는 것, 검토하기는 현장에서 일어나는 일과 관련된 기록물을 수집하는 것을 의미한다. 간단히 말해서, 관찰, 면담, 기록물 수집이다. 이 세 가지 방법은 문화기술적 연구뿐만 아니라 질적연구 전반에 걸쳐 폭넓게 활용되고 있다. 이 장에서는 참여관찰과 면담을 중심으로 문화기술적 연구의 자료 수집 방법에 대해 살펴보겠다.

1) 참여관찰

참여관찰은 현지조사의 핵심이라고 볼 수 있다. 그러나 참여관찰은 말 자체만큼 이율배반적이다. 참여란 인류학자가 연구하는 사회의 일상생활에 참여하면서 내부인으로서의 시각을 얻는 것을 말한다. 관찰은 인류학자가 외부인으로서 그 사회에 거리를 두고 객관적으로 바라보는 것을 말한다. 따라서 참여관찰은 현지민들의 삶에 참여하면서 동시에 거리를 유지하는 매우 어려운 딜레마를 가지고 있다(윤택림, 2013: 31).

참여하면서 관찰한다는 것이 가능한가? 이것은 이율배반적이다, 모순적이다라고 주장하는 연구자들이 있다. 또 참여관찰은 관찰의 객관성을 저해한다고 비판하는 연구자들도 있다. 참여관찰이 가능하냐, 적절한 방법이냐를 따지기에 앞서 참여한다는 것이 무슨 뜻인지 생각해 볼 필요가 있다. 가령, 교사 문화를 연구하기 위해 교사들의 일상을 참여관찰한다고 하자. 교사들처럼 연구자도 학생들을 가르쳐야 교사의 일상에 참여하는 것인가? 교사의 직무를 수행하는 것이 참여인가?

참여의 의미를, 연구대상자들이 수행하는 역할을 따라서 한다는 뜻으로 이해하는 것은 경계할 필요가 있다. 참여관찰에서 참여는 관계맺음을 의미한다. 연구자가 연구대상자의 일상에 들어가 오랜 기간 지속적으로 상호작용하며 서로 신뢰하는 관계를 쌓아 가는 것을 의미한다. 그리하여 연구자의 존재가 연구대상자의 일상에 자연스럽게 녹아들고 연구자의 관찰이 연구대상자의 일상을 깨뜨리지 않고 연구자의 관찰도 연구대상자의 일상이 되는 것을 의미한다.

참여관찰을 하는 이유는 내부자의 관점에서 문화를 이해하기 위함이다. 앞서 윙크하는 아이들 사례에서 언급한 바와 같이, 아이들의 눈 깜박임 행위가 생리적 행위인지, 윙크라는 사회적 행위인지 인식하고 윙크 속에 담긴 여러 다양한 의미를 이해하기 위함이다. 사회적 행위에 대한 관찰은 물론 사회적 행위를 통해 그 사회 구성원들이 교류, 공유하는 의미들을 이해하기 위해 참여관찰을 한다.

그렇다고 내부자가 되어야 한다는 뜻은 아니다. 이수정[17]은 다음과 같이 조언한다.

한편, 인류학적 현장조사에서 내부자적 시각을 얻는 것을 강조한다고 해서 참여관찰을 실시하는 연구자가 직접 내부자가 되는 것이라고

---

17) 이용숙 등의 『인류학 민족지 연구 어떻게 할 것인가』에서 제4장 참여관찰은 이수정이 집필하였다고 밝힌 바, 인용문의 저자를 이수정으로 언급하였다.

오해해서는 안 된다. 현장을 관찰하고 자료를 수집하기 위해 연구자는 전문적 관찰자로서의 거리를 유지하면서 연구현장에 있는 사람들의 삶에 참여해야 한다. 따라서 참여관찰은 삶이 '내부자'에게 어떤 의미를 갖는지를 그들의 일상에 참여하여 내부자적 시각을 중심으로 배우는 동시에 '외부자'의 위치에 남는 과정이기도 하다. 내부자적 입장이 결여될 경우 현지인의 관점에서 연구를 수행할 수 없으며, 외부자적 입장이 결여될 경우 현지인이 되어 버려 관찰과 분석 과정에서 요구되는 성찰성과 분석 능력을 잃기 쉽다. 그런데 참여와 관찰을 동시에, 균형 있게 하는 것은 쉽지 않은 작업이다(이용숙 외, 2012: 107).

참여관찰자는 내부자적 시각을 가진 외부자이다. 외부자의 위치에서 내부자의 시각을 갖는다는 것, 다시 말해 외부자적 시각과 내부자적 시각, 모두를 동시에 갖는다는 것을 의미한다. 이것은 쉽지 않다. 참여관찰자는 자신이 외부자인지 내부자인지 정체성 혼란을 겪기도 하고, 참여를 하는 게 좋을지 관찰을 하는 게 좋을지 늘 망설이고, 어느 정도 참여를 해야 할지 끊임없이 고민한다. 그러나 또 다른 한편으로는 타자의 세계에 들어가는 신비함, 낯선 것에 대한 경외감, 새로운 깨달음, 깊은 공감, 유대감 등을 체험한다. 그래서 참여관찰은 특별하다.

요컨대, 참여관찰은 참여하면서 관찰한다는 것, 외부자적 시각과 내부자적 시각을 동시에 갖는다는 것을 의미한다. 타자의 세계, 타문화를 탐구하는 연구자들이 참여관찰을, 그 많은 어려움에도 불구하고, 고수하는 이유이다.

2) 문화기술적 면담

참여관찰을 하면서 궁금한 것이 생기면 연구대상자들에게 묻고 이야기를 나눈다. 그 자리에서 관찰을 잠시 멈추고 대화를 나눌 수도 있고, 관찰을 마치고 따로 대화하는 시간을 가질 수도 있다. 이것이 문화기술적 연구에서 면담을 하는 방식이다. 문화기술적 면담(ethnographic interview)은 일반적인 면담과 다르다. 연구자가 질문을 하고 연구대상자가 이에 대답하는 일방적인 방식이 아니라, 서로 대화를 나누는 방식으로 진행된다. 그러나 일반적인 대화와는 다르다. 연구자가 알고 싶은 것이 있고 그것을 알기 위한 목적을 가지고 그에 대해 연구대상자들과 대화를 나눈다.

문화기술적 면담은 참여관찰을 기반으로 이루어진다. 연구자가 연구대상자들의 일상에 참여하며 그들의 일상을 지속적으로 관찰한 결과를 토대로 면담이 이루어진다. 연구자가 관찰한 것을 연구대상자들은 어떻게 구술하고 어떻게 설명하는지, 어떤 말로 어떻게 표현하는지 면담을 통해 탐구한다. 그리하여 내부자의 언어로, 내부자의 시각으로 문화 현상을 이해하고자 한다.

초기 문화기술적 연구의 경우, 특히 서구 백인 연구자가 비서구사회 문화를 연구할 때 영어나 불어 등 연구자의 모국어를 구사할 수 있는 원주민에 의존하여 자료를 수집하는 경향이 있었고, 그 결과 일부 관점에 치우쳐 내부자 관점을 제대로 파악하지 못했다는 비판을 받았다. 자국의 문화를 연구하는 경우에는 이러한 문제가 없으리라 생각하겠지만, 그렇지 않다.

앞서 필자의 연구경험을 예시한 바와 같이, 학교장을 통해서 들어간 학교에서는 교사들 대부분이 거리를 두어 초반에는 교장이 소개한 교사들과 주로 면담하였고, 또 교사를 통해 들어간 학교에서는 그 교사와 친한 교사들과 주로 면담하였다. 필드워크를 하며 차차 내 관계의 폭을 넓혀 갔고 그 외 여러 교사들과 면담을 할 수 있었다. 그러나 많은 시간과 노력을 들였음에도 불구하고 초기 관계망에 갇힌 채 다른 교사들과 제대로 이야기도 나누어 보지 못하고 연구를 종료하게 된 학교도 있었다. 학교 내 여러 교사와 면담을 하게 되면서 그제서야 깨닫게 되었다. 내부자 관점이라는 것이 얼마나 다양하고 복합적이고 복잡미묘한지. 내부자라고 다 같은 생각을 하는 것도 아닌데, 나는 왜 내부자 관점이라는 틀 속에 이 각양각색의 교사들을 다 집어넣으려 했을까.

'누구'와 면담을 하는가 하는 문제는 곧 누구를 통해 그 문화에 접근하는가, 누구의 관점에서 그 문화를 이해하는가 하는 문제이다. 따라서 면담대상자 선정이 중요하지 않을 수 없다. 문화기술적 면담에 관한 논문이나 저서를 보면, 제보자 선정의 중요성을 강조한다. 필자는 그보다 우선 필드워크를 하며 여러 다양한 구성원과 대화를 나누고 가능한 한 구성원 모두와 면담을 하기 위해 노력할 것을 권한다. 개별면담이 어려우면 집단면담을 할 수 있다.

필자의 경험을 예시하면, 구성원이 많은 경우 구성원 모두를 면담하기 위해 집단면담 방법을 활용하였고, 그와 동시에 면담대상자를 선정하여 선별적으로 개별면담을 진행하였다. 이른바 주 제보자(key informant)[18]를 선정한 것이다. 주 제보자란 현장에 대해 두루 박식할 뿐 아니라 연구자의 연구에 대해서도 잘 알고 있는 사람을 일컫는다. 주 제보자는 필드워크를 통해 선정하였다. 필드워크를 하며 구성원들에 대해 조금씩 알게 되었고, 각각의 구성원들이 집단 내에서 차지하는 지위나 역할 등에 대해서 또 구성원들 간의 관계에 대해서도 인지하게 되었고, 아울러 각 구성원들에 대한 평판도 듣게 되었다. 이를 종합적으로 고려하여 주 제보자를 선정하였다. 이때 한두 명 소수의 주 제보자에 의존하지 않고 여러 다양한 경험, 경력, 지위를 가진 주 제보자들을 선정하였다. 일부 내부자 관점이나 입장에 편중되지 않기 위해서였다.

누구와 면담을 하느냐만큼 중요한 것이 무엇을 물어볼 것인가 하는 문제이다. 면담질문을 잘 해야 타자의 세계로 들어가는 문이 열리기 때문이

---

18) 키 인포먼트(key informant)는 '주요 제보자' 또는 '주요 정보제공자'라는 용어로도 지칭된다.

다. 앞서 문화기술적 면담은 일반적인 질의응답식 면담이 아니라 대화의 형식을 띤다고 상술하였다. 대화의 형식을 취한다고 해서 연구자가 질문을 안 한다는 뜻은 아니다. 문화기술적 면담자도 일반 면담자와 마찬가지로 미리 질문을 준비하고 또 면담을 하며 그 자리에서 바로 질문을 만들어 묻는 등 알고 싶은 것들에 대해 질문한다. 그러나 연구자는 묻고 연구대상자는 답하는 일방적인 방식이 아니라 연구자의 질문이 연구자와 연구대상자 간의 대화를 촉발하는 역할을 한다. 질문으로 시작해서 대화로 나아간다.

문화기술적 면담질문에 대해 여러 연구자가 유용한 제안을 내놓았다. 예를 들어, 스프래들리(Spradley, 1979; 스프래들리 저, 박종흡 역, 2003)는 서른 가지 이상의 문화기술적 질문을 제시하였는데, 이것들을 다음과 같은 세 가지 유형으로 정리할 수 있다. 첫째는 서술적 질문(descriptive questions)으로, 면담대상자에게 문화적 현상이나 경험에 대해 상세히 묘사하도록 한다. 둘째는 구조적 질문(structural questions)으로, 서술적 질문에 대한 면담대상자의 응답을 토대로 그가 가지고 있는 문화적 지식에 대해 탐색한다. 셋째는 대조 질문(contrast questions)으로, 서술적 질문과 구조적 질문에 대한 응답에서 면담대상자가 사용한 주요 용어들의 의미를 조사한다. 간혹 문화기술적 면담은 스프래들리(Spradley)의 질문들을 해야 한다고 오해하는 경우가 있는데, 이것들을 그대로 가져다 쓴다고 해서 될 일이 아니다. 이 질문들은 내부자의 관점으로 문화 현상을 이해하기 위한 것이다. 그렇다면 일차적으로 연구자 자신의 필드워크를 토대로 이 질문들의 적절성을 판단해야 할 것이다. 현장에 한번 나가 보지 않고, 필드워크 한번 해 보지 않고, 스프래들리(Spradley)의 질문들을 연구대상자에게 물어본다고 내부자 관점을 이해할 수 있겠는가.

문화기술적 연구자는 필드워크에 기반하여 누구에게 무엇을 어떻게 질문할 것인지 결정한다. 필드워크를 하며 궁금한 것들, 이해하기 어려운 것들을 면담을 통해 질문한다. 연구자가 참여관찰을 하며 보고 경험한 것들을 연구대상자들은 어떻게 이해하는지, 어떤 말로 어떻게 설명하는지 면담을 통해 탐구한다. 문화기술적 면담은 내부자의 언어로, 내부자의 시각으로 문화 현상을 이해하는 데 그 목적이 있다.

7. 문화기술적 자료 분석

　　많은 문화기술자가 그들의 분석과정을 다소 신비스럽게 서술한다. 마치 자욱한 안개 속에서 서서히 그 모습이 드러난 것처럼, 필드노트를 읽고 또 읽고 하다 보니 주제가 드러났다는 식이다. 어떻게 이러한 주제들이 나왔는지 알 수가 없다…. 이 주제들이 필드노트에서 마술처럼 짜잔 하고 나타난 것은 아닐 텐데 말이다(LeCompte & Schensul, 1999: 45–46).

　　연구자들은 필드워크를 하며 수집한 방대한 자료들을 어떻게 분석했을까. 현장에 나가 참여관찰을 하며 수집한 자료들, 면담을 통해 수집한 자료들, 연구대상자들에 관한 기록들, 또 그들이 직접 작성한 기록이나 문자 메시지 등등, 이 방대한 자료들을 어떻게 분석해야 할까. 문화기술적 연구자들을 포함해서 질적연구자들 중에는 '분석'을 '리덕션(reduction)', 즉 축약으로 설명하는 연구자들이 있다. 수백, 수천 페이지가 넘는 자료들을 요점을 잡아 간추리는 것을 분석이라 설명한다. 이것은 마치 양적연구에서 수량화를 통해 데이터를 압축하듯, 압축의 논리를 질적연구에도 적용한 것 아닌가 하는 생각이 든다. 우리는 수백, 수천 페이지의 소설을 읽고 그것을 이해하는 데 별 어려움이 없다. 물론 요약본을 찾는 사람들도 있다. 그러나 요약본이 오히려 우리의 이해를 피상적 수준에 머물게 한다. 문제는 양이 아니다.

문화기술적 연구는 문화 현상의 심층을 파고들어가 문화를 통해 내부자들이 생성, 교류, 공유하는 의미를 이해하고 해석하는 연구이다. 문화 현상 심층의 의미를 내부자의 관점에서 이해하는 것, 그것이 바로 문화기술적 분석이다. 연구자가 중요시하는 것만 골라서 보고 연구자의 생각이 맞는지 확인하는 데 열중하기보다, 내부자들이 중요시하는 것에 주의를 기울이고 내부자들이 그에 부여하는 의미와 가치를 이해하는 것이다. 가설검증 연구의 분석 방법과는 확연히 다르다.

요컨대, 문화기술적 자료 분석은 문화 현상의 심층을 파고들어 그것이 의미하는 바를 내부자의 관점에서 이해하는 데 중점을 둔다. 이를 위해 여러 분석 방법이 활용되고 있다. 몇 가지 예를 들면, 스프래들리(Spradley, 1979, 1980; 스프래들리 저, 박종흡 역, 2003; 스프래들리 저, 신재영 역, 2006)는 문화기술적 면담 및 참여관찰을 통해 수집한 자료의 분석 방법으로 영역분석(domain analysis), 범주분석(taxonomic analysis), 성분분석(componential analysis)을 통한 문화적 주제(cultural themes) 도출을 제안하였다. 르콤트(LeCompte)와 쉔설(Schensul)은 연구목적에 따라 연역적 코딩(deductive coding)과 귀납적 코딩(inductive coding)[19]을 적절히 활용할 것을 제의하였다. 최근에는 샤매즈(Charmaz)의 근거이론연구 분석 방법을 문화기술적 자료 분석에 활용하는 연구자들도 늘고 있다.[20] 이 절에서는

---

19) 일반적으로 양적연구에서 코딩(coding)은 측정된 변수의 범주들에 일련의 부호를 체계적으로 부여하는 부호화 과정을 일컫는다. 원자료를 부호로 전환해서 통계분석을 한다. 그래서 질적연구자들 중에는 '코딩'이라는 용어를 사용하지 않는 연구자들이 적지 않다. 양적연구의 분석 논리를 질적연구에 적용한 것이라는 비판의 목소리도 높다. 르콤트(LeCompte)와 쉔설(Schensul)은 질적·양적 분석 방법을 모두 활용하는 연구자로, 문화기술적 자료 분석에 귀납적 코딩은 물론 연역적 코딩도 적극 활용하였다. 연역적 코딩은 기존 이론이나 개념체계를 토대로 수집한 자료를 분석하는 방법이고, 귀납적 코딩은 수집한 자료들로부터 의미를 도출하는 방법이다.

문화기술적 연구에서 많이 활용되고 있는 자료 분석 방법에 대해 살펴보
겠다.

　문화기술적 자료 분석은 자료통독, 질적코딩, 메모잉, 주제도출의 과정
으로 진행된다. 그렇다고 반드시 이 순서에 따라 차례대로 해야 하는 것은
아니다. 순차적으로 진행될 수도 있고, 때로는 메모잉을 하다가 다시 질적
코딩으로 되돌아갈 수도 있고, 또 때로는 주제도출의 과정에서 다시 코딩
으로 되돌아가 재코딩을 할 수도 있다. 절차를 따르는 데 급급할 것이 아
니라, 이러한 절차를 통해 문화 현상 심층의 의미를 내부자의 관점에서 이
해하는 데 중점을 두어야 할 것이다.

1) 자료통독

　필드워크를 하며 수집한 자료들, 예를 들어 참여관찰지, 면담 녹취록,
필드노트, 연구대상자들이 직접 작성한 기록[21] 등을 모두 한데 묶어 자료
모음집을 만들어서 자료 전체를 처음부터 끝까지 읽는다. 그간 자료를 수
집할 때마다 수집한 자료들을 정리하면서, 녹취록을 작성하거나 관찰기록
지, 필드노트 등을 쓰면서 그때그때 자료를 읽어 왔지만, 이제야 자료 전
체를 읽게 되는 것이다.

　자료 전체를 통독(通讀)하니, 토막토막 자료를 읽었을 때는 마치 나무를
보고 숲을 보지 못했던 것처럼, 이제 각각의 나무들이 서로 어우러져 숲을
이루고 있는 것을 보게 된다. 각각의 자료들이 서로 어떻게 관련되어 있

---

20) 샤매즈(Charmaz)의 근거이론 연구방법론은 제3장을 참고하기 바란다.

21) 연구대상자들이 직접 작성한 기록에는 일기나 편지, 이메일이나 문자 메시지 등과 같은 사
　　적인 기록물뿐만 아니라 업무적 또는 공적 성격의 기록물 등이 포함된다. 예를 들어, 교사와
　　학생 대상 연구의 경우, 수업계획서, 교수자료, 공문서 등 교사가 직접 작성한 교직 관련 기
　　록들 그리고 학생이 작성한 학습활동지나 숙제, 과제물 등을 자료로 수집한다.

는지 그 관계를 보게 되고, 그 관계 속에서 개별 자료들이 갖는 의미와 의의를 이해하게 되고, 나아가서 일정한 형태나 양식, 유형 등을 인식하게 된다.

아울러 필드워크를 마무리하는 이 시점(時點)에서, 그동안 현장경험도 많이 쌓았고, 연구대상자들에 대해서도 더 알게 되었고, 이제 그들의 일상에 자연스럽게 참여하게 된 시점에서, 그간 수집한 자료는 새롭게 읽힌다. 그때는 몰랐던 것들을 알게 되고, 미처 생각지 못했던 것들을 깨닫게 된다. 자료를 새롭게 이해하게 되는 것이다.

흔히 자료를 수집하고 바로 코딩에 들어간다. 그러나 섣부른 코딩은 독이 될 수 있다. 먼저 자료 전체를 여러 차례에 걸쳐 통독하며 자료의 내용을 숙지하는 것이 필요하다.

2) 질적코딩

자료의 전체 내용을 숙지한 후 이제 자료의 내용을 한 줄 한 줄 읽어 가며 그 의미를 파악하는 데 집중한다. 이것을 일반적으로 질적코딩(qualitative coding)이라 일컫는다. 질적코딩은 자료의 의미를 파악하는 과정으로, 연구자는 자료를 정독하며 그것이 의미하는 바를 고찰하고 그 의미를 가장 잘 나타내는 용어, 즉 코드(code)를 부여한다.

이때 연구대상자들의 말이나 글에서 코드를 추출하기도 한다. 이것을 인비보 코드(in vivo code)라고 한다. 인비보 코드는 연구대상자의 언어를 그대로 사용함으로써 내부자의 의미를 생생하게 담아낸다. 예를 들어, 노숙인들이 쓰는 용어는 그들의 삶과 문화를 이해하는 데 중요한 역할을 한다. 안준희의 연구(2000)에 의하면, 노숙자인들의 언어에는 특히 얻어먹는 방법에 대한 용어들이 매우 다양하고 아주 세밀하다. 이 용어들을 통해 노숙인들이 어떻게 살아가는지 그리고 그들의 삶에서 무엇이 중요한지 엿볼 수 있다.

자료의 내용을 한 줄 한 줄 읽어 가며 그것이 의미하는 바를 고찰하고 그 의미를 담은 코드를 부여하는 과정은 일반적으로 한 번에 끝나지 않는다. 1차 코딩을 마치고, 다시 처음으로 돌아가 2차, 3차 코딩을 하며 코드를 수정 보완하고 또 새로운 코드를 생성한다. 더 이상 새로운 코드가 나오지 않을 때까지 여러 차례에 걸쳐 코딩을 계속한다.

3) 메모잉

메모잉(memoing)은 '메모한다'는 뜻으로 메모(memo)에 'ing'를 더해 현재 진행 중임을 나타낸다. 연구자가 코딩을 하며 떠오르는 생각들을 그때그때 적어 놓는 것을 메모잉이라고 한다.[22] 코딩 중 머릿속에 떠오르는 생각들을 그냥 흘려보내지 않고 생각나는 대로 적어 두는 것이다. 예를 들어, 코드에 대한 생각들, 가령 해당 코드 외에 다른 대안적 코드에 대한 생각들이나 혹은 자료의 의미에 대한 생각들, 예컨대 자료가 의미하는 바에 대한 또 다른 여러 가지 분석 가능성 등 그때그때 생각나는 대로 적어 놓는다. 그리고 코딩 후 메모한 것들에 대해 곰곰이 생각하며 코딩을 어떻게 수정, 개선해 나아갈지 모색한다.

여러 연구자가 메모잉에 관해 유용한 조언을 하였는데, 몇 가지를 살펴보면 다음과 같다. 메모잉을 우선시하라. 문득 생각이 떠오르면 하던 일을 멈추고 메모하라. 메모잉은 연구자 자신을 위한 것이다. 즉, 메모의 독자는 연구자 자신이라는 뜻이다. 그러니 자기검열하지 말고, 자유롭게 생각하고, 문법이니 오탈자니 신경 쓰지 말고 생각나는 대로 써라. 코딩에 전

---

22) 메모잉은 근거이론연구에서 폭넓게 활용되고 있다. 이에 관해서는 제3장 근거이론연구 3절 샤매즈(Charmaz)의 근거이론연구를 참고하기 바란다.

념하다 보면 자칫 매너리즘에 빠질 수 있다. 메모잉은 연구자를 늘 깨어 있게 한다.

질적코딩이 자료의 의미를 고찰하고 그 의미를 담은 코드를 부여하는데 집중한다면, 메모잉은 보다 성찰적인 성격의 분석활동이다. 메모잉은 코딩을 하며 동시에 비판적 견지에서 코딩을 주시함을 의미한다. 메모잉은 코딩을 하며 동시에 열린 자세로 새로운 가능성을 탐색함을 의미한다. 메모잉은 분석의 깊이를 더하고 분석의 지평을 확장한다.

4) 주제도출

몇 차례에 걸친 코딩을 마친 후 도출된 코드들을 모두 나열한다. 그리고 그 속성이 비슷한 코드들을 묶어 범주화한다. 그다음 각각의 범주의 코드들을 면밀히 검토하며 코드들 간의 공통된 속성을 추출한다. 그리고 이 속성을 가장 잘 나타내는 용어로 범주를 명명한다.

일례로 앞서 소개한 윌리스의 문화기술지(Willis, 1977)를 들자면,[23] 그는 노동계급 남학생들의 '싸나이' 문화를 여섯 개의 범주로 특징지었다.[24] 권위에 대한 반항, 비공식적 집단성, 뻗대기와 요령부리기와 농땡이치기, 재미 추구, 권태와 흥분, 성차별주의, 인종차별주의이다. 예컨대, 권위에 대한 반항의 경우, 복장 위반이나 흡연, 음주 등 학교에서 금지된 행위를 거리낌 없이 하는 것 등이 이 범주에 포함되었고, 학교에 순응하는 학생들을 '계집애 같다'고 경멸하거나 노동계급 여학생들에 대한 성적 비하 발언, 가

---

23) 2절 '필드워크'의 1항 '연구지 선정'에서 윌리스(Willis)의 문화기술적 연구에 대해 살펴보았다.
24) 윌리스(Willis)의 문화기술지에는 분석의 과정에 대한 구체적인 설명이 제시되지 않았다. 대신 분석결과가 아주 세밀하게, 연구대상자들의 면담 녹취록 및 관찰기록 발췌와 함께 매우 구체적으로 제시되어 있어, 이를 통해 그 과정을 유추해 볼 수 있다.

부장적인 태도 등은 성차별주의로 범주화되었다.

　그의 분석은 여기서 그치지 않았다. 나아가서 이 여섯 개 범주를 관통하는 주제를 탐구하였다. 그리하여 '간파(penetration)'와 '제약(limitation)'이라는 주제를 도출하였다. 간파란 한 사회에서 그 구성원들이 처한 삶의 조건과 그들의 지위를 꿰뚫어 보려는 의지를 가리킨다. 제약은 이 같은 의지가 충분히 발달, 발현되는 데 방해가 되는 장애물과 이데올로기적 영향을 의미한다. 윌리스(Willis)의 연구에서 노동계급 남학생들은 현존 사회의 불평등한 계급구조를 잘 알고 있다. 예컨대, 학교에서 하라는 대로 열심히 공부하면 좋은 직장을 구할 수 있다는 가르침과 믿음이 허구임을 잘 알고 있고 이에 저항한다(폴 윌리스 저, 김찬호·김영훈 공역, 2004). 그러나 그들의 저항은 노동계급의 문화를 계승하고 노동계급의 직업을 선택함으로써 불평등 구조의 재생산에 동조하는 결말로 끝난다. 현실을 파악하는 정도에 머물렀을 뿐 불평등한 계급구조를 깨뜨리는 수준으로 나아가지 못한 것이다. 그런 점에서 이들의 간파는 불완전하다. 자신들이 처한 삶의 조건과 사회경제적 지위를 꿰뚫어 보려는 의지는 충분히 성숙되지 못한 채 불완전하게 발현되고 있는 것이다. 그 결과, 이 '싸나이들'은 자본주의 체제와 부르주아 문화를 거부하면서도 도리어 스스로 기존 계급구조 속에 편입되고 만다(오욱환, 2003).

　문화기술적 자료로부터 문화적 주제를 도출하는 과정은 결코 간단치 않다. 자료를 수집하는 것만큼 또는 그보다 더 많은 시간과 노력이 자료분석에 소요된다. 예를 들어, 윌리스의 연구(Willis, 1977)의 경우, 그는 약 2년여 동안, 해머타운 학교에서 약 18개월 그리고 학생들 졸업 후 그들의 직장에서 약 6개월, 자료를 수집하였고 이후 2년여에 걸쳐 자료를 분석하며 문화기술지를 썼다. 그가 2년여간 수집한 자료들이 얼마나 방대했을지 한번 상상해 보라.

　어떤 연구자들은 분석을 불필요한 것들을 없애며 요점을 잡아 간추리는 축약의 과정으로, 또 어떤 연구자들은 자료를 한두 개의 개념이나 원리로 압축하는 과정으로 설명한다. 그러나 나는 더 깊이 들어가는 과정이라 생각한다. 수집한 자료로부터 코딩과 메모잉을 거쳐 문화적 주제에 이르는 과정은 문화 현상 심층에 겹겹이 쌓여 있는 의미들을 한 겹 한 겹 벗겨 내며 더 깊이 더 깊이 파고들어가는 과정이라 생각한다. 불확실성으로 뒤덮인 험난한 과정이다. 몇 단계 절차로 매뉴얼화하기 어려운 복잡한 과정이다. 문화 현상 심층의 의미와 그 의의를 이해하고자 하는 연구자의 노력이 무엇보다도 필요하다.

8. 문화기술적 연구를 둘러싼 쟁점

> 문화기술지는 참으로 오만한 연구이다. 낯선 사람들이 사는 곳에 들어가 얼마간 지내며, 그들의 신념, 그들의 사회생활, 또 그들이 어떻게 먹고 사는지, 심지어 저녁에는 뭘 먹고 그것을 어떻게 요리하는지에 이르기까지 다 담아내려 한다. 이것은 불가능한 과업이다. 문화기술지는 기껏해야 아주 일부만 담아낼 수 있을 뿐이다(Agar, 1980: 4).

문화기술지는 오만한 연구인가? 문화기술적 연구자들은 타문화를 이해하기 위해 많은 노력을 기울여 왔다. 필드워크는 이 같은 노력을 가장 잘 보여 주는 연구방법일 것이다. 필드워크를 문화기술적 연구의 대표적인 연구방법으로 발전시키는 데 큰 공헌을 한 말리노프스키(Malinowski)는 문화기술지의 목표는 '원주민의 관점'을 이해하는 것이라고 주창한 연구자로, 이를 위해 현지에 가서 원주민들과 함께 지내며 그들의 삶과 문화를 연구하였다. 그런 그의 문화기술지조차도 후대에 비판의 도마 위에 올랐고, 정작 그의 문화기술지 속 원주민들도 '원주민의 관점을 이해한 문화기술지인가'에 대해 고개를 갸웃하였다. 이어 전통적 문화기술지 기저에 뿌리깊이 박혀 있는 식민주의에 대한 반성이 일었고, 또한 원주민 문화기술자들이 속속 등장하며 원주민의 관점에서 쓴 문화기술지들이 큰 주목을 받았다. 나아가서 '오직 내부자만이' 원주민의 관점에서 문화를 이해할 수 있다는 주장이 많은 공감을 불러일으키며 자문화기술지가 폭넓게 확산되었다.

문화기술적 연구의 연혁을 살펴보고 있노라면, 과연 타문화를 이해한다는 것이 가능한 것인가, 더욱이 내부자의 관점에서 타문화를 이해한다는 것이 가능한 일인가, 그것은 오직 내부자만이 할 수 있는 것 아닐까 하는 의구심이 든다. 왜 이 같은 의구심이 드는 것일까. 나도, 과거 연구자들이 원시문화를 찾아 아프리카나 아시아로 떠났듯, 문화라는 것이 저 어딘가에 있다고 믿고 있는 것 아닌가. 그곳에 가면 원주민들이 그들의 문화로 안내할 것이라 믿고 있는 것 아닌가. 내부자들이 이끄는 대로 그들을 내 눈과 발 삼아 따라가면 문화라는 것을 발견하게 될 것이라 믿고 있는 것 아닌가.

혹은 이처럼 문화를 객관적 실재로 보는 관점을 취하지 않더라도, 내부자 관점이라는 것이 그곳에 가면 있다고 믿고 있는 것은 아닌가. 그래서 연구자가 그곳에 가서 내부자가 된다면, 아니 적어도 내부자들에게 물어본다면, 내부자 관점이라는 것을 발견하게 될 것이라 믿고 있는 것은 아닌가.

나는 내부자 관점이라는 것은 소속이 아니라 시각을 의미한다고 생각한다. '오직 내부자만이 알 수 있다'고 하는데, 사실 내부자라고 다 같은 생각을 하는 것은 아니다. 내부자 관점이라고 뭔가 하나 있는 것처럼 말하지만, 그것은 가상(假想)일 뿐, 여러 다양한 시각이 혼재하고 있다. 연구자의 소속이 내부자이거나 또는 외부인 연구자가 내부자가 되는 것이 중요한 것이 아니라, 내부에 혼재하고 있는 여러 다양한 시각을 이해하는 것이 더 중요하다.

또 한편으로 '내부자에게 물어보면 되지 않느냐'라고 하는데, 아마 내부자에게 물어보면 저 옛날 트로브리안드 섬의 원주민들이 말리노프스키(Malinowski)를 보았던 것처럼, 바보 같은 질문을 하는 이상한 사람으로 볼 것이다. 내부자들에게는 너무나 당연한 것이라 연구자가 왜 그러한 질문을 하는지, 아니 무엇을 묻는 것인지조차 모를 것이다.

바로 이것이다. 당연하게 여기는 것을 당연하지 않게 보는 것. 이것이 연구자의 시각이다. 연구자는 내부자들이 당연하게 여기는 것을 왜 당연하게 여기는지 이해하고, 더 나아가서 그것을 당연하지 않게 본다. 그러므로 연구자는 내부자적 시각과 외부자적 시각을 동시에 갖고 있는 사람이다. 외부자들에게는 당연하지 않은 것을 당연하게 볼 수 있도록 하고 내부자들에게는 당연한 것을 당연하지 않게 볼 수 있도록 한다. 그의 문화기술지는 외부자의 관점과는 다른, 또 내부자의 관점과는 다른, 또 다른 관점을 담고 있다. 그리고 그 관점이 문화에 대한 우리의 이해를 더 넓게 확장시키고 더 깊게 심화시킨다.

문화 연구에 대한 해석적 접근을 강조한 기어츠(Geertz)의 주장을 되새기며 이 장을 맺고자 한다.

> 문화 분석이란 의미를 발견하는 것이 아니라, 의미를 추론하고 그 추론을 평가하고 그리하여 더 타당한 추론으로부터 결론을 도출하는 것이다…. 문화 분석은 본질적으로 불완전하다…. 문화에 관한 주장은 본질적으로 논쟁의 여지가 있다. 인류학은, 적어도 해석적 인류학은 완전한 합의에 이르는 학문이 아니라 논쟁을 통해 더 나은 해석으로 나아가는 학문이다(Geertz, 1973: 20, 29).[25]

---

25) 한국어 번역본 『문화의 해석』(클리포드 기어츠 저, 문옥표 역, 2009)과 달리 의역하였다.

제**3**장

근거이론연구

근거이론연구는 이론 개발을 목적으로 한다. 이론을 어떻게 개발하는가, 데이터로부터 개발한다. 데이터로부터 도출된 이론, 이것을 근거이론이라고 한다. 요컨대, 근거이론연구는 데이터에 근거하여 이론을 개발하는 연구이다.

이론 개발은 연구자의 사명이라고 말하는 사람들이 있다. 연구자라면 마땅히 해당 분야의 이론 개발, 정립, 발전에 힘써야 한다고 말한다. 또 혹자는 이론 개발은 연구자들의 로망이라고 말한다. 연구자라면 누구나 자신의 이름을 딴 이론을 남기고 싶어 할 것이라 말한다. 그러나 이것은 허영일 뿐, 세상에 이름을 남기겠다는 욕심부터 버리라고 일침을 가하는 사람들도 있다. 사명이든, 로망이든, 허영이든, 불가해 보이는 현상을 간명하게 설명해 낸다는 것은 가치 있는 일이다. 더욱이 연륜과 학문 깊은 석학이나 특출난 천재만이 할 수 있는 일이 아니라 데이터로부터 이론을 개발할 수 있다니, 근거이론연구는 매력적이지 않을 수 없다. 그렇다면 어떻게 데이터로부터 이론을 개발하는가?

근거이론연구의 창시자 글레이저(Glaser)와 스트라우스(Strauss)는 1967년 저서 『The Discovery of Grounded Theory: Strategies for Qualitative Research』[1]에서 근거이론, 즉 데이터에 근거한 이론을 어떻게 개발하는지 소개하였다. 이후 이들은 각자의 길을 가며 근거이론연구의 발전에 힘썼다. 1990년 스트라우스(Strauss)는 코빈(Corbin)과 함께 기존 근거이론연구의 방법을 보강하여 『Basics of Qualitative Research: Grounded Theory Procedures and Techniques』[2]를 출간하였다. 이 책에

---

1) 원서 읽기를 권하지만 필요하다면 한글 번역본 『근거이론의 발견: 질적연구전략』(Glaser & Strauss 공저, 이병식 · 박상욱 · 김사훈 공역, 2011)을 참고하기 바란다.

2) 스트라우스(Strauss) 사후 이 책은 Corbin & Strauss가 『Basics of Qualitative Research:

서 스트라우스와 코빈(Strauss & Corbin)은 근거이론연구의 데이터 분석에
역점을 두었고 그 구체적인 방법과 절차를 상세히 소개하였다. 스트라우
스와 코빈(Strauss & Corbin)의 저서는 대중적 인기를 얻으며 근거이론연구
의 확산에 크게 기여하였다. 그러나 동시에 큰 파장을 불러일으켰다. 일화
한 토막을 소개하자면, 이 책의 속표지에는 "우리는 이 책을 존경과 감사
의 마음을 담아 글레이저(Glaser)에게 헌정한다."라는 문구가 적혀 있다.
그러나 이 책을 읽은 글레이저(Glaser)는 이 책이 근거이론연구의 정신을
심각하게 훼손하였다고 비판하며, 근거이론연구의 공동 창시자로서, 이
책에서 스트라우스와 코빈(Strauss & Corbin)이 제시한 방법을 근거이론연
구라 부를 수 없다고 선언하였다.

이러한 논란 속에 이른바 제2세대 근거이론가들이 속속 등장하였
다. 특히 글레이저(Glaser)와 스트라우스(Strauss)가 캘리포니아주립대
학교(UCSF)에서 가르쳤던 학생들이 근거이론가로 성장하며 근거이론
연구의 발전을 이끌었다. 예를 들어, 샤매즈(Charmaz)는 과거 실증주의
(positivism)에 기반한 근거이론연구의 문제와 한계를 비판하며 양적연구
의 논리에서 탈피, 질적연구방법론으로서 근거이론연구의 정체성을 재
확립하고자 노력하였다.[3] 샤매즈(Charmaz)의 2006년 저서 『Constructing
Grounded Theory: A Practical Guide Through Qualitative Analysis』[4]의
제목에서 알 수 있듯이, 그는 구성주의(constructivism)에 기반한 근거이론

Techniques and Procedures for Developing Grounded Theory(질적연구의 기초: 근거이
론 개발을 위한 기법과 방법)』로 발간, 2015년에 4판이 간행되었다. 한글 번역본 『근거이론』
(Corbin & Strauss 공저, 김미영 외 공역, 2019)을 참고하기 바란다.

3) 샤매즈(Charmaz)에 의하면, 글레이저와 스트라우스(Glaser & Strauss)의 근거이론연구 그리
고 스트라우스와 코빈(Strauss & Corbin)의 근거이론연구 모두 질적연구를 표방하지만(그들
의 저서명에 표기된 바와 같이) 사실은 실증주의에 기반한 양적연구방법론을 차용하고 있다.

4) 원서와 함께 한글 번역본 『근거이론의 구성: 질적분석의 실천 지침』(Charmaz 저, 박현선·이
상균·이채원 공역, 2013)을 참고하기 바란다.

연구를 새로운 대안으로 제시하며, 근거이론은 발견되는 것이 아니라 연구자가 만들어 내는 것임을 역설하였다.[5]

샤매즈(Charmaz)의 근거이론연구에 대해 글레이저(Glaser)는 '구성주의적 근거이론(constructivist grounded theory)'이라는 용어 자체부터 잘못되었다고 논박하였다(Glaser, 2002). 글레이저(Glaser)에 의하면, 데이터는 객관적 실재로서 이로부터 도출된 이론이 바로 근거이론이다. 그러므로 구성주의와 근거이론은 같이 쓸 수 없는 용어이다. 구성주의 근거이론은 오칭인 것이다. 이처럼 글레이저(Glaser)는 샤매즈(Charmaz)의 근거이론연구 또한 인정하지 않았다.

결국 현재 적어도 세 가지 이상의 근거이론 연구방법[6]이 병존하고 있는 상황이다. 근거이론연구에 대한 여러 다양한, 어찌 보면 서로 갈등적인 견해와 접근방식 등이 혼재하고 있고, 나아가서 어떤 것이 진짜 근거이론연구냐를 따지는 정통성 논란도 일고 있다. 필자는 이러한 논란에 끼어들 생각은 없다. 그렇지만 근거이론연구를 하기 위해서는 적어도 이 세 가지 모델에 대해 알아야 한다고 생각한다.

글레이저와 스트라우스(Glaser & Strauss)의 근거이론연구를 통해 왜 근거이론연구가 필요한지 그리고 기존 연구방법론과 무엇이 어떻게 다른지 그 방법론적 특징을 이해하고, 스트라우스와 코빈(Strauss & Corbin)의 근거이론연구를 통해 데이터를 어떻게 분석하는지 그 실제적인 방법을 습득

---

5) 샤매즈(Charmaz)의 책 제목을 글레이저와 스트라우스(Glaser & Strauss)의 1967년 책 제목과 비교해 보기 바란다. '발견(discovery)'이라는 용어 대신 '구성하기(constructing)'라는 용어를 사용하였고, 명사가 아니라 동명사를 사용하여 이론을 세워 나가는 행위와 과정을 강조하였다.

6) 글레이저와 스트라우스(Glaser & Strauss)의 근거이론연구, 스트라우스와 코빈(Strauss & Corbin)의 근거이론연구, 샤매즈(Charmaz)의 근거이론연구 외에도 클락(Clarke)의 근거이론연구(2005), 벅스와 밀스(Birks & Mills)의 근거이론연구(2015), 데이(Dey)의 근거이론연구(1999) 등을 참조하기 바란다. 벅스와 밀스(Birks & Mills)의 근거이론연구 저서는 한글 번역본으로『근거이론의 실천』(Birks & Mills 공저, 공은숙·이정덕 공역, 2015)이 있다.

하고, 샤매즈(Charmaz)의 근거이론연구를 통해 질적연구자들이 근거이론 연구를 어떻게 하는지 배울 것을 권한다. 그러고 나서 각각의 모델이 제시하는 근거이론 연구방법, 즉 데이터에 근거하여 이론을 개발하는 방법에 대해 비교해 보고 그 강단점을 평가한 후 본인의 연구에 적절한 방법을 설계하기 바란다.

이 장에서는 먼저 세 가지 근거이론연구, 즉 글레이저와 스트라우스(Glaser & Strauss)의 근거이론연구, 스트라우스와 코빈(Stauss & Corbin)의 근거이론연구, 샤매즈(Charmaz)의 근거이론연구에 대해 각각 살펴보겠다. 그다음 이들을 서로 비교분석하고 근거이론연구를 둘러싼 쟁점에 대해 고찰해 보겠다.

1. 글레이저와 스트라우스(Glaser & Strauss)의 근거이론연구

1960년대 학문적 배경이 다른 두 사회학자 글레이저(Glaser)와 스트라우스(Strauss) 교수가 함께 죽음에 대한 인식에 관한 연구를 수행하였다. 글레이저(Glaser)는 미국 뉴욕의 콜롬비아대학교(Columbia University)에서 박사학위를 받았고, 라자스펠드(Lazarsfeld) 교수의 지도 아래 양적연구방법에 관한 지식과 경험을 쌓았다. 스트라우스(Strauss)는 시카고대학교(University of Chicago)에서 박사학위를 받았다. 1920년대에서 1950년대 사회학계를 풍미한 시카고학파[7]의 학풍을 토대로 질적연구방법에 관한 전문성을 쌓았고, 당시 시카고대학교 철학과 교수 조지 허버트 미드(George Herbert Mead)의 상징적 상호작용론(symbolic interactionism)에 큰

---

7) 시카고학파(Chicago school)에 대해서는 제2장 문화기술적 연구를 참고하기 바란다.

영향을 받았다.

양적연구 계보의 글레이저(Glaser)와 질적연구 계보의 스트라우스(Strauss)는 공동연구를 하며 전통적 연구방법의 한계에 부딪히게 되었다. 종래 이론 검증에 치중한 양적연구방법으로는 이론을 개발하는 데 한계가 있었고, 또 질적연구방법의 경우 서술에 중점을 두고 있어 '왜' 그같은 현상이 일어나는지 설명하는 데 어려움이 있었다. 글레이저와 스트라우스(Glaser & Strauss)는 그들의 연구에 적합한 연구방법을 창안하여 연구를 수행하였다. 이것이 바로 근거이론연구이다. 이 절에서는 근거이론연구의 공동 창시자 글레이저와 스트라우스(Glaser & Strauss)의 1967년 저서 『The Discovery of Grounded Theory: Strategies for Qualitative Research』, 일명 '디스커버리 북(Discovery book)'을 중심으로 근거이론연구에 대해 살펴보겠다.

1) 왜 근거이론연구인가

"사회학 연구방법은 정확한 사실 수집과 엄격한 이론 검증에 중점을 두어 왔다."(Glaser & Strauss, 1967: 1). 글레이저와 스트라우스(Glaser & Strauss)의 저서 『근거이론의 발견』은 이렇게 시작한다. 그리고 그들은 다음과 같이 주장하였다.

이론 검증은 현대 사회학의 주안점이다. 30여 년 전만 해도 사회학계의 인식은, 이론은 충분한데 그에 대한 검증이 제대로 이루어지지 못하고 있다는 것이었다. 그러나 그간 양적연구방법의 급속한 성장으로 이제 이론 검증이 대세가 되었다. 그러자 새로운 이론의 개발은 등한시되거나 아예 무시되었다….

검증을 강조하는 경향 기저에는 우리의 위대한 학자들(베버, 뒤르

켐, 짐멜, 마르크스, 베블런, 쿨리, 미드, 파크 등등)이 후세에 길이 남을
훌륭한 사회학 이론들을 충분히 남겨 주었다는 가정이 깔려 있다…. 그
결과 오늘날 대학의 사회학과는 위대한 학자들의 사회학 이론을 간수
하는 이론 보관소가 되었고 학생들에게 이를 거부할 수 없는 절대불변
의 것으로 가르치고 있다. 학생들은 이론을 습득하고 검증하는 교육을
받는다. 그러나 이론에 의문을 품고 문제제기할 수 있는 기회는 거의
제공되지 않는다. 그 결과 전도유망한 창의적인 학생들이 이론 검증에
자신의 능력을 허비하고 있다…. 젊은 사회학자들이 그들의 위대한 스
승들처럼 이론을 개발할 수 있도록 교육하는 것이 아니라 스승의 이론
을 검증하도록 교육함으로써 "프롤레타리아(proletariat)" 검증자 계급
을 대량 양산하며 "이론적 자본가(theoretical capitalist)"의 역할을 수
행하고 있는 것이다(Glaser & Strauss, 1967: 10-11).[8]

글레이저와 스트라우스(Glaser & Strauss)는 1960년대 당시 이론 검증에
치중한 미국 사회학계를 소수의 이론가가 다수의 검증자를 지배하는 계급
사회로 비유하며 신랄한 비판을 가하였다. 그리고 대학이 이 같은 계급구
조를 재생산하는 역할을 하고 있다고 비판하며, 이론 검증에 치중한 교육
에서 탈피하여 신진 연구자들도 그들의 위대한 스승들처럼 이론을 개발할
수 있도록 교육해야 한다고 주장하였다. 그렇다면 이론 개발은 어떻게 하
는가?

글레이저와 스트라우스(Glaser & Strauss)는 다음과 같은 주장을 이어 갔
다. 우리의 위대한 학자들은 이론만 제시하였을 뿐, 이론을 어떻게 개발하
는지 가르쳐 주지 않았다. 더욱이 사회학계는 이론 검증에 치중해 있다.

---

8) 한글 번역본 『근거이론의 발견』과 달리 의역하였다.

그렇다면 1920년대 시카고학파 등장 이후 사회학계에 면면히 이어져 오
는 질적연구방법은 어떠한가? 이 또한 이론 개발로 이끌어 주지 못한다.
서술에 치중한 질적연구로는 이론 개발이 어렵기 때문이다.

> 연구자의 본분은 현상에 대해 하나도 빠짐없이 전부 다 서술하는 것
> 이 아니라 그것을 설명해 주는 이론을 개발하는 것이다. 이론을 개발
> 하고자 하는 사회학자가 실제 상황에 대해 그 상황에 있는 사람들보다
> 더 잘 알아야 하는 것은 아니다. 사실 더 잘 알 수도 없다. 사회학자의
> 역할은 일반인들이 할 수 없는 것, 즉 상황을 설명해 주는 개념적 범주
> (categories)[9]와 그 속성(properties)을 도출해 내는 것이다. 이것은 사
> 람들의 행동에 이론적 지침을 제공할 것이다. 따라서 사회학자는 사람
> 들이 처한 상황에 대해, 일반인의 관점과는 다른, 사회학적 이론을 제
> 공한다(Glaser & Strauss, 1967: 30).[10]

글레이저와 스트라우스(Glaser & Strauss)는 당시 질적연구가 서술에 지
나치게 치중해 있다고 비판하며, 그것은 일반 사람들도 할 수 있는 일 아
닌가, 오히려 그 상황에 있는 사람들이 연구자보다 더 잘 할 수 있는 일 아
닌가 반문하였다. 글레이저와 스트라우스(Glaser & Strauss)에 따르면, 연
구자는 서술을 넘어 설명을 해야 한다. 하나도 빠짐없이 완벽하게 서술하
는 것을 넘어서서 '왜'를 설명해 주는 이론을 제시해야 한다. 이를 위해서
는 당대 질적연구방법 또한 넘어서야 했다.
  이제 글레이저와 스트라우스(Glaser & Strauss)에게는 양적연구냐 질적

---

9) 범주(category)는 일반적이고 보편적인 유개념(類概念)을 의미한다. 따라서 범주를 도출한다
   는 것은 단순히 공통적인 것끼리 묶어 분류하는 수준을 넘어서 개념화를 의미한다.
10) 한글 번역본과 달리 의역하였다.

연구냐 그 경계가 별 의미가 없었다. 두 연구방법 모두 이론을 개발하는 데 있어 한계가 있었다. 결국 글레이저와 스트라우스(Glaser & Strauss)는 이론 개발에 적합한 연구방법의 개발에 나섰다. 이론 개발을 목적으로 하는 연구를 수행하며 이론 개발뿐만 아니라 그 과정과 절차를 면밀히 검토, 수정, 보완, 개선해 나가며 이론 개발을 위한 연구방법론을 세워 나갔다. 그리하여 위대한 학자나 비범한 천재만이 할 수 있는 일이 아니라 연구자라면 누구나 배우고 익혀 할 수 있는 이론 개발 연구, 연구자의 머릿속에서 나온 이론이 아니라 데이터로부터 나온 이론, 근거이론 연구방법론이 탄생하였다.

2) 근거이론연구의 특징

연구를 한다 하면 일반적으로 다음과 같이 진행할 것이다. 먼저, 연구문제를 수립하고, 문헌 고찰을 토대로 연구문제에 대한 예측적 해답, 이른바 가설을 설정한 후, 모집단을 대표하는 표본을 추출하고 표본을 대상으로 필요한 데이터를 수집, 분석한 후 분석결과가 가설과 일치하는지 확인하고 연구결과를 제시, 설명한다. 이 같은 방식은 이론을 검증하는 데 적합하겠으나, 이론을 개발하는 데에는 한계가 있다.

이론 개발을 위해서는 데이터 수집과 분석이 한 번에 끝날 수 없다. 이론 개발에 적합한 데이터를 수집, 분석해서 잠정 이론을 도출하고 이를 토대로 또다시 데이터를 수집, 분석해서 그 결과를 1차 연구의 결과와 비교하고 이론을 수정 보완한 후, 이를 토대로 또다시 데이터를 수집, 분석해서 그 결과를 2차 연구의 결과와 비교, 이론을 수정 보완하는 방식으로 더 이상 새로운 결과가 나오지 않을 때까지, 이른바 이론적 포화(theoretical saturation)에 이를 때까지 계속해서 데이터를 수집, 분석한다. 이와 같이 여러 차례에 걸친 데이터 수집과 분석 그리고 연속적 비교를 통해 이론을 세워 나간다. 이렇게 수립된 이론을 근거이론이라고 한다.

근거이론은 체계적으로 수집, 분석된 데이터로부터 도출된 이론으로, 개념적 범주와 그 속성을 나타내는 명제의 형식을 띤다(Glaser & Strauss, 1967: 31). 다시 말해, 근거이론은 개념적 범주[11]와 그 범주의 속성, 그리고 범주들 간의 관계, 이 세 가지 핵심 요소로 구성된다. 그러므로 근거이론은 '요약적 서술'이나 '사실적 재현'이 아니라 '개념적 추상화'라 할 수 있다.

요컨대, 글레이저와 스트라우스(Glaser & Strauss)의 근거이론연구는 다음과 같이 특징지을 수 있다.

- 연속적 데이터 수집 · 코딩 · 분석
- 이론적 표집을 통한 데이터 수집
- 지속적 비교분석

① 연속적 데이터 수집 · 코딩 · 분석

근거이론연구는 여러 차례에 걸친 데이터 수집과 분석 그리고 연속적 비교를 통해 이론을 세워 나간다. 근거이론연구는 단 한 차례 연구로 끝나지 않는다. 이론적 포화에 이를 때까지 수차례에 걸쳐 데이터 수집 · 코딩 · 분석의 과정을 계속한다.

② 이론적 표집을 통한 데이터 수집

근거이론연구는 이론적 표집(theoretical sampling)을 통해 데이터를 수집한다. 근거이론연구는 모집단을 대표하는 표본 추출 방식이 아니라 이론 개발에 적합한 표본을 선정한다. 즉, 이론적 목적과 이론적 적합성을

---

11) 앞서 설명한 바와 같이, 범주(category)는 유개념, 즉 보다 추상적이고 보편적인 상위개념을 뜻한다. 즉, 코드(code)로 표현된 개념들을 포괄하는 유개념을 의미한다.

준거로 표집이 이루어진다.

③ 지속적 비교분석

근거이론연구는 지속적 비교분석[12]을 통해 이론을 도출한다. 근거이론 연구는 이미 확립된 분석틀이나 코딩시스템 또는 기존 코드 등을 데이터에 적용하는 분석 방법이 아니라 데이터로부터 코드를 도출, 이들을 계속해서 비교분석해 가며 이론을 세워 나간다.

그럼 이제 글레이저와 스트라우스(Glaser & Strauss)의 근거이론 연구방법에 대해 자세히 살펴보자. 이론 개발을 목적으로 하는 연구는 어떻게 데이터를 수집하고 분석하는지 살펴보겠다.

3) 이론적 표집

근거이론연구는 이론적 표집을 통해 데이터를 수집한다. 이론적 표집은 근거이론연구 특유의 데이터 수집 방법으로, 글레이저와 스트라우스(Glaser & Strauss)는 다음과 같이 설명하였다.

> 이론적 표집은 이론 개발을 위한 데이터 수집의 과정으로, 연구자가
> 데이터를 수집하고 코딩하고 분석한 후 이로부터 도출된 이론을 토대
> 로 다음 데이터는 무엇을 수집할지 그리고 어디서 그 데이터를 구할지

---

12) '연속적 비교'와 '지속적 비교분석'을 구분하여 사용하였다. 한 차례의 데이터 수집·코딩·분석을 통해 도출된 범주와 그 속성을 다음 차례의 데이터 수집·코딩·분석을 통해 도출된 범주 및 속성과 비교한다는 의미일 때 '연달아 이어진다'는 뜻의 '연속적 비교'라는 용어를 사용하였고, 근거이론연구의 데이터 분석 방법을 지칭할 때는 '지속적 비교분석(constant comparative analysis)'이라는 용어를 사용하였다.

에 대한 결정을 내리는 것이다(Glaser & Strauss, 1967: 45).

이론적 표집은 수집한 데이터로부터 도출된 이론을 토대로 다음 데이터를 수집하는 방법이다. 따라서 이론적 표집은 전통적인 표집 방법과 매우 다르다.

첫째, 이론적 표집은 이론적 목적과 이론적 적합성에 준거한다. 모집단을 대표하는 표본 추출 방식, 즉 대표성에 준거한 표집이 아니라 이론 개발을 목적으로 이론 개발에 적합한 데이터를 수집한다.

둘째, 이론적 표집은 여러 차례에 걸친 데이터 수집 및 분석을 전제한다. 일반적으로 연구는 표집 → 데이터 수집 → 데이터 분석 → 결과 보고의 순서로 일회로 끝난다. 이 경우 이론적 표집을 할 수가 없다. 왜냐면 이론적 표집은 먼저 데이터를 수집, 분석해서 그로부터 도출된 이론을 토대로 다음 데이터를 수집하기 때문이다. 따라서 근거이론연구도 최초 표집은 이론적 표집이 아니라 유목적 표집(purposive sampling)[13] 방법을 활용하여 데이터를 수집한다. 먼저 이론 개발에 적합한 집단을 선정하여 데이터를 수집, 분석해서 이론을 도출하고, 이를 토대로 이론적 표집 방법을 활용하여 다음 집단을 표집해서 데이터를 수집, 분석한다. 이어 계속해서 이론적 표집 방법을 통해 3차, 4차, 수차례에 걸쳐 데이터를 수집, 분석하며 이론을 세워 나간다. 다시 말해, 유목적 표집 → 데이터 수집 → 데이터 분석 → 이론적 표집 → 데이터 수집 → 데이터 분석 → 이론적 표집 → 데이터 수집 → 데이터 분석의 연속적인 과정을 통해 이론을 세워 나간다.

일례로 글레이저와 스트라우스(Glaser & Strauss)는 1960년대 그들이 수

---

13) 유목적 표집이란 전문가의 판단에 의거하여 연구목적에 적합한 대상을 선정하는 것이다. 유목적 표집에 대해서는 제7장 사례연구에서 자세히 논하였다. 제7장 4절의 사례 선정을 참고하기 바란다.

행한 죽음 인식에 대한 연구를 예시하며 이론적 표집에 대해 다음과 같이 설명하였다. 간호사들의 죽음에 대한 인식 및 대처에 관한 이론 개발 연구의 일환으로 연구자들은 종합병원을 연구지로 선정하였다. 그리고 먼저 중환자실 간호사들을 관찰하고 면담하였다. 수집한 데이터를 분석한 결과 '사회적 상실'이 중요한 범주로 도출되었다. 특히 환자가 젊을수록 그리고 환자의 가족 내 위치나 역할이 클수록, 예컨대 어린 자녀를 둔 젊은 어머니의 경우, 간호사들이 느끼는 사회적 상실감도 더 컸다.

이에 대해, 즉 사회적 상실이라는 범주와 그 속성, 예컨대 환자의 연령, 가족 내 위치 등에 대해 더 탐구하기 위하여 다음으로 보다 다양한 연령대와 가족관계의 환자들을 간호하는 암병동 간호사들을 관찰하고 면담하였다. 이 데이터 분석 결과, 연령과 가족 내 위치 등이 여전히 중요한 속성으로 나타났고, 아울러 환자의 직업과 공로가 새로운 속성으로 나타났다. 예컨대, 의사였던 환자라든가 사회복지사였던 환자, 오랫동안 자원봉사 활동을 해 왔던 환자 등의 경우 간호사들의 사회적 상실감이 더 높게 나타났다.

그렇다면 직업이 없었거나 사회적 활동이 미미했던 환자들을 간호하는 간호사들은 어떠한가?[14] 직업과 공로라는 속성에 대해 더 조사하기 위하여 다음 데이터는 신생아집중치료실 간호사들을 대상으로 수집하였다. 이와 같은 방식으로, 즉 수집한 데이터에 대한 분석결과를 토대로 다음 병동을 선정, 데이터 수집 및 분석을 연속적으로 수행하며 '사회적 상실' 범주의 속성을 규명해 나갔다.

아마 혹자는, 여러 다양한 병동의 간호사들을 표집하여 한꺼번에 데이

---

14) 이와 같이 이론적 표집은 데이터 분석 결과 제기된 질문을 후속 탐구하는 데 적합한 집단을 표집하는 방식으로 진행되기도 한다. 이를 '그다음 질문 기법(next question technique)'이라고 일컫는다(Glaser & Strauss, 1967: 59). 데이터 분석 결과 제기된 질문들, 즉 분석 질문들(analysis questions)이 다음 데이터 수집을 이끄는 방식이다.

터를 수집하는 것이 더 효율적이지 않겠느냐고 말할 것이다. 만약 집단 간 차이를 비교하는 데 목적이 있다면 그것이 더 나을 수도 있다. 이 경우 배경변인을 준거로, 예컨대 간호사의 근무병동이나 경력 등을 준거로 집단을 표집할 수 있다. 그러나 근거이론연구는 이론 개발을 목적으로 집단을 표집한다. 집단을 비교하는 데보다 범주와 속성을 비교하는 데 중점을 둔다. 이론 개발에 적합한 집단을 표집하여 데이터를 수집, 분석한 후 이로부터 도출된 범주와 속성을 토대로 다음 집단을 표집, 데이터를 수집, 분석하는 방식으로, 즉 이론적 표집을 통해 데이터를 수집, 비교 분석하는 방식으로 범주와 속성을 발전시켜 나가며 근거이론을 수립한다.

4) 이론적 포화

그렇다면 언제까지 이론적 표집을 계속해야 하는가? 도대체 몇 개의 집단을 표집해야 하는가? 몇 차례에 걸쳐 연구를 해야 하는가?

> 표집을 언제 멈추어야 하는가에 대한 기준은 범주의 이론적 포화이다. 포화란 범주의 속성과 관련하여 더 이상 추가 데이터가 나오지 않는 것을 의미한다. 해당 범주와 관련하여 유사한 속성이 계속해서 도출될 때, 연구자는 그 범주가 포화에 이르렀음을 확신하게 된다(Glaser & Strauss, 1967: 61).

이론적 표집은 이론적 포화에 이를 때까지 계속된다. 이론적 포화란 더 이상 새로운 범주의 속성이 도출되지 않는 상태를 의미한다. 데이터를 계속해서 수집, 분석해도 유사한 속성이 계속 도출된다면, 해당 범주는 이론적 포화에 이르렀다고 할 수 있다.

글레이저와 스트라우스(Glaser & Strauss)에 의하면, 이론적 포화에 이르기 위해서는 무엇보다도 표본과 데이터의 다양화가 필요하다. 여러 다양한 집단을 이론적 표집함으로써 최대한 많은 범주와 속성을 찾아낼 수 있고 그로부터 보다 일반적이고 보편적인 범주와 속성을 도출해 낼 수 있다. 나아가서 여러 다양한 집단에서 계속해서 유사한 범주와 속성이 발견되는 것을 확인함으로써 이론적 포화를 확신할 수 있다.

데이터 또한 마찬가지이다. 여러 다양한 데이터를 수집함으로써 보다 많은 범주와 속성을 찾아낼 수 있고 그로부터 보다 일반적이고 보편적인 범주와 속성을 도출해 낼 수 있다. 그리고 여러 다양한 데이터가 계속해서 유사한 범주와 속성을 드러내는 것을 확인함으로써 이론적 포화를 확신할 수 있다. 면담이나 관찰 등 어느 한 가지 방법만 사용한다든가 질적 데이터나 양적 데이터 어느 한 가지 데이터만 사용한다든가, 이런 식의 편중이 이론 개발에 저해가 될 수 있다.

5) 지속적 비교분석

이론적 표집을 통해 수집한 데이터를 어떻게 분석하는가? 다시 말해, 이론 개발을 목적으로 하는 연구는 데이터 분석을 어떻게 하는가? 글레이저와 스트라우스(Glaser & Strauss)는 다음과 같은 지속적 비교분석 방법을 제안하였다.

- 첫째, 수집한 데이터를 면밀히 검토하며 범주를 도출한다. 이때 가능한 한 많은 범주를 도출한다.
- 둘째, 도출된 범주들을 나열하고 공통성이 있는 범주들을 병합하거나 보다 상위범주로 통합한다.
- 셋째, 각 범주의 속성을 분석한다. 해당 범주를 구성하는 요소는 무엇인지, 어떠한 상황과 맥락에서 그리고 어떠한 조건하에서 해당 범주

가 발현되는지, 또 해당 범주가 어떠한 결과를 가져오고 어떠한 영향
을 미치는지 등 범주의 속성을 분석한다.
- 그리하여 각 범주의 속성, 즉 범주의 구성요소, 조건, 맥락, 결과 등을
  도출한다.[15)]
- 이 같은 코딩 작업은 한 번에 끝나지 않는다. 여러 차례에 걸친 코딩
  을 통해 범주와 속성을 도출하고 정제한다.

이렇게 도출된 범주와 속성을 토대로 이론적 표집을 통해 다음 데이터
를 수집한다. 이때 이론적 표집은 각 범주의 속성을 후속 탐구하는 데 중
점을 두며, 해당 범주가 포화에 이를 때까지 수차례에 걸쳐 데이터 수집
및 분석을 연속적으로 수행한다.

2차, 3차 등 매회 수집된 데이터에 대한 분석은 앞서와 마찬가지로 먼
저 범주의 속성을 도출하고, 이 속성을 바로 전 데이터 분석을 통해 도출
된 속성과 비교한다. 유사한 속성들은 서로 병합하고 보다 상위 속성으로
묶을 수 있는 것들은 통합한다. 아울러 새로 도출된 속성은 추가 코드로
설정하고 이를 후속 탐구하기 위한 이론적 표집을 진행하여 다음 데이터
를 수집, 분석한다. 그리하여 더 이상 새로운 속성이 도출되지 않을 때까
지, 즉 각 범주가 이론적 포화에 이를 때까지 계속해서 데이터를 수집하고
비교분석한다. 이와 같은 지속적 비교분석을 통해 범주와 그 속성을 보완,
보강해 가며 근거이론을 세운다.

---

15) 글레이저와 스트라우스(Glaser & Strauss, 1967)가 제시한 범주의 '속성'에 대한 설명과 2절
스트라우스와 코빈(Strauss & Corbin, 1990)의 범주의 속성에 대한 설명을 비교해 보기 바란
다. 아울러 스트라우스와 코빈(Strauss & Corbin, 1990)이 제시한 패러다임 모형(paradigm
model)의 요소들과 글레이저와 스트라우스(Glaser & Strauss, 1967)의 범주의 속성에 대한
설명도 비교해 보기 바란다.

이상 글레이저와 스트라우스(Glaser & Strauss)의 근거이론연구에 대해 살펴보았다. 글레이저와 스트라우스(Glaser & Strauss)의 근거이론연구는 데이터로부터 이론을 도출하기 위한 연구방법으로, 종래 이론 검증에 치우친 양적연구, 현상 서술에 치중한 질적연구, 사유(思惟)에 의존한 이론 수립 등 전통적인 연구방법론의 한계를 넘어서서 새로운 대안을 제시했다는 점에서 그 의의를 찾을 수 있다.

2. 스트라우스와 코빈(Strauss & Corbin)의 근거이론연구

글레이저와 스트라우스(Glaser & Strauss)의 『The Discovery of Grounded Theory』 출간 20여 년 후 스트라우스는 코빈(Strauss & Corbin)과 함께 『Basics of Qualitative Research: Grounded Theory Procedures and Techniques』를 출간하였다. 이 책에 대해 스트라우스와 코빈(Strauss & Corbin)은 다음과 같이 소개하였다.

이 책은 데이터에 대한 질적 분석을 통해 귀납적으로 이론을 세우고자 하는 연구자들(사회과학은 물론 여러 다양한 분야의 연구자들)을 위한 것이다. 데이터를 수집할 때 무척 신나고 흥분에 들뜬 경험을 했어도 막상 데이터를 분석할 때가 되면 연구자들은 당혹스러워한다. 엄청난 양의 필드노트, 면담 녹취록, 기록물("산더미 같은 데이터")에 당혹해할 뿐 아니라, 다음과 같은 질문들로 고민에 빠진다. 이 모든 것을 어떻게 다 이해할 수 있을까? 데이터에 투영된 현실 세계에 발을 단단히 디딘 채 동시에 이를 뛰어넘는 이론적 해석을 어떻게 할 수 있을까? 데이터와 해석의 타당성과 신뢰성을 어떻게 확보할 수 있을까? 데이터 분석 시 내가 가지고 있는 편견, 선입견, 고정관념을 어떻게 극복할 수

있을까? 어떻게 하면 내가 분석한 것들을 모두 종합해서 간명한 이론으
로 세울 수 있을까? 이 책의 목적은 이 질문들에 그리고 데이터에 대한
질적 해석과 관련된 질문들에 답하는 것이다(Strauss & Corbin, 1990:
7-8).

　　스트라우스와 코빈(Strauss & Corbin)의 근거이론연구는 이론 개발을 위
한 데이터 분석에 중점을 두고 있다. 사실 글레이저와 스트라우스(Glaser
& Strauss)의 근거이론연구의 경우 '지속적 비교분석' 방법을 제시하였지
만, 수집한 데이터를 어떻게 코딩하고 분석해서 범주와 속성을 도출하고
이론을 개발하는지 모호한 점이 적잖다는 비판을 받아 왔다. 스트라우스
와 코빈(Strauss & Corbin)은 근거이론연구에서 코딩은 데이터로부터 이론
을 세우는 가장 핵심적인 과정이라 주장하며 다음과 같은 세 가지 코딩 방
법을 제안하였다.
　　첫째는 개방코딩(open coding)이고, 둘째는 축코딩(axial coding) 그리고
셋째는 선택코딩(selective coding)이다. 개방코딩은 데이터를 개념화하고
범주화하는 과정이다. 축코딩은 개방코딩을 통해 도출된 범주들을 패러다
임 모형을 적용하여 서로 관련짓는 과정이다. 선택코딩은 핵심범주를 중
심으로 그 외 범주들을 연관시키며 이론화하는 과정이다. 개방코딩, 축코
딩, 선택코딩을 통한 데이터 분석에 대해 자세히 살펴보자.

1) 개방코딩

　　코딩이란 데이터 분석의 과정으로[16] 데이터를 분해해서[17] 개념화하고

---

16) 스트라우스와 코빈(Strauss & Corbin)의 1990년 저서에서는 '코딩'과 '분석'을 개념적으로 구
　　분하지 않았다. 그러나 코빈(Corbin)이 제1저자로 출간한 제4판(Corbin & Strauss, 2015)에

이를 다시 새로운 방식으로 조합하는 과정이다. 개방코딩은 데이터를 분해, 개념화하는 데 중점을 둔다. 데이터를 낱낱이 분해해서 면밀히 검토하고 공통성과 상이성을 비교한다. 그리하여 개념을 도출하고 도출된 개념들을 범주화한다. 요컨대 개방코딩을 통해 데이터를 개념화하고 범주화하는 것이다. 개방코딩의 과정(Strauss & Corbin, 1990)을 자세히 살펴보면 다음과 같다.

(1) 코드 도출

수집한 데이터, 예컨대 면담 녹취록, 필드노트, 기록물 등을 꼼꼼히 읽고 면밀히 검토하며 그 의미를 나타내는 개념을 탐색한다. 그 결과를 코드라고 한다. 코드는 데이터의 의미를 개념화하여 데이터에 이름을 지어 붙인 것이다. 데이터에 대한 면밀한 검토를 통해, 예컨대 면담 녹취록을 한 줄 한 줄 읽어 가며 줄 단위로 또는 한 문장이나 한 문단을 단위로 그 의미를 나타내는 개념을 코드로 명명한다.

(2) 범주 도출

도출된 코드들을 모두 나열하고 목록화한다. 그리고 코드들 간의 공통성과 상이성을 비교한다. 유사한 코드들은 병합하고, 코드의 개념적 수준

서는 '코딩'과 '분석'을 다음과 같이 설명하였다. 코딩은 의미를 나타내는 개념을 표시하는 것이다. 그 결과가 바로 코드이다. 이와 달리 분석은 개념뿐만 아니라 그 개념이 부여되기까지의 사고과정을 모두 포함하는 용어이다. 따라서 분석은 탐색적 성격의 활동으로, 늘 또 다른 분석 가능성에, 예컨대 또 다른 의미, 또 다른 개념 등에 열려 있다. 그리고 이러한 사고의 과정을 메모로 기록하여 자신의 사고과정을 비판적으로 성찰하며 끊임없이 더 적합한 개념을 찾는다. 이와 같이 분석은 역동적이고 진화적인 특성을 띤다.

17) '분해' 대신 '해체'라는 용어를 사용하기도 하는데, 해체라는 용어가 '해체주의'의 맥락에서 이해될 수 있는 소지가 있어 분해라는 용어를 사용하였다. 사실 여기서는 데이터를 낱낱이 나누고 구분하여 분류한다는 뜻이기에 분해라는 용어가 더 적절하다고 생각한다.

에 따라 상위개념의 코드하에 하위개념의 코드들을 통합시킨다. 이와 같이 수평적 그리고 수직적으로 개념을 분류, 통합하며 보다 추상적이고 보편적인 개념, 즉 범주를 도출한다.

(3) 범주 명명

범주는 코드로 표현된 개념들을 포괄하는 유개념이다. 다시 말해, 보다 상위의 추상적인 개념이다. 포괄적인 유개념 또는 추상적인 상위개념을 나타내는 용어로 범주를 명명한다.

(4) 범주의 속성과 차원 규명

범주를 도출하고 명명한 후, 각 범주의 속성(property)과 차원(dimension)을 규명한다. 속성은 범주의 특성을 의미한다. 차원은 연속선상에서 속성이 위치하는 자리를 의미한다. 예를 들어, '주시(watching)'라는 범주를 도출했다면, 이 범주에 속한 코드들, 즉 하위개념들을 검토하며 주시의 속성을 규명한다. 예컨대, 주시의 '빈도', '강도', '시간'을 주시의 속성으로 규정할 수 있다. 그리고 각 속성이 연속선상에서 어디에 위치하는지 규명한다. 일례로 빈도라는 속성의 경우, '전혀 주시하지 않음'과 '매우 자주 주시함'을 양 끝점으로 하는 연속선상에서 '가끔 주시함'을 '주시' 범주의 '빈도' 속성의 차원으로 규정할 수 있다. 범주의 속성과 차원을 규명하는 중요한 이유는 범주의 개념을 명확하게 정의하기 위함이다. 따라서 범주의 개념을 심층적으로 탐구, 정립하고자 하는 의도를 가지고 범주의 속성과 차원 규명에 접근할 필요가 있다.

이상과 같이 개방코딩을 통해 데이터를 분해하고 개념화해서 범주를 도출하고 범주의 속성과 차원을 규명한다. 개방코딩 후 이제 다시 데이터를 새로운 방식으로 조합하는데, 이를 축코딩이라고 한다.

2) 축코딩과 패러다임 모형

축코딩은 중심이 되는 범주를 축으로 관련 범주들을 연관시키는 코딩
방법이다. 이때 패러다임 모형을 적용하여 범주들을 관련짓는다. 패러다
임 모형은 인간의 행위를 이해하고 설명하기 위한 분석틀이다. 그 기저에
는 상징적 상호작용론이 깔려 있다.[18] 상징적 상호작용론[19]에 의하면, 우
리가 살고 있는 세계는 상징적 세계로 인간은 상징(언어, 문자, 기호 등)을
통해 상호작용하며 의미를 부여하고 교류, 공유하고 함께 만들어 나간다.
따라서 상징적 상호작용론은 인간의 상호작용, 특히 인간이 자신이 처한
상황을 어떻게 인식하고 그에 어떻게 대응하는지에 관심을 갖는다. 패러
다임 모형은 일정한 상황에 처한 인간이 취하는 일련의 행위를 이해하고
설명하기 위한 분석틀이다.

패러다임 모형을 적용한 축코딩은 다음과 같이 진행된다. 먼저, 개방코
딩을 통해 도출된 범주들을 면밀히 검토한다. 예컨대, 어떤 범주는 행위

---

18) 앞서 스트라우스(Strauss)가 시카고대학교에서 박사과정을 밟으며 당시 시카고대학교 철학
과 교수 미드(Mead)의 상징적 상호작용론에 큰 영향을 받았다고 언급하였다. 상징적 상호
작용론이 스트라우스와 코빈(Strauss & Corbin)의 근거이론연구에 미친 영향은 제4판 코빈
과 스트라우스(Corbin & Strauss, 2015)의 『Basics of Qualitative Research: Techniques and
Procedures for Developing Grounded Theory』에 상세히 설명되었다. 원본과 함께 한글 번
역본인 김미영 외 공역(2015)의 『근거이론』을 참고하기 바란다.

19) 상징적 상호작용론에 대해 여러 사전적 정의가 있는데, 그중 『통합논술 개념어 사전』(한림학
사, 2007)에 제시된 설명이 스트라우스와 코빈(Strauss & Corbin)의 패러다임 모형을 이해하
는 데 도움이 될 것 같아 일부 소개한다. 상징적 상호작용론은 개인의 능동적인 사고과정과
행위의 선택, 타자와의 의사소통과정에 주목한다. 상징적 상호작용론에 따르면, 사람은 언어
와 문자 등 상징을 사용하여 서로 상호작용하며, 그 과정에서 자신과 주위 사람들과의 관계
를 깨닫고, 자신이 어떻게 행동할 것인가를 판단한다. 상징적 상호작용론은 개인들이 자신들
나름대로의 방식으로 주어진 상황을 정의하며 이에 따라 행동하고 있음을 강조한다. 따라서
중요한 것은 객관적인 사회적 조건이 아니라, 개인이 그것을 어떻게 주관적으로 인지하고 평
가하느냐는 '상황 정의'이다.

나 대응에 관한 것이고, 어떤 범주는 상황이나 맥락에 관한 것이고, 또 어떤 범주는 결과나 영향에 관한 것일 수 있다. 이제 이 범주들의 관련성에 주목한다. 연구대상자의 일련의 행위나 대응과 관련하여 가장 중심이 되는 현상이 무엇인지 파악하고, 이를 담고 있는 범주 또는 범주들을 선정한다. 그다음, 이 범주를 중심으로 이러한 현상이 왜 일어났는지, 어떠한 맥락에서 일어났는지, 연구대상자는 어떠한 행위 또는 대응전략을 취했는지 그리고 그 결과는 무엇인지 분석한다.

이와 같이 현상(phenomenon)을 중심으로 그 인과조건(causal conditions), 맥락(context), 매개조건(intervening conditions), 행위/상호작용 전략(action/interaction strategies),[20] 결과(consequences)의 관계로 범주들을 연관시킨 것을 패러다임 모형(paradigm model)이라고 한다. 스트라우스와 코빈(Strauss & Corbin, 1990)은 패러다임 모형을 다음과 같이 제시하였다.

인과조건 → 현상 → 맥락→ 매개조건 → 행위/상호작용 전략 → 결과

① 현상

현상은 연구대상자의 일련의 행위나 대응과 관련하여 가장 중심이 되는 아이디어나 일, 사건 등을 의미한다. 예컨대, '연구대상자의 행위나 대응은 결국 무엇에 관한 것인가?' '연구대상자의 행위나 대응에 있어 핵심은 무엇인가?' 등과 같은 질문을 통해 현상을 규명한다.

---

20) 'action/interaction strategies'를 '행위/상호작용 전략'으로 번역하였다. '작용-상호작용 전략'의 용어로도 번역, 사용되고 있다. 'action/interaction strategies'는 연구대상자가 자신이 처한 상황과 맥락을 어떠한 의미를 해석, 이해하고 그에 대응하여 어떠한 일련의 행위를 취하였는지를 뜻하는 바, 행위/상호작용 전략으로 번역하는 것이 더 적절하다고 판단하였다.

② 인과조건

인과조건은 현상을 일으키거나 전개시킨 요소를 의미한다. 예를 들어, 통증이라는 범주를 현상으로 설정하였다면, 그 인과조건으로 다리 골절이나 관절염 등의 범주를 연관시킬 수 있다. 일반적으로 인과조건은 여러 가지가 있을 수 있다. 다시 말해, 하나의 현상을 일으키는 데 여러 인과조건이 복합적으로 작용할 수 있다. 따라서 현상의 인과조건을 다각적으로 살펴볼 필요가 있다.

③ 맥락

맥락은 현상이 일어나는 상황을 의미한다. 특히 연구대상자의 행위나 대응이 어떠한 상황에서 일어나는지에 관심을 둔다. 예컨대, 통증이라는 현상이 아주 심하게 지속적으로 일어날 때 통증 관리라고 하는 행위/상호작용 전략이 취해진다면, 통증의 강도, 지속성 등을 그 맥락으로 분석할 수 있다.

④ 매개조건

매개조건은 현상과 관련된 보다 광범위한 차원의 구조적 맥락을 의미한다. 특히 연구대상자의 행위/상호작용 전략을 촉진하거나 제한하는 등의 영향을 미치는 구조적 맥락에 관심을 둔다. 예를 들어, 사회적, 정치적, 경제적, 문화적 맥락이라든가, 시대상이나 역사적 배경, 또는 연구대상자의 생애사, 경력 등을 매개조건으로 들 수 있다.

⑤ 행위/상호작용 전략

행위/상호작용 전략은 연구대상자의 일련의 행위나 대응을 이끌어 가는 전략을 의미한다. 패러다임 모형은 인간의 행위는 행위자의 상황정의에 근거한다고 가정한다. 즉, 행위자가 자신이 처한 상황을 어떻게 이해하느냐에 따라 그에 맞추어서 자신의 행위를 선택한다는 것이다. 이와 같이 패러다임 모형은 인간 행위를 자극에 대한 반응으로 보는 관점이나 사회 구조나 경제구조에 의해 결정된다고 보는 관점을 넘어서서 개인의 주관적 해석과 행위 선택을 강조한다. 따라서 행위/상호작용 전략은 연구대상자의 행위나 대응 기저에 깔린 상황정의 및 행위 선택, 즉 연구대상자가 상황을 어떠한 의미로 해석하였고 그에 대응하여 어떠한 행위를 선택하였는지에 주목한다.

⑥ 결과

결과는 연구대상자가 취한 행위나 대응의 귀결이나 영향을 의미한다. 이때 실제로 나타난 결과뿐만 아니라 연구대상자가 기대했던 또는 의도했던 결과에 대해서도 분석한다. 어떤 결과를 예상하고 행위/상호작용 전략을 세워 행위나 대응을 하였는데 예상치 못한 결과가 나타날 수도 있다. 이것은 또 이후의 일련의 행위 및 대응에 영향을 미칠 수 있다. 따라서 겉으로 드러난 가시적 결과뿐 아니라 의도했던 결과, 예상치 못한 결과, 잠재적 영향 등 비가시적 결과에 대해서도 다각적으로 분석할 필요가 있다.

이상과 같이 패러다임 모형을 적용하여 중심이 되는 현상을 축으로 그와 관련된 인과조건, 맥락, 매개조건, 행위/상호작용 전략, 결과에 해당하는 하위범주들을 서로 연결시킨다.[21] 그리하여 인간의 행위를 서술하는

---

21) 제4판 Corbin & Strauss(2015) 『Basics of Qualitative Research: Techniques and Procedures for Developing Grounded Theory』에서는 이 여섯 가지 요소를 '조건(conditions)', '행위-상호작용(actions-interactions)', '결과(consequences)'의 세 가지 요소로 통합, 정리하여 패러다임 모형을 소개하였다. 연구대상자의 행위나 대응을 이해하는 데 보다 중점을 두고 행위의 상황과 맥락, 원인과 이유 등을 '조건'으로, 그리고 행위의 의도된 또는 실제 나타난 결과나 영향을 '결과'로 분석한다.

수준을 넘어서서 어떠한 행위를 어떠한 상황과 맥락에서 어떠한 이유로 어떻게 하였는지 인간의 행위를 설명하는 데 역점을 기울인다.

3) 선택코딩

선택코딩은 핵심범주를 중심으로 그 외 범주들을 연관시키며 이론화하는 과정이다. 축코딩에서도 중심이 되는 현상을 축으로 관련 범주들을 연관시키는데, 이제 여기서 한 걸음 더 나아가 이론화에 집중한다. 그런 점에서 선택코딩은 축코딩보다 훨씬 추상적인 수준의 분석이라 할 수 있다.

선택코딩은 일반적으로 다음과 같이 진행된다. 먼저, 가장 핵심적인 범주 한 가지를 선정한다. 핵심범주(core category)는 도출된 범주들을 모두 포괄할 수 있을 만큼 추상적이고 보편적인 최상위의 개념을 의미한다. 일반적으로 '주제(theme)'라고 지칭되는데, 근거이론연구에서는 핵심범주라고 일컫는다. 만약 핵심범주로 여러 개의 범주를 생각하고 있다면, 다음과 같은 준거를 적용하여 그중 한 가지를 핵심범주로 선정한다(Corbin & Strauss, 2015; Strauss, 1987).

- 첫째, 핵심범주는 다른 범주들을 모두 포괄하여 설명해 줄 수 있는 가장 중요한 개념이다.
- 둘째, 핵심범주는 데이터에서 빈번하게 발견할 수 있다. 다시 말해, 데이터에서 도출된 모든 범주들 기저에 깊이 깔려 있는 개념이라 할 수 있다.
- 셋째, 핵심범주는 논리적이고 데이터와 일치한다. 즉, 데이터에 억지로 끼워 맞춘 것이 아니라는 뜻이다.
- 넷째, 핵심범주는 일반적이고 추상적이다.
- 다섯째, 핵심범주는 다른 범주들과 하나하나 다 연계되고 다른 범주

들보다 높은 설명력을 가지고 있다.

　이와 같이 핵심범주를 선정한 후, 핵심범주와 그 외 다른 범주들을 연관시키며 핵심범주의 속성을 규명하고 핵심범주를 중심으로 관련 범주들 간의 관계를 정립하며 근거이론[22]을 세운다.
　요컨대, 스트라우스와 코빈(Strauss & Corbin)의 근거이론연구의 데이터 분석 방법을 그림으로 제시하면 [그림 3-1]과 같다.

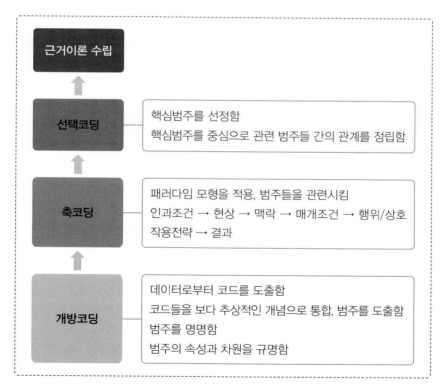

[그림 3-1] 스트라우스와 코빈(Strauss & Corbin) 근거이론연구의 데이터 분석 방법

22) 앞서 설명한 바와 같이, 근거이론은 개념적 범주와 그 범주의 속성 그리고 관련 범주들 간의 관계를 핵심 요소로 구성되며 명제의 형식을 띤다.

4) 패러다임 모형을 둘러싼 논쟁

글레이저와 스트라우스(Glaser & Strauss)의 『The Discovery of Grounded Theory』, 일명 '디스커버리 북'이 출간된 지 20여 년 후 발표된 스트라우스와 코빈(Strauss & Corbin)의 근거이론연구 저서 『Basics of Qualitative Research: Grounded Theory Procedures and Techniques』는 많은 관심을 받았다. 특히 그들이 제시한 데이터 분석 방법, 이른바 개방코딩, 축코딩, 선택코딩 그리고 패러다임 모형은 근거이론 연구자들뿐만 아니라 질적 데이터를 어떻게 분석해야 할지 몰라 골머리를 앓던 연구자들에게 큰 인기를 끌었다. '질적연구의 데이터 분석 방법을 명확하게 제시하였다.', '질적 데이터 분석의 과정과 절차를 구체적으로 명시하였다.', '데이터 분석을 어떻게 하는지 질적연구자들에게 유용한 지침을 제공하였다.' 등과 같은 호평을 받았다.

그러나 한편, 신랄한 비판 또한 제기되었다. 글레이저(Glaser)를 비롯한 많은 근거이론 연구자는 스트라우스와 코빈(Strauss & Corbin)의 근거이론 연구방법이 '이론 개발'이라는 근거이론연구의 기본 정신을 심각하게 훼손하였다고 비판하였다. 예컨대, 글레이저(Glaser, 1992)는 다음과 같이 주장하였다.

근거이론연구는 지속적 데이터 비교분석을 통해 데이터로부터 자연스럽게 이론을 도출하는 연구인데, 스트라우스와 코빈(Strauss & Corbin)은 패러다임 모형을 제시하여 연구자로 하여금 그가 수집한 데이터를 이 틀에 끼워 맞추도록 한다. 그리하여 이론 개발이라는 당초의 목적은 잊어버리고 패러다임 모형의 빈칸을 채워 넣는 데 집중하도록 한다.

다시 말해, 시간과 노력이 많이 들더라도 개념, 범주, 이론 등이 자연스럽게 '발현'될 때까지 계속해서 데이터를 수집, 비교 분석해서 근거이론을 '발견'하는 것이 근거이론연구의 핵심인데, 스트라우스와 코빈(Strauss &

Corbin)은 패러다임 모형이라는 틀 속에 개념, 범주, 이론 등을 '강제'함으로써 근거이론연구의 기본 정신을 훼손했다는 것이다(Glaser, 1992). 글레이저(Glaser)가 제기한 "발현(emergence)" 대(對) "강제(forcing)"의 문제[23]는 근거이론 연구자들 사이에 큰 논쟁을 불러일으켰다.

　아울러 질적연구자들 사이에서도 비판의 목소리가 나왔다. 스트라우스와 코빈(Strauss & Corbin)의 패러다임 모형뿐만 아니라 글레이저(Glaser)를 포함, 근거이론 연구방법론 자체에 대한 근본적인 문제제기가 일었다. 글레이저와 스트라우스(Glaser & Strauss)의 근거이론연구 기저에 깔린 객관주의와 실증주의, 글레이저(Glaser)의 데이터에 대한 맹신적 태도, 스트라우스와 코빈(Strauss & Corbin)의 코딩 방법과 패러다임 모형 기저에 깔린 후기 실증주의적 관점 등에 대한 날카로운 비판이 제기되었다. 급기야 '근거이론연구는 양적연구자를 위한 질적 데이터 취급 방법이다.', '질적연구

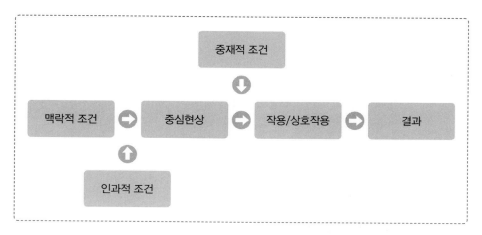

[그림 3-2] 크레스웰(Creswell)의 근거이론연구 패러다임 모형도

---

23) 글레이저(Glaser)의 1992년 저서 『Basics of Grounded Theory Analysis: Emergence vs. Forcing』(번역하자면, "근거이론 분석의 기초: 발현 대 강제")를 참고하기 바란다. 한글 번역본으로 『근거이론 분석의 기초: 글레이저의 방법』이 있다.

라는 가면을 쓴 후기 실증주의 연구방법이다.' 등과 같은 혹평이 쏟아졌다.

한국의 경우 근거이론연구는 스트라우스와 코빈(Strauss & Corbin)의 패러다임 모형이 지배적이다. '근거이론'을 키워드로 국내 논문을 검색해 보면, 대부분 패러다임 모형을 제시하고 있다. 게다가 대부분 앞의 [그림 3-2]와 같은 그림이다.

사실 스트라우스와 코빈(Strauss & Corbin)은 위와 같은 패러다임 모형도(模型圖)를 제시한 적이 없다. 앞서 2항 '축코딩과 패러다임 모형'에 제시된 바와 같이 화살표로 그 순서를 표시했을 뿐이다. 이 모형도는 크레스웰(Creswell, 2002: 482)[24]이 그의 저서에서 근거이론연구를 소개하며 제시한 것이다. 말하자면, 크레스웰(Creswell)의 패러다임 모형도가 국내 학계에서 폭넓게 활용되고 있는 것이다.

이에 대해 여러 우려의 목소리가 나오고 있다(예컨대, 권향원, 2016; 김은정, 2017; 박나라, 2020 참조). 특히 크레스웰(Creswell)의 패러다임 모형도가

---

24) 크레스웰(Creswell)은 『질적 연구방법론: 다섯 가지 전통』의 저자로 국내에 잘 알려져 있다. 원저는 Creswell(1998) 『Qualitative Inquiry & Research Design: Choosing Among Five Approaches』이다. 2018년 제4판이 출간되었다. 이 저서에 대해서는 의견이 분분하다. 다섯 가지 질적연구방법론을 간명하게 소개하였다는 긍정적인 평가를 받고 있는 한편, 질적연구 방법론을 양적연구의 논리로 설명, 질적연구의 기본 정신을 훼손하였다는 부정적인 평가도 받고 있다. 사실 크레스웰(Creswell)은 혼합연구자이다. 앞서 언급한 바와 같이, 글레이저와 스트라우스(Glaser & Strauss)도 디스커버리 북에서 양적연구냐 질적연구냐의 구분이 중요치 않다고 주장하였고, 종래 이론 검증 연구를 넘어서서 이론 개발 연구를 위해서는 양적·질적 데이터 모두 활용할 수 있다는 입장을 밝혔다. 크레스웰(Creswell) 또한 양적연구방법과 질적연구방법 다 같이 이용할 수 있다는 입장이며, 혼합연구방법론에 관한 다수의 저서를 출간하였다. 질적연구자들이 크레스웰(Creswell)을 어떻게 볼지 어느 정도 짐작할 수 있는 대목이다. 일례로 문화기술적 연구자 월콧(Wolcott, 2008)은 크레스웰(Creswell)에 대해 다음과 같이 평하였다. 크레스웰(Creswell)은 측정 전공으로 양적연구방법에 대한 교육을 받고 이후 질적연구에 매력을 느껴 질적연구방법에 관한 책도 쓰고 학생들도 가르치고 있지만, 그는 학생들이 질적연구방법에 대해 알기를 바랄 뿐, 학생들을 질적연구자로 키우려는 노력은 하지 않는 것 같다.

정형화된 틀을 시각적으로 제시, 패러다임 모형의 '강제성'을 오히려 더 부
각시키는 결과를 가져왔다는 비판은 귀담아들을 필요가 있다. 혹여 근거
이론연구의 데이터 분석을 크레스웰(Creswell)의 패러다임 모형도에 범주
명을 채워 넣는 것으로 생각하는 연구자가 있지 않을까. 이론 개발을 위한
방법론적 역동성은 사라지고, 정형화된 틀만 남은 형국이다.

3. 샤매즈(Charmaz)의 근거이론연구

근거이론연구를 둘러싼 논쟁이 벌어지는 가운데 질적연구의 토대 위에
근거이론연구를 다시 세우고자 하는 노력이 일었다. 그 대표적인 연구자
로 샤매즈(Charmaz)를 들 수 있다. 샤매즈(Charmaz)는 이른바 제2세대 근
거이론가로 종래 실증주의에 기반한 근거이론연구에서 탈피, 질적연구방
법론으로서 근거이론연구를 다시 세우고자 하였다.

2006년 샤매즈(Charmaz)가 발표한 『Constructing Grounded Theory: A
Practical Guide Through Qualitative Analysis』의 책 제목만 보아도 그의
입장을 짐작할 수 있다. 글레이저와 스트라우스(Glaser & Strauss)의 1967년
저서 『The Discovery of Grounded Theory』는 근거이론의 '발견'을 강조한
반면, 샤매즈(Charmaz)는 근거이론은 '발견'되는 것이 아니라 연구자가 '구
성'하는 것임을 강조하였다. 아울러 'constructing'이라는 동명사를 사용하
여 데이터로부터 이론을 세워 나가는 역동적인 과정을 강조하였다. 여기
에는 스트라우스와 코빈(Strauss & Corbin)의 패러다임 모형에 대한 비판이
깔려 있다. 질적 분석을 통한 이론 개발의 과정이 패러다임 모형과 같이 정
형화된 틀에 데이터를 끼워 맞추는 것이 아님을 강조한 것이다. 근거이론
연구의 기본 정신을 되찾고자 하는 샤매즈(Charmaz)의 노력을 엿볼 수 있
다. 그럼 샤매즈(Charmaz)의 저서 『Constructing Grounded Theory(근거

이론 구성하기)』를 중심으로 그의 근거이론연구에 대해 자세히 살펴보자.

1) 구성주의적 근거이론연구

샤매즈(Charmaz)는 종래 근거이론연구를 '객관주의적(objectivist) 근거이론연구'라고 일컬으며 다음과 같이 주장하였다. 객관주의적 근거이론연구는 실증주의를 토대로 실재(實在)는 주관과 독립하여 존재하며 과학적 방법을 통해 실재를 파악할 수 있다고 주장한다. 따라서 객관주의적 근거이론 연구자는 데이터라는 것이 객관적으로 존재하며 연구자는 데이터를 찾아내서 그로부터 이론을 도출해야 한다고 주장한다. 이론은 객관적 실재를 설명해 주고 나아가서 예측 가능하게 한다. 이것이 바로 이론의 힘이다. 불가해 보이는 것을 간명하게 설명해 주어 왜 그러한지 알게 해 주고 나아가서 그 같은 인과관계에 대한 지식을 토대로 예측하고 통제할 수 있는 힘을 준다.

이론이란 무엇인가, 샤매즈(Charmaz)는 반문한다. 그리고 다음과 같이 주장한다. 이론은 현상을 이해하는 하나의 해석적 틀이다. 근거이론 연구자는 특정 상황에 처한 사람들이 자신이 처한 상황을 어떻게 인식하고 어떻게 대응하는지 탐구한다. 그리하여 그들의 경험을 이해할 수 있는 해석적 틀을 구성한다. 이것이 구성주의적 근거이론(constructivist grounded theory)이다.[25]

구성주의적 근거이론연구는 연구참여자들의 경험을 이해하고 이론화하는 데 중점을 둔다. 여기서 '이론화(theorizing)'라는 용어를 사용한 이유

---

25) 이 장의 도입부에서 구성주의적 근거이론에 대한 글레이저(Glaser)의 비판을 논하였다. 이 절에서 샤매즈(Charmaz)의 구성주의적 근거이론연구에 대해 고찰한 후, 도입부에서 제시한 글레이저(Glaser)의 비판론을 다시 읽어 보기 바란다.

는 구성주의적 근거이론연구가 절대 불변의 이론을 추구하지 않기 때문이다. 이론은 때로 오류로 판명 나기도 하고, 수정·보완되기도 하고, 또는 다른 이론으로 대체되기도 한다. 구성주의적 근거이론 연구자는 자신이 구성한 이론 또한 그러함을 잘 안다. 그는 이론의 가변성, 임시성, 오류 가능성에 열려 있다. 그리고 끊임없이 그의 이론을 재구성한다. 그러므로 구성주의적 근거이론 연구자의 연구활동은 이론화를 특징으로 한다.

2) 심층면담

앞서 글레이저와 스트라우스(Glaser & Strauss)의 근거이론연구와 스트라우스와 코빈(Strauss & Corbin)의 근거이론연구에 대해 소개하면서 근거이론연구는 여러 다양한 방법으로 데이터 수집을 한다고 설명하였다. 샤매즈(Charmaz)의 구성주의적 근거이론연구 또한 다양한 방법으로 다양한 데이터를 수집한다. 예컨대, 관찰, 면담, 설문조사, 기록물 수집[26] 등 여러 방법을 활용하여 다양한 유형과 속성의 데이터를 수집한다.

샤매즈(Charmaz)는 특히 심층면담(intensive interviewing)을 강조하였다. 심층면담은 연구참여자의 경험을 깊이 탐구하기 위한 면담 방법으로 대화의 형식을 띤다. 연구자는 질문하고 연구참여자는 답하는 방식이 아니라 연구참여자의 경험에 대해 서로 이야기를 나누는 방식으로 진행된다. 그렇다고 연구자가 질문을 하지 말아야 한다든가 미리 질문을 준비하지 말라는 뜻은 아니다. 연구자의 질문은 연구참여자와의 대화의 문을 연다. 대

---

26) 기록물에는 이미 만들어져 있는 기록물, 예컨대 공공 문서, 보고서, 뉴스나 신문 등 대중매체 정보, 출판물 등이 있고, 연구자가 연구참여자에게 요청하여 연구참여자가 직접 작성한 기록물, 예컨대 일기나 메모, 편지, 이메일, 문자 등이 있다. 구성주의적 근거이론 연구자는 연구참여자의 경험을 이해하기 위하여 여러 다양한 기록물을 수집한다.

화를 나누며 연구자는 연구참여자가 어떤 경험을 했는지뿐만 아니라 그가 자신의 경험을 어떻게 이해하고 해석하는지 그리고 어떠한 의미를 부여하는지 깊이 탐구한다. 그리하여 연구참여자의 경험과 그 경험이 갖는 의미를 연구참여자의 관점에서 이해하고자 노력한다.

이를 위해서는 무엇보다도 라포(rapport) 형성이 중요하다. 처음 보는 낯선 사람에게 자신의 속내를 내보일 수 있을까. 연구참여자가 연구자를 믿고 신뢰해야 그를 자신의 경험 세계로 초대할 수 있다. 연구자가 연구참여자를 믿고 신뢰해야 그를 따라 낯선 미지의 세계 속으로 깊숙이 들어갈 수 있다.

"깊이 들어가라(go deep)." 샤매즈(Charmaz)는 힘주어 말한다. 깊이 들어가야 그 근본을 이해할 수 있다. 연구참여자의 경험 속으로 깊이 들어가면 그 근본을 이해하게 될 것이다. 그것이 근거이론이다.

3) 초기코딩

근거이론연구는 질적 코딩을 통해 데이터를 분석하고 이론을 구성한다. 양적 분석의 논리에서 탈피하여, 즉 기존 이론에서 가져온 개념이나 선행연구에서 빌려온 코딩시스템 또는 코드나 범주 등을 적용하여 데이터를 코딩하는 방식이 아니라 수집한 데이터로부터 이론을 구성한다.

샤매즈(Charmaz)는 데이터로부터 이론을 구성하기 위한 질적 코딩의 방법으로 초기코딩(initial coding), 초점코딩(focused coding), 이론적 코딩(theoretical coding)을 제안하였다.[27] 초기코딩은 데이터를 면밀히 검토하며 데이터가 의미하는 바를 파악하는 과정이다. 초점코딩은 초기코딩을

---

27) 스트라우스와 코빈(Strauss & Corbin)이 제안한 세 가지 코딩 방법, 개방코딩, 축코딩, 선택코딩과 비교해 보기 바란다.

통해 생성된 코드들 중 가장 핵심적인 코드들을 선정하여 이를 초점으로 데이터를 통합, 범주화하는 과정이다. 이론적 코딩은 초점코딩을 통해 생성된 범주들을 통합, 이론화하는 과정이다.

먼저, 초기코딩에 대해 살펴보자. 초기코딩은 수집한 데이터를 한 줄 한 줄 읽어 가며 그 의미를 파악하는 데 중점을 둔다. 이 같은 줄코딩(line-by-line coding)이 일반적이지만, 문장 단위나 문단 단위로 또는 사건(incident) 별로 코딩을 하기도 한다. 이는 곧 모든 데이터를 텍스트화함을 전제한다. 관찰 데이터는 관찰기록지를 작성하고 면담은 녹취하여 녹취록을 작성하고 필드워크를 하며 필드노트를 작성하는 등 모든 데이터를 텍스트로 전환한다.

데이터를 텍스트로 전환해서 한 자 한 자 꼼꼼히 읽고 면밀히 검토하며 그 의미를 깊이 탐구한다. 샤매즈(Charmaz)는 특히 행간을 읽어야 한다고 강조하였다. '말 속에 뜻이 있고 뼈가 있다.'라든가 '말 속에 말 들었다.'라고 하듯, 연구참여자가 한 말뿐 아니라 말 속에 담긴 속뜻을 이해해야 한다. 연구참여자가 한 행동뿐 아니라 그 행동이 품은 속뜻을 이해해야 한다. 말로 표현되지 않은, 행동으로 드러나지 않은, 숨은 의미를 이해해야 한다.

따라서 샤매즈(Charmaz)는 연구참여자가 한 말을 그대로 코드로 사용하는 것에 대해 경계하였다. 코드는 데이터가 의미하는 바를 나타낸 용어이다. 다시 말해, 연구참여자의 말이 아니라 그것이 의미하는 바를 나타낸 것이 코드이다. 그러나 그렇다고 해서 인비보 코드(in vivo code)에 반대하는 것은 아니다. 인비보 코드라는 것이 그저 연구참여자의 말을 가져다 쓴 것이 아니기 때문이다.

인비보 코드는 연구참여자가 의미하는 바를 생생하게 나타내는 연구참여자의 언어이다. 인비보 코드를 사용하는 이유는 인비보 코드를 통해 연구참여자가 의미하는 바를 더 깊이 이해할 수 있기 때문이다. 이러한 이유로 샤매즈(Charmaz)는 연구참여자가 한 말 중에서 호기심을 자극하는 용어나 표현 또는 센세이셔널한 반응을 일으킬 만한 말 등을 따와서 인비보 코드로 사용하는 것에 반대하였다. 용어나 표현 그 자체보다 연구참여자가 그것을 언제, 어떻게, 왜 사용하였는지, 어떤 의도로, 어떤 의미로 사용하였는지를 이해하는 데 더 많은 관심을 기울여야 한다고 주장하였다.

코드명과 관련하여 샤매즈(Charmaz)는 동명사[28]를 사용할 것을 제안하였다. 일반적으로 코드명은 명사를 사용하는데, 이에 대해 샤매즈(Charmaz)는 다음과 같은 문제를 제기하였다. 코드명을 명사로 할 경우, 첫째, 연구참여자의 경험이나 행위, 대응, 상호작용 등의 역동성 및 연속성을 충분히 담아내기 어렵다. 둘째, 연구참여자의 경험이나 행위, 대응, 상호작용 등을 '무엇에 관한 것', 즉 토픽(topic)으로 분류하는 수준에서 그칠 수 있다. 예를 들면, 경험이 의미하는 바를 파악해야 하는데, 이 경험은 '가족관계'에 관한 것이고, 이 경험은 '친구관계'에 관한 것이고, 또 이 경험은 '자기성찰'에 관한 것이고 등등 경험이 무엇에 관한 것인지를 분류하는 수준에서 그칠 수 있다는 것이다. 셋째, 코드명을 명사로 부여할 경우 기존 이론이나 개념, 선행연구의 코드 등을 차용할 가능성이 높아진다. 그러다 보면 데이터가 의미하는 바를 충분히 이해하기도 전에 설익은 이론화로 나아갈 위험이 있다. 근거이론연구가 특정 상황에 처한 사람들이 자신이 처한 상황을 어떻게 인식하고 어떻게 대응하는지 그들의 경험을 이해하고 이론화하는 것을 목적으로 한다면 경험의 역동성과 연속성을 담아낼 수 있는 동명사로 코딩하는 것이 적절하다고 샤매즈(Charmaz)는 주장하였다.

---

28) 영어에서 동사와 명사의 기능을 겸한 품사를 의미한다. 일반적으로 '~ing'라는 어미를 가진다. 예컨대, 샤매즈(Charmaz)는 만성질환자들의 자아를 지키기 위한 분투에 관한 연구에서 그들의 경험을 분석, 'concentrating on today(오늘에 집중하기)', 'giving up future orientation(미래에 대한 생각 안 하기)', 'managing emotions(감정 관리하기)' 등의 코드를 부여하였다. 동명사형으로 코드를 생성한 것이다.

　요컨대, 초기코딩을 통해 데이터가 의미하는 바를 나타내는 코드들을 생성한다. 일반적으로 초기코딩은 한 번에 끝나지 않는다. 여러 차례에 걸쳐 코딩을 하고 코드들을 계속해서 수정·보완한다. 이 과정에서 연구자는 어떤 데이터가 더 필요한지도 확인하게 된다. 그러면 연구참여자들을 대상으로 추가 데이터를 수집하든가 또는 추가로 연구참여자들을 선정하여 필요한 데이터를 수집한다.

　이것을 이론적 표집을 통한 데이터 수집이라 할 수 있을까?[29] 샤매즈(Charmaz)는 코딩이나 메모를 하며, 즉 데이터 분석을 하며 추가 데이터를 수집하는 것을 이론적 표집으로 오해한다고 지적하며 다음과 같이 주장하였다. 데이터를 모두 다 수집한 후 데이터 분석에 들어가는 전통적인 선형적 방식이 아니라 데이터를 수집, 분석하며 필요에 따라 데이터를 추가로 수집, 분석하는 순환적 방식은 근거이론연구의 중요한 특징이자 장점이다. 그러나 그렇다고 추가 데이터 수집이 반드시 이론적 표집을 통해 이루어지는 것은 아니다. 이론적 표집은 범주가 형성된 후 이 범주를 이론으로 발전시키는 데 필요한 데이터를 수집하기 위해 연구참여자를 선정하는 것이다. 따라서 이러한 목적으로 추가 데이터를 수집한다면 이론적 표집을 활용한 데이터 수집이라 할 수 있다. 그러나 범주가 형성되지 않은 상태에서 이론적 목적 없이 추가 데이터 수집이 이루어진다면 이론적 표집이라 할 수 없다. 유목적 표집을 통해 추가로 데이터를 수집하는 것이다.

　이상과 같이 여러 차례에 걸친 코딩과 코드에 대한 수정 보완을 통해 또 때로는 추가 데이터 수집 및 추가 코딩을 통해 초기코드들이 생성된다. 자, 그럼 이제 근거이론 구성을 위해 한 걸음 더 나아가 보자.

---

29) 1절 글레이저와 스트라우스(Glaser & Strauss)의 근거이론연구에서 논한 이론적 표집에 대해 생각해 보기 바란다.

4) 초점코딩

초기코딩을 통해 생성된 초기코드들 중 가장 핵심적인 코드들을 선정하여 이를 초점으로 데이터를 통합, 범주화한다. 이를 초점코딩이라 일컫는다. 일례를 들어 설명하자면, 샤매즈(Charmaz)는 만성질환자들의 자아를 지키기 위한 분투에 관한 데이터를 수집, 초기코딩을 통해 다수의 코드들을 생성하였다. 그다음, 초기코드들을 비교 검토하며 가장 핵심적인 코드들을 선정하였다. 그리하여 'Feeling forced to live one day at a time(현재만 생각해야 한다는 느낌이 듦)' 'Concentrating on today(오늘에 집중하기)' 'Giving up future orientation(미래에 대한 생각 안 하기)' 'Managing emotions(감정 관리하기)' 'Reducing life-threatening risk(생명을 위협하는 위험 줄이기)' 등을 초점코드로 선정하였다.

이제 선정된 초점코드들을 중심으로 그 외 코드들을 통합한다. 만약 이 코드들에 통합되지 않는 코드들이 있으면 이것들을 통합할 수 있는 상위 수준의 코드를 생성한다. 또는 이 코드들을 수정 보완하거나 보다 상위 수준으로 발전시켜 그 외 다른 코드들을 통합시킬 수 있도록 한다. 이와 같이 초점코드들을 조정, 정련한 후 다시 데이터로 돌아간다. 전체 데이터를 다시 면밀히 검토하며 초점코드들이 전체 데이터를 적절하게 그리고 충분히 담아내고 있는지 확인한다. 그리하여 초점코드를 확정한다. 이것이 범주(category)이다.

범주란 근거이론을 구성하는 개념적 요소이다.[30] 범주는 코드들을 개념적으로 통합한 것으로 추상성과 보편성을 특징으로 한다. 이론으로 발전

---

30) 1절 글레이저와 스트라우스(Glaser & Strauss)의 근거이론연구에서 근거이론은 개념적 범주와 그 범주의 속성 그리고 범주들 간의 관계, 이 세 가지 핵심 요소로 구성된다고 정의하였다. 샤매즈(Charmaz) 또한 범주를 근거이론의 핵심 요소로 보았다.

될 수 있는 개념적 잠재력을 지니고 있는 것이다. 초점코딩은 초기코드들을 개념적으로 통합하여 범주를 생성하는 데 중점을 둔다.

5) 이론적 코딩

이론적 코딩은 초점코딩을 통해 생성된 범주들을 통합, 이론화하는 과정이다. 범주들 간의 관계를 고찰하고 범주들을 서로 관련지어 범주들을 통합하는 방식으로 이론화로 나아가기도 하고, 범주들을 하나로 엮는 스토리라인(storyline)을 개발해서 범주들을 통합하며 이론화로 나아가기도 한다. 또는 범주들 기저에 흐르는 근본 주제나 여러 범주를 관통하는 공통 주제로 범주들을 통합하여 이론화하기도 한다.

이론화는 근거이론연구의 궁극적 목적이자 근거이론연구를 다른 연구방법론들과 구별짓는 가장 두드러진 특징이다. 근거이론 연구자는 수집한 데이터를 서술하는 데 그치지 않는다. 근거이론 연구자는 수집한 데이터를 기반으로 구체성을 넘어서서 추상성으로, 개별성을 넘어서서 일반성으로, 특수성을 넘어서서 보편성으로 나아간다. 이론화야말로 연구자를 근거이론 연구자로 세운다.

6) 메모잉[31]

샤매즈(Charmaz)는 연구를 하며 틈틈이 메모할 것을 강조하였다. 그 이유를 다음과 같이 설명하였다.

---

31) 메모잉(memoing)은 메모하기를 뜻한다. 메모하기의 사전적 의미는 다른 사람에게 말을 전하거나 자신의 기억을 돕기 위하여 짤막하게 글로 남기는 것이다(표준국어대사전). 근거이론연구에서 메모잉은 메모하기의 사전적 의미나 일반적인 활용과는 구별되는 뚜렷한 특징이 있기에 '메모잉'이라는 용어를 사용하였다.

> 메모는 당신의 생각을 붙잡아 두고, 당신이 비교하고 연관시킨 것들을 포착하고, 당신이 탐구해야 할 질문들과 나아가야 할 방향을 명확히 해 준다. 메모를 하며 자기 자신과 대화를 함으로써 새로운 생각과 통찰을 얻을 수 있다…. 메모를 해 놓으면, 그것을 지금 활용할 수도 있고 혹은 두었다가 나중에 꺼내 쓸 수도 있다. 간단히 말해서, 메모잉은 자료에 몰입하도록 하고, 당신의 생각을 발전시키고, 다음 데이터 수집을 정교화할 수 있도록 한다(Charmaz, 2006: 72).

메모잉은 자기 자신과의 대화이다. 정신없이 바쁘게 돌아가는 연구 일정 속에서 잠시 멈춰서서 자신과 글로 대화를 나누는 것이다. 때로는 섬광처럼 번쩍이는 생각에 멈춰서기도 하고 때로는 일부러 또 때로는 억지로 자신을 멈춰 세우기도 한다. 멈춰서 들여다보지 않으면 그냥 스쳐 지나간다. 그것을 글로 붙잡아 두는 것이다.

따라서 메모잉은 자신이 자신을 위해 자신에게 쓰는 글이다. 사적(私的)이고 비공식적인 성격을 지닌다. 문법이나 틀에 얽매이지 않고 자유롭게 쓴다. 생각나는 대로, 생각이 흐르는 대로 쓴다. 그리고 글로 붙잡아 둔 생각을 다시 생각하며 그 생각을 또 글로 쓴다. 그리고 그 글을 읽으며 그 생각을 다시 생각해 보고 그 생각을 또 글로 쓴다. 이처럼 메모잉은 연속적이며 성찰적이고 분석적인 특성을 띤다.

샤매즈(Charmaz)는 특히 메모잉을 데이터 분석의 한 방법으로 강조하였다.

> 메모잉은 근거이론연구에서 아주 중요한 방법으로, 데이터 및 코드를 조기에 분석하도록 촉진한다. 연구를 하며 지속적으로 메모를 한다는 것 자체가 분석 활동이며 이것은 연구자의 아이디어를 추상화하는데 크게 기여한다. 메모를 하다 보면 어떤 코드는 두드러지게 나타나고

이것을 점차 이론적 범주로 발전시킬 수 있다…. 메모는 데이터와 데이
터를, 데이터와 코드를, 코드와 코드를, 코드와 범주를, 범주와 개념을
비교할 수 있도록 하고 이에 관한 연구자의 생각을 정리할 수 있도록
한다(Charmaz, 2006: 72-73)

샤매즈(Charmaz)에 의하면, 메모잉은 데이터 분석의 한 방법으로 데이
터, 코드, 범주, 개념 간의 지속적 비교분석이 이루어지는 장이다. 메모잉
을 통해 데이터로부터 코드를 생성하고, 코드들을 비교 분석하며 통합하
고, 범주를 생성하고, 범주들을 비교 분석하며 개념을 정교화하고 이론화
로 나아간다.

지금까지 샤매즈(Charmaz)의 구성주의적 근거이론연구에 대해 살펴보
았다. 그 주요 방법 및 과정을 그림으로 제시하면 [그림 3-3]과 같다.

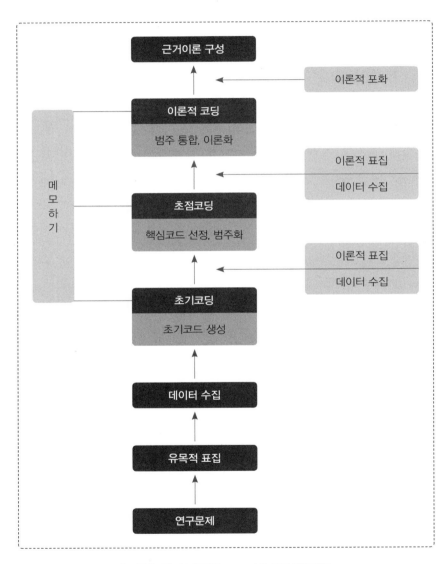

[그림 3-3] 샤매즈(Charmaz)의 근거이론연구

4. 근거이론연구에 대한 평가

근거이론연구를 제대로 잘하고 있는지 그리고 제대로 잘했는지를 어떻게 판단할 수 있을까? 이론 검증을 위한 연구의 경우 일반적으로 타당도와 신뢰도를 준거로 연구를 평가하는데, 이론 개발을 목적으로 하는 근거이론연구의 질은 어떻게 평가할 수 있을까?

글레이저와 스트라우스(Glaser & Strauss)는 신빙성(credibility)을 중요한 준거로 제시하였다. 이를 위해 연구자가 어떻게 데이터로부터 이론을 도출하였는지 그 과정을 세밀히 기록하고 보고할 것을 권하였다. 그리하여 도출된 근거이론이 데이터에 적합한 것인지 그 적합성(fit)을 판단할 수 있어야 한다고 주장하였다.

샤매즈(Charmaz)는 근거이론연구를 평가할 수 있는 준거로 신빙성(credibility), 독창성(originality), 공명성(resonance),[32] 유용성(usefulness), 이렇게 네 가지 평가 준거를 제시하였다. 그리고 아래와 같은 질문에 대한 답으로 근거이론연구의 신빙성, 독창성, 공명성, 유용성을 판단할 것을 제안하였다(Charmaz, 2014).

- 신빙성
  - 연구자의 주장을 지지할 만한 충분한 데이터와 증거를 제시하였는가?
  - 데이터 수집 및 분석은 체계적으로 이루어졌는가?
  - 수집한 데이터와 데이터 분석결과 그리고 연구자의 주장 간에 유기

---

32) 공명(共鳴)의 사전적 의미는 '남의 사상이나 감정, 행동 따위에 공감하여 자기도 그와 같이 따르려 한다'는 뜻이다(표준국어대사전).

적 · 논리적 연관성이 있는가?

- 독창성
  - 연구자의 분석은 데이터에 대한 새로운 개념화나 새로운 해석을 제시하는가?
  - 이 연구의 사회적 의의와 이론적 의의는 무엇인가?
  - 연구자의 근거이론은 종래의 이론이나 개념, 실천 등에 문제제기하는 것인가? 또는 이를 확장하거나 더욱 정교화하는 것인가?
- 공명성
  - 연구결과에 제시된 범주들은 연구자가 연구한 현상이나 경험을 충분히 담아내고 있는가?
  - 연구자의 근거이론은 연구참여자들이나 그들과 비슷한 처지에 있는 사람들에게 이해가 되는가?
  - 연구자의 분석은 연구참여자들이나 그들과 비슷한 처지에 있는 사람들에게 그들의 삶과 세계에 대한 보다 깊은 통찰을 제공하는가?
- 유용성
  - 연구자의 분석과 해석은 사람들이 일상에서 활용할 수 있는 것인가?
  - 이 연구는 후속 연구를 촉발하는가?
  - 이 연구는 지식의 발전과 더 나은 세상을 만드는 데 기여하는가? 어떻게 기여하는가?

근거이론연구를 하면서 위 질문들을 스스로 묻고 답하며 자신의 연구를 점검할 수 있다. 이것은 연구의 질 관리 및 제고에 도움이 될 것이다. 또한 자신의 연구뿐 아니라 다른 연구자들의 근거이론연구를 평가하는 데에도 상기 준거 및 질문이 도움이 될 것이다.[33]

5. 근거이론연구를 둘러싼 쟁점

글레이저와 스트라우스(Glaser & Strauss)의 근거이론연구, 스트라우스와 코빈(Strauss & Corbin)의 근거이론연구, 샤매즈(Charmaz)의 근거이론연구 등이 병존하고 있는 가운데 최근 이들을 통합, 근거이론 연구방법론을 한 단계 더 발전시키고자 하는 노력이 일고 있다. 일례로 벅스와 밀스(Birks & Mills)의 근거이론연구를 들 수 있다. 벅스와 밀스(Birks & Mills)는 글레이저와 스트라우스(Glaser & Strauss)의 방법론을 '전통적인 근거이론연구', 스트라우스와 코빈(Strauss & Corbin)의 방법론을 '진화된 근거이론연구', 샤매즈(Charmaz)의 방법론을 '구성주의적 근거이론연구'라고 특징짓고, 이론 개발이라는 근거이론연구의 기본 정신 아래 여러 방법을 통합, [그림 3-4]와 같은 방법론을 제시하였다(Birks & Mills, 2015).

벅스와 밀스(Birks & Mills)의 근거이론연구는 근거이론연구의 창시자 글레이저와 스트라우스(Glaser & Strauss)가 제시한 방법, 예컨대 이론적 표집, 연속적 데이터 수집, 지속적 비교분석, 이론적 포화 등을 담고 있고, 스트라우스와 코빈(Strauss & Corbin) 그리고 샤매즈(Charmaz)가 각각 제시한 코딩 방법을 '초기코딩(initial coding) → 중기코딩(intermediate coding) → 고급코딩(advanced coding)'으로 정리하였으며, 초기코딩을 통해 '범주 생성', 중기코딩을 통해 '핵심범주 선정', 고급코딩을 통해 '핵심범주들을 이론적으로 통합'하는 방식으로 근거이론의 개발을 제안하였

---

33) 아울러 코빈과 스트라우스(Corbin & Strauss)의 저서 『Basics of Qualitative Research: Techniques and Procedures for Developing Grounded Theory』(2015) 18장에 제시된 근거이론연구에 대한 평가 준거 및 질문들도 도움이 될 것이다. 한글 번역본 『근거이론』(Corbin & Strauss 공저, 김미영 외 공역, 2019)을 참고하기 바란다.

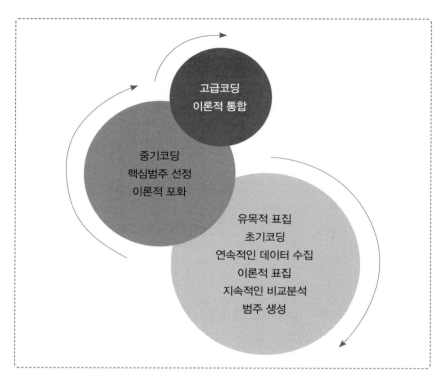

[그림 3-4] 벅스와 밀스(Birks & Mills)의 근거이론연구

출처: Birks, M., & Mills, J. (2015). *Grounded theory*.

다. 이때 샤매즈(Charmaz) 모델처럼 스트라우스와 코빈(Strauss & Corbin)의 축코딩 및 패러다임 모형은 배제되었다.[34] 아울러 샤매즈(Charmaz)와 마찬가지로 메모잉을 근거이론연구의 전 과정에 걸쳐 이루어지는 연구방법으로 제시, 연구자의 성찰적 분석활동을 강조하였다.

그러나 한편, 벅스와 밀스(Birks & Mills)의 근거이론연구에 대한 비판의 목소리도 적잖다. 이들 또한 여러 근거이론연구 방법이 난무하는 상황에

---

34) 2절 패러다임 모형을 둘러싼 논쟁에서 논한 "발현(emergence)" 대(對) "강제(forcing)"의 문제에 대해 생각해 보기 바란다.

서 그저 또 하나의 방법을 추가했을 뿐이라는 비판이 제기되고 있다. 그 기저에는 과연 글레이저(Glaser), 스트라우스(Strauss), 코빈(Corbin), 샤매즈(Charmaz)의 연구방법이 통합될 수 있는가 하는 의문과 회의가 깔려 있다. 다시 말해, 실증주의, 후기 실증주의, 구성주의 관점이 과연 통합될 수 있는가 하는 문제제기이다. 글레이저와 스트라우스(Glaser & Strauss), 스트라우스와 코빈(Strauss & Corbin), 샤매즈(Charmaz)의 근거이론연구는 단지 방법의 차이로 그치지 않는다. 세계관, 인식관, 가치관 등이 다르기에 그 방법이 다른 것이다. 여러 방법을 적절히 섞어 놓는다고 통합될 수 있는 문제가 아니다.

더 심각한 문제는 통합이라는 미명 아래 철학 없는 방법들이 마구잡이로 사용되는 것이다. 그러느니 차라리 연구자의 철학에 맞는 방법을 선택해서 활용할 수 있도록 여러 다양한 근거이론 연구방법이 병존하는 상황이 더 나을 것이다.

또 다른 한편에서는 보다 근본적인 문제제기가 일고 있다. 과연 이론적 포화에 이를 수 있는가 하는 문제이다. 현실적으로 이것이 가능한가 회의적인 목소리가 나오고 있다. 이론적 포화라는 잣대로 볼 때 근거이론연구라고 말할 수 있는 논문을 사실상 찾아보기 어렵다(Birks & Mills, 2011). 연구자가 데이터로부터 도출한 이론이 과연 이론적 포화에 이른 것인지 판단할 수 있는 자료와 근거를 제시한 논문을 찾아보기 어렵고, 더구나 '이론'을 도출한 논문조차 찾아보기 어려운 실정이다. 대체로 범주를 제시하는 수준에서 그치고 있다. 이것을 '근거이론'연구라 할 수 있을까?

데이(Dey, 1999)는 이론적 포화를 메타포(metaphor)로 이해해야 한다고 주장하였다. '더 이상 새로운 범주의 속성이 도출되지 않는 상태'에 집착하기보다 표본과 데이터의 다양화를 통해 이론적 포화를 확신하는 데 방점을 찍어야 한다는 것이다.[35] 다시 말해, 이론적 포화는 이론 개발을 위해 다양한 표본을 표집하고 다양한 데이터를 수집해야 함을 강조하는 것으로 이해해야 한다.

이론 검증 연구가 지배적인 학계에서 이론 개발 연구를 하기란 결코 쉽지 않다. 몇 배나 더 많은 시간과 노력이 들고 수많은 시행착오를 겪는다. 또 학계에서는 더 엄격한 잣대를 들이대기도 하고 더 호된 비판을 가하기도 한다. 무엇보다도 이론을 세워 나가는 일이 태생적으로 지닌 불확실성과 그로 인한 불안감을 견디기가 무척 어렵다. 그럼에도 불구하고 근거이론 연구자들은 말한다. 이론에 갇히지 말라고. 기존 이론의 틀에서 벗어나라고. 그들과 함께 이론 개발의 여정을 떠나 보기 바란다.

---

35) 1절 '글레이저와 스트라우스(Glaser & Strauss)의 근거이론연구' 4항 '이론적 포화'를 다시 한 번 읽어 보기 바란다.

제**4**장

현상학적 연구

1. 서술적 현상학적 연구

   1) 본질 탐구

   2) 현상학적 환원

   3) 체험 서술

   4) 서술적 현상학적 분석

   5) 현상학적 서술

2. 해석학적 현상학적 연구

   1) 체험연구

   2) 현상학적 질문

   3) 현상학적 판단중지

   4) 생활세계의 체험자료

   5) 현상학적 면담

   6) 현상학적 성찰을 통한 주제분석

   7) 현상학적 글쓰기

3. 해석적 현상학적 연구

   1) 삶의 경험 연구

   2) 공감과 물음의 이중해석

   3) 체험의 개별성

   4) 해석적 현상학적 분석(IPA)

   5) 해석학적 대화

4. 현상학적 연구를 둘러싼 쟁점

현상학적 연구는 현상학 철학에 바탕을 두고 있다. 철학의 현상학이 여러 갈래로 뻗어 나갔듯, 현상학적 연구 또한 여러 형태로 발전되었다. 이 장에서는 현상학적 연구의 세 가지 주요 유형, 서술적 현상학적 연구(descriptive phenomenological research), 해석학적 현상학적 연구(hermeneutic phenomenological research), 해석적 현상학적 연구(interpretative phenomenological research)에 대해 고찰해 보고자 한다.

1. 서술적 현상학적 연구

서술적 현상학적 연구는 후설(Husserl) 현상학에 기반을 두고 있다. 후설(Husserl)은 서양 전통철학의 한계를 비판하며 이를 극복할 수 있는 새로운 대안으로 현상학을 주창하였다. 후설(Husserl, 1931/2002)에 의하면, 합리주의와 경험주의는 인간의 의식과 독립하여 존재하는 객관세계를 전제한다. 그러나 의식과 대상이 서로 무관하게 존재할 수 없다. 인간의 의식은 항상 '무엇'에 대한 의식으로 그 무엇은 의식을 통해 드러나는 무엇이다.[1] 말하자면, 대상은 의식의 지향 작용을 통해 드러나는 것이다. 따라서 의식에 나타나는 대상, 즉 '현상'에 주목해야 한다. 현상은 의식에 주어진 것을 일컫는 것으로서 의식의 지향 작용으로 맺어진 대상, 즉 의식과 대상의 지향적 상관관계를 함의한다.

현상에 주목한다는 것은 대상이 의식과 상관없이 존재한다는 생각, 다시 말해 대상의 존재를 자명한 것으로 받아들이는 태도를 멈춤을 의미한

---

[1] 의식의 지향성(intentionality)에 대한 논의는 이남인(2014)의 『현상학과 질적 연구: 응용현상학의 한 지평』을 참고하기 바란다.

다. 나아가서 대상에 대한 통념, 고정관념, 선입견 등을 뒤로하고 일체의
판단을 중지함을 의미한다. 그리고 오로지 의식에 주어진 것에 집중함을
의미한다. 말하자면 '사태 그 자체로' 돌아가서 그에 집중하는 것이다.

　나아가서 의식에 주어진 것을 상상 속에서 자유롭게 임의로 변경해 본
다. 이른바 '자유변경(free variation)'이라는 사유실험을 전개하는 것이다.
그리하여 여러 변경체를 상상하고 그러한 변화 속에서도 불변하는 속성을
찾아낸다. 본질을 파악하는 것이다. 현상학은 사태 그 자체로 돌아가서 그
본질을 탐구하는 학문이다.

　현상학 철학이 어떻게 질적연구의 한 방법론 '현상학적 연구'로 발전하
게 되었을까? 현상학 철학을 심리학 연구에 적용, 현상학적 연구방법론을
발전시키는 데 크게 기여한 죠지(Giorgi)[2]는 그의 논문 「The Descriptive
Phenomenological Psychological Method(서술적 현상학적 심리학적 방
법)」에서 다음과 같이 진술하였다.

　　필자는 (이 논문에서) 자신의 학문적 배경이 실험심리학이었음에
　도 심리 작용을 몇 가지 요소나 변인으로 파편화시킨 연구가 아니라 인
　간을 전인(whole person)으로 온전히 연구하고 싶어 했음을 설명하
　였다. 필자는 인간 연구를 위한 비환원주의적 방법을 갈망하였다. 그
　러던 차에 에드문트 후설(Edmund Husserl)의 현상학을 접하게 되었
　고 비환원주의적 방법의 가능성을 발견하였다. 그리하여 필자는 후설
　(Husserl)과 메를로퐁티(Merleau-Ponty)의 현상학을 토대로 인간 심
　리 연구를 위한 현상학적 방법을 개발하였다(Giorgi, 2012: 3).

2) Giorgi를 '지오르지' '지오르기'라고도 부른다.

죠지(Giorgi)는 실험심리학자였던 그가 어떻게 현상학적 연구방법론을 개발하게 되었는지에 대해 당시 심리학계의 지배적인 연구방법에 대한 문제의식, 특히 물질 현상을 연구하는 방법을 심리 현상에도 적용하여 인간의 의식을 몇 개의 변인으로 측정, 분석하는 환원주의에 대한 문제의식과 그 대안으로서 현상학의 연구방법론적 가능성을 들어 설명하였다. 그의 저서 『The Descriptive Phenomenological Method in Psychology: A Modified Husserlian Approach(심리학의 서술적 현상학적 방법: 수정된 후설 접근)』에서는 이에 대해 보다 구체적으로 논하였는데, 일례를 들면 다음과 같다.

> 주류 심리학자들은 심리 현상을 몇 가지 요소로 단순화해서 연구하는 경향이 있다. 그래야 이른바 과학적 연구라고 하는 전통적인 기준에 맞출 수 있기 때문이다…. 그러나 나는 현상학에 의거하여 이 기준을 넘어설 것이다…. 현상학은 인간의 의식을 통해 체험된 것을 체험자의 관점에서 이해하고자 한다. 따라서 현상학은 객관적 분석, 즉 체험자를 배제시킨 분석이 아니라, 현상이 체험자에 의해 어떻게 체험되는지를 분석하는 데 중점을 둔다(Giorgi, 2009: 3-4).

죠지(Giorgi)는 환원주의와 객관주의에 입각한 주류 심리학에 문제 제기하며, '변인'이 아니라 인간의 '체험'에 근거한 연구, 체험자를 배제시킨 이른바 '객관적인' 분석이 아니라 체험자의 관점에서 현상이 어떻게 체험되는지를 분석하는 연구, 즉 현상학적 연구를 그 대안으로 제시하였다.

허나 체험을 탐구하는 연구가 현상학적 연구만 있겠는가. 문화기술적 연구자, 내러티브 탐구자, 생애사 연구자, 실행연구자 등도 인간의 체험을 탐구한다. 그렇다면 현상학적 연구는 이들 연구방법론과 무엇이 어떻게 다른가? 현상학적 연구의 특징에 대해 자세히 살펴보자.

1) 본질 탐구

서술적 현상학적 연구는 현상의 본질을 탐구하는 데 그 궁극적 목적이 있다. 예컨대, 배움의 본질은 무엇인가? 사랑하는 사람을 잃은 상실감의 본질은 무엇인가? 요즘 심각한 사회문제로 제기되고 있는 학교폭력 현상의 본질은 무엇인가? 현상의 본질을 탐구하기 위해 현상을 직접 경험한 사람들의 체험을 연구한다. 그리고 여러 다양한 개별 체험 속에서 공통된 것, 불변하는 것을 탐구한다. 개개인의 체험은 서로 다를지라도 그 다양성을 관통하는 공통된 것이 있다. 변화무상하게 보여도 불변하는 것이 있다. 이것이 바로 본질이다.

이때 본질(essence)은 현상학 철학에서의 본질과 구별된다. 현상학 철학에서 본질은 어떤 현상을 다른 무엇도 아닌 바로 그 현상으로 만드는 것, 즉 고유의 속성을 의미한다. 현상학자는 현상의 본질을 탐구하기 위해 대상의 존재를 자명한 것으로 받아들이는 자연적 태도에서 벗어나 일체의 판단을 중지한 채 자신의 의식에 주어진 것, 즉 현상에 집중한다. 그리고 의식에 주어진 것을 상상 속에서 자유롭게 변경해 본다. 여러 변경체를 상상하고 변하는 것과 변하지 않는 것을 분류, 체계적으로 정리하고 서술한다. 그리하여 불변하는 속성, 즉 본질을 찾아낸다.

철학자와 달리 현상학적 연구자는 현상을 직접 경험한 사람들의 체험을 통해 본질을 탐구한다. 체험자에게 그가 겪은 경험을 구체적으로 서술하도록 하고 연구자는 그 경험 속에 있는 불변의 요소를 분석한다. 개별 체험 각각의 불변 요소를 분석하고 나아가서 여러 다양한 개별 체험 기저의 공통 요소를 분석한다. 그리고 공통적이며 불편적 요소들 간의 상호 연관 관계를 파악한다. 체험의 공통 불변 요소들이 상호 연관된 총체, 이것이 바로 체험의 구조, 즉 본질이다.

현상학적 연구자는 본질을 '속성'이 아니라 '구조'로 파악한다. 구조의 개념은 부분과 전체의 관계를 언표한다. 현상학적 연구자는 개인의 경험을 연구하지만, 그의 관심은 인간 경험의 본질을 탐구하는 데 있다. 인간 경험의 총체 속에서 개인 경험을 이해하고, 개개인의 여러 다양한 개별 경험 간의 관계를 통해서 인간 경험의 구조를 파악한다. 그리하여 개개인의 경험은 서로 달라 보여도 그 기저의 공통된 불변의 구조, 즉 인간 경험의 본질을 이해하게 된다.

2) 현상학적 환원

현상학적 연구자는 체험자의 체험을 통해 그 본질에 다가가기 위하여 현상학적 환원을 수행한다. 현상학적 환원이란 현상에 대한 통념, 고정관념, 선입견 등을 더 이상 자명한 것으로 받아들이지 않고 일체의 판단을 유보한 채 오로지 현상 그 자체에 집중함을 의미한다. 현상학적 환원(phenomenological reduction)은 종종 에포케(epoche),[3] 괄호치기(bracketing),[4] 판단중지(suspension) 등으로도 지칭된다.[5]

현상학적 환원은 크게 두 가지 수준에서 설명할 수 있다(Merleau-Ponty, 1962). 첫째, 현상학적 환원은 현상을 체험한 대로 받아들이는 데 방해가 되는 주관적 견해나 주관적 신념 또는 주관적 가치 등을 극복하는 것이다. 둘째, 현상학적 환원은 현상을 덮고 있는 그래서 현상을 체험한 대로 보는

---

3) 에포케(epoche)는 '판단의 보류'를 의미한다. 고대 그리스 회의론자들에 의하면 판단하는 사람에 따라 그 입장이 각기 다르기 때문에 어떠한 것에도 좋다, 나쁘다, 맞다, 틀리다 등의 판단을 할 수 없다. 따라서 진리에 가까이 가기 위해서는 판단을 유보해야 한다.

4) 괄호치기(bracketing)은 사물에 대한 일상적인 판단을 중지하고 일단 괄호 안에 묶어 무효화함을 의미한다. '괄호침', '괄호묶기' 등으로도 번역된다.

5) 이남인(2014)은 현상학적 환원을 에포케, 괄호치기, 판단중지와 구별하였다. 판단중지를 통해 다양한 유형의 지향성에 우리의 시선을 집중하는 과정을 현상학적 환원이라고 설명하였다.

것을 가로막고 있는 이론, 개념 등을 걷어 내는 것이다.

　일반적으로 연구를 한다 하면 먼저 이론을 토대로 가설을 수립하고 이를 검증하기 위한 데이터를 수집, 분석하여 가설의 진위 여부를 판단, 타당한 진리로 채택하거나 또는 기각한다. 그러나 현상학적 연구자는 연구하고자 하는 현상을 이론으로 미리 재단하지 않는다. 현상학적 연구자는 연구하고자 하는 현상에 관한 이론이나 개념 또는 선행연구에서 탈피하여 오로지 현상 그 자체에 집중한다. 나아가서 현상학적 연구자는 연구자 자신이 가지고 있는 선입견, 예견, 편견으로부터 벗어나서 연구참여자가 현상을 어떻게 경험하는지 오로지 연구참여자의 체험에 집중한다. 그리하여 체험자의 체험을 통해 그 본질에 다가가고자 한다. 여러 다양한 개별 체험 속에서 공통된 것, 불변하는 것을 찾아 그 본질을 파악하고자 한다.

3) 체험 서술

　현상학적 연구는 체험을 통해 본질을 탐구한다. 연구하고자 하는 현상을 직접 경험한 사람들을 연구참여자로 선정하여 체험자에게 그가 겪은 경험을 구체적으로 상세하게 서술하도록 한다. 일반적으로 체험자와의 면담을 통해 그가 체험한 것을 진술하도록 하고 면담 녹취록을 작성하는 방식으로 서술 자료를 수집한다. 또는 체험자에게 자신의 체험을 글로 쓰도록 하여 서술 자료를 수집하기도 한다. 그러나 글로 쓰게 하였을 때 자신의 체험을 개략적으로 기술하는 경향이 있다. 그래서 추후 면담을 진행하여 구체적이고 상세한 서술 자료를 수집하는 경우가 종종 있다. 한편 글로 쓰는 것이 편하지 않은 연구참여자들도 있다. 또 글보다 말로 자신의 생각을 더 잘 표현하는 연구참여자들도 있다. 이런 여러 가지 이유로 면담이 주요한 자료 수집 방법으로 활용된다.

　그러나 면담이 서면 자료보다 더 피상적일 수도 있다. 생면부지의 연구자에게 자신의 체험을 진솔하게 이야기할 수 있겠는가. 처음 보는 낯선 사람에게 자신의 속 깊은 이야기를 털어놓을 수 있겠는가. 연구참여자가 연구자를 믿고 신뢰해야 자신이 겪은 경험을 그와 공유할 것이다. 그 경험이 어떠하였는지 그리고 그 같은 경험을 한다는 것이 어떠한 것인지 연구자와 진솔하게 나눌 것이다.

그러므로 현상학적 연구는 한두 번의 면담으로 자료를 수집하기 어렵다. 먼저 연구참여자와 라포(rapport)를 형성해야 한다. 라포 형성을 위해 많은 시간과 노력을 쏟아야 한다. 그래서 현상학적 연구는 대체로 연구참여자 수가 많지 않다. 소수의 연구참여자를 선정, 한 사람 한 사람의 체험을 깊이 고찰한다.

현상학적 연구자는 개인 경험에 대한 깊은 이해를 통해 인간 경험의 본질에 다가가고자 한다. 최대한 많은 사람을 표집하려 하기보다 한 사람 한 사람의 경험을 온전히 깊이 이해하려 한다. 그리하여 경험 그 기저의 구조, 즉 본질을 파악하고자 한다.

4) 서술적 현상학적 분석

현상학적 연구의 자료, '체험자의 체험 서술'을 어떻게 분석해야 그 본질을 파악할 수 있을까? 여러 연구자가 서술적 현상학적 분석의 방법을 제시하였다. 예를 들면, 죠지(Giorgi, 2009)는 다음과 같은 '현상학적 서술 분석'의 방법을 제시하였다.

① 자료 전체를 총체적으로 파악함

연구참여자들의 체험 서술을 모두 한데 모아서 수집한 자료 전체를 처음부터 끝까지 여러 차례 읽는다. 그리하여 자료 전체를 총체적으로 파악한다.

② 의미 단위를 정함

연구참여자 한 명 한 명의 체험 서술을 찬찬히 자세하게 읽으며 의미 단위를 정한다. 예컨대, 체험 서술을 읽으며 의미의 변화가 있을 때마다 빗금(/)을 그어 표시한다. 이렇게 자료 전체를 하나하나 꼼꼼히 읽으며 의미 단위를 정한 후, 한두 차례 더 연구참여자의 체험 서술을 자세히 읽으며 의미 단위를 확정한다.

③ 연구참여자의 서술을 현상학적 서술로 변환함

연구참여자의 서술을 의미 단위별로 정리한다. 그런 다음 연구참여자의 서술을 연구자가 현상학적 서술로 변환한다. 이때 추측이나 추정, 해석은 자제하고 현상학적 태도로 서술하는 데 중점을 둔다.

④ 불변의 의미를 도출함

연구참여자의 서술을 현상학적 서술로 변환하는 과정을 거쳐 불변의 의미를 도출한다. 좀 더 구체적으로 설명하자면, 각각의 구체적인 서술은 각기 다양한 의미를 담고 있다. 다양한 의미 속에서 그 다양성을 관통하는 공통의 의미를 찾는 것이다. 그것이 바로 불변의 의미이다. 그리고 도출된 불변의 의미를 통해 현상의 본질을 파악한다.

죠지(Giorgi, 2009)뿐만 아니라 밴 캄(Van Kaam, 1966), 콜레지(Colaizzi, 1978), 무스타카스(Moustakas, 1994), 스테빅(Stevick, 1971), 킨(Keen, 1975) 등도 서술적 현상학적 분석 방법을 제시하였다. 특히 무스타카스(Moustakas)는 밴 캄(Van Kaam)의 방법을 변용한 분석 방법, 또 스테빅-콜레지-킨(Stevick-Colaizzi-Keen)의 방법을 수정 보완한 분석 방법 등을 제시하였다. 무스타카스(Moustakas)의 서술적 현상학적 분석의 방법을 살펴보면 다음과 같다.

① 연구참여자의 체험 서술에서 적절한 진술 추출

연구참여자 한 사람 한 사람의 체험 서술(면담 녹취록이나 서면 서술 등)을 세밀히 읽는다. 이때 연구참여자의 모든 진술을 체험의 본질을 이해하는 데 중요한 것으로 받아들인다. 말하자면, 모든 진술을 등가(等價)에 놓는 것이다. 무스타카스(Moustakas)는 이를 '수평화(horizontalization)'라고 명명하였다. 연구참여자의 모든 진술을 수평화한 상태에서 연구하고자 하는 현상과 관련된 적절한 진술(단어, 구, 절, 문장, 문단 등)을 추출한다. 그리고 추출된 진술들을 열거하여 목록을 작성한다.

② 체험의 불변요소 도출

연구참여자 개개인의 체험 서술에서 연구하고자 하는 현상과 관련된 적절한 진술을 추출, 진술 목록을 작성한 후 진술 목록에서 체험의 불변요소(invariant constituents)를 도출한다. 이때 다음과 같은 두 가지 기준을 적용하여 불변요소를 도출할 수 있다. 첫째, 체험을 이해하는 데 필요하고 충분한 요소인가? 둘째, 추상화할 수 있는 요소인가? 다시 말해, 보다 보편적인 개념으로 추상화될 수 있는가? 연구참여자들의 진술 목록에서 이 두 가지 기준을 모두 충족시키는 불변요소들을 도출한다.

일례로 관상동맥우회수술을 받은 환자들의 체험에 관한 트럼벌(Trumbull, 1993)의 현상학적 연구에서는 연구참여자들의 체험 서술로부터 44개의 불변요소를 도출하였는데, 그중 일부를 소개하면 다음과 같다. ⓐ 심장수술을 받아야 한다는 사실이 믿기지 않음, ⓑ 의료진이 자신의 삶을 컨트롤(control)하는 것이 걱정됨, ⓒ 마음이 약해짐, ⓓ 삶이, 신이, 또는 세상이 불공평하다는 생각이 듦, ⓔ 자신에게 일어나는 일을 이제 컨트롤할 수 없다고 느낌, ⓕ 육체적 고통을 견딤, ⓖ 죽음을 생각함, ⓗ 새로운 삶에 대한 희망이 생김, ⓘ 자신의 삶을 변화시키고자 노력함.

③ 불변요소의 주제화

체험의 불변요소들을 도출한 후 서로 관련이 있는 요소들을 한데 묶는다. 그리하여 보다 상위 수준의 주제(themes)로 불변요소들을 범주화한다. 말하자면 불변요소들을 주제화하는 것이다.

예컨대, 앞서 언급한 트럼벌(Trumbull, 1993)의 연구에서는 44개의 불변요소를 8개의 주제로 범주화하였다. 예시한 9개 불변요소의 경우, ⓐ에서 ⓕ의 불변요소들은 '수술의 잔상'이라는 주제로, ⓖ는 '죽음에 대한 생각'이라는 주제로, ⓗ와 ⓘ는 '새로운 삶의 희망'이라는 주제로 범주화되었다.

④ 체험의 불변요소와 주제의 타당성 확인

체험의 불변요소와 주제를 도출한 후, 다시 원자료, 즉 연구참여자들의 체험 서술로 되돌아가서 도출한 불변요소와 주제의 타당성을 확인한다. 연구자가 도출한 불변요소와 주제는 연구참여자의 체험을 이해하는 데 반드시 필요한 것인가? 연구참여자의 체험을 이해하는 데 불변요소와 주제로 충분한가? 여러 다양한 개별 체험을 관통하는 공통된 것인가? 변화무상하게 보이는 개별 체험들 속에서 불변하는 것인가? 이러한 질문들에 답하는 방식으로 체험의 불변요소와 주제의 타당성을 확인한다.

⑤ 체험의 본질 파악

연구참여자의 체험 서술로부터 연구하고자 하는 현상과 관련된 적절한 진술을 추출하고, 이 진술들로부터 체험의 불변요소를 도출하고, 이 불변요소들을 범주화하여 주제를 도출한 뒤, 다시 원자료, 즉 연구참여자의 체험 서술로 되돌아가서 불변요소와 주제의 타당성을 확인, 확정한다. 체험의 불변요소와 주제를 통해 체험의 본질을 파악한다.

이상과 같은 서술적 현상학적 분석의 과정을 정리하면 [그림 4-1]과 같다.

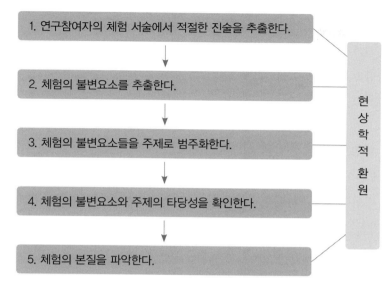

[그림 4-1] 서술적 현상학적 분석

5) 현상학적 서술

　서술적 현상학적 분석의 결과를 어떻게 제시해야 연구자가 파악한 체험의 본질을 다른 사람들도 이해할 수 있을까? 연구결과 제시에 관하여 무스타카스(Moustakas)가 제안한 방법을 살펴보자.

① 개별 체험 서술
　분석 결과 도출된 주제를 중심으로 연구참여자 한 사람 한 사람의 체험을 개괄적으로 서술한다. 이때 연구참여자의 체험 서술(면담 녹취록이나 서면 서술 등)에서 주제를 예시하는 진술(단어, 구, 절, 문장, 문단 등)을 직접 인용하여 연구참여자의 체험을 생생하게 담아낸다.
　그리고 그 같은 체험을 어떻 게 하게 되었는지 그 역학구조를 서술한다.

예를 들어, 어떠한 상황에서 또 어떠한 맥락으로 그 같은 체험을 하게 되었는지, 무엇이 그 같은 체험을 촉발하였는지, 무엇이 그 같은 체험에 영향을 미쳤으며 어떻게 작용하였는지 등 체험 기저의 역학구조를 파헤쳐 서술한다.

② 체험에 대한 종합적 서술

연구참여자 개개인의 체험에 대해 개별적으로 서술한 후, 연구참여자들 전체의 체험에 대해 주제를 중심으로 종합적으로 서술한다. 이때 연구참여자들을 특정 현상을 직접 경험한 사람들의 집합으로 보고, 그 현상이 나타나는 다양한 모습을 보여 주는 방식으로 연구참여자들의 여러 다양한 체험을 총체적으로 서술한다.

③ 체험의 본질 서술

연구참여자 전체의 체험에 대해 종합적으로 서술한 후 연구참여자들의 여러 다양한 체험 속에서 공통된 것, 불변하는 것을 서술한다. 다시 말해, 연구참여자들의 체험 서술에 대한 분석을 통해 도출된 주제를 중심으로 특정 현상에 대한 체험의 본질을 서술한다.

요컨대, 서술적 현상학적 연구는 현상의 본질을 탐구하는 데 궁극적인 목적이 있다. 이를 위해 현상을 직접 경험한 사람들의 체험을 연구한다. 연구하고자 하는 현상을 체험한 사람들을 연구참여자로 선정하여 체험자에게 그가 겪은 경험을 구체적으로 상세히 서술하도록 한다. 이때 체험자의 체험을 통해 그 본질에 다가가기 위해 현상학적 환원을 수행한다. 연구자 자신이 가지고 있는 선입견, 주관적 신념이나 가치 등으로부터 벗어나서 또 연구하고자 하는 현상에 관한 이론이나 개념 등에서 벗어나서 오로지 연구참여자의 체험에 집중한다. 연구참여자 한 사람 한 사람의 체험을

깊이 이해하고 나아가서 여러 다양한 개별 체험 속에서 공통된 것, 불변하
는 것을 탐구한다. 연구참여자들의 체험 서술로부터 체험의 불변요소를
도출하고 이 불변요소들을 범주화하여 주제를 도출한다. 그리하여 체험의
불변요소와 주제를 통해 체험의 본질을 파악한다.

2. 해석학적 현상학적 연구

해석학적 현상학적 연구는 현상학과 해석학에 기반한 질적연구방법
론이다. 대표적인 연구자로 밴 매넌(van Manen)을 들 수 있다. 밴 매넌
(van Manen)은 한국의 현상학적 연구에 큰 영향을 미쳤다. 그의 저서
『Researching Lived Experiene: Human Science for an Action Sensitive
Pedagogy』(van Manen, 1990)가 이화여자대학교 간호학과 신경림 교수와
안규남 공역자에 의해 『체험연구: 해석학적 현상학의 인간과학 연구방법
론』(1994)으로 출간, 현상학적 연구에 큰 관심을 불러일으켰다. 또한 그가
재직 중인 캐나다 앨버타대학교(University of Alberta)에서 수학한 유혜령,
이근호 박사 등이 귀국 후 현상학적 연구에 대해 본격적으로 소개하며 밴
매넌(van Manen)의 해석학적 현상학적 연구의 확산에 크게 기여하였다.
이 절에서는 밴 매넌(van Manen)의 저서 『Researching Lived Experiene(체
험연구)』를 중심으로 해석학적 현상학적 연구에 대해 살펴보겠다.

밴 매넌(van Manen)은 그의 연구방법론이 바탕을 두고 있는 해석학적
현상학(hermeneutic phenomenology)에 대해 다음과 같이 설명하였다.

해석학적 현상학은 현상학과 해석학, 이 두 가지 방법론 모두에 충실
하고자 한다. 해석학적 현상학은 서술적(현상학적) 방법론으로, 사물
이 나타나는 방식에 주의를 기울이며 사물이 스스로 드러내도록 한다.

동시에 해석학적 현상학은 해석적(해석학적) 방법론으로, 이 세상에 해석되지 않은 현상이란 없다고 주장한다. 이 두 가지 방법론이 서로 모순된 것 같지만, 체험에 관한 현상학적 서술이라는 것이 체험을 해석한 것이라는 점에 수긍한다면, 서술적(현상학적) 방법론과 해석적(해석학적) 방법론은 모순되지 않다. 또한 체험을 서술한다는 것 자체가 언어를 매개로 하는 것이기에 필연적으로 해석적일 수밖에 없다(van Manen, 1990: 180-181).[6]

밴 매넌(van Manen)에 의하면, 현상학은 체험의 서술, 해석학은 체험의 해석에 중점을 둔다. 말하자면, 현상학은 체험 그 자체로 돌아가서, 어떤 이론이나 통념, 선입견 등으로부터 벗어나 일체의 판단을 유보한 채, 오로지 체험에 집중하여 체험한 대로 서술하는 데 중점을 둔다. 그리하여 체험의 본질을 파악하고자 한다. 해석학은 체험을 어떻게 해석하는지에 관심을 기울인다. 그리하여 체험의 의미를 이해하고자 한다.

이처럼 서로 목적하는 바가 다르고 중점을 두는 곳이 다른데 '해석학적 현상학적' 연구가 가능한가? 해석학적 현상학적 연구는 도대체 어디에 초점을 맞추어야 하는가? 체험의 서술에 초점을 맞추어야 하는가? 체험의 해석에 초점을 맞추어야 하는가? 해석학적 현상학적 연구라는 것 자체가 모순 아닌가?

앞서 고찰한 서술적 현상학적 연구는 '서술'과 '해석'을 엄격히 구별하고 있다. 일례로 죠지(Giorgi)는 다음과 같이 주장하였다.

서술적 연구에서 본질은 해석되는 것이 아니라 정밀하게 서술되는

6) 신경림 · 안규남의 번역서(1994)와 이근호 논문(2006)에 제시된 번역문과 달리, 밴 매넌(van Manen)이 뜻하는 바를 보다 명확하게 전달하기 위하여 의역하였다.

것이다. 해석은 의식에 주어지지 않은 것들, 예컨대 가설, 이론, 가정 등을 가져와서 본질이 나타나는 모습을 설명하고자 하는 것이다. 서술적 현상학적 태도는 의식에 주어진 그대로, 더하지도 빼지도 않고, 주어진 그대로 서술하는 것이다(Giorgi, 2009: 77-78).

서술적 현상학적 연구는 체험을 체험한 그대로 서술하는 것을 강조한다. 이때 해석은 이론이나 가설, 가정 등을 가져와서 체험의 본질을 이해하려는 것을 의미한다. 따라서 서술적 현상학적 연구는 해석을 경계한다.

이에 대해 밴 매넌(van Manen, 1990)은 현상학적 서술은 해석을 내포하고 있다고 주장한다. 체험에 관한 현상학적 서술은 체험을 해석한 것이다. 서술적 현상학적 연구에서 연구참여자에게 그가 체험한 것을 체험한 그대로 진술하도록 하여 '체험자의 체험 서술' 자료를 수집하는데, 이 서술은 연구참여자가 자신의 체험을 해석한 이야기이다. 더욱이 연구참여자의 체험 서술은 말이나 글 등 언어를 매개로 하는 것이기에, 언어가 지닌 근본적인 해석적 기능으로 인해, 체험 서술은 필연적으로 해석적 성격을 띨 수밖에 없다. 결론적으로, 밴 매넌(van Manen)에 의하면, 현상학적 방법론과 해석학적 방법론이 서로 모순되지 않으며 해석학적 현상학적 연구는 이 두 가지 방법론 모두에 충실한 연구방법론이다.

1) 체험연구

'해석학적 현상학적 연구는 체험연구이다'라고 밴 매넌(van Manen)은 정의한다. 그렇다면 역으로, 체험을 연구하면 해석학적 현상학적 연구인가? 앞서도 언급한 바와 같이 현상학적 연구자뿐만 아니라 다양한 질적연구자가 인간의 체험을 연구한다. 물론 서술적 현상학적 연구자들도 그러하다. 그렇다면 '해석학적 현상학적 연구는 체험연구이다.'라는 것은 무슨 뜻인가?

전통적으로 연구를 한다는 것은 일상적인 생활세계에서 벗어나서 이를 대상화, 객관화하는 것을 함의하였다. 그리하여 연구자들은 학문이라는 객관세계를 구축하였다. 그러나 생활세계를 떠난 학문은 삶의 의의를 상실해 갔다. 예컨대, 교육학과 같은 실천학문의 경우, 교육학 이론이 실제 교육 현장에서 부딪히는 문제들을 이해하고 해결하는 데 별 도움이 되지 못한다는 비판이 끊임없이 제기되었고, 무기력한 지식에 대한 실망은 교육학 무용론까지 낳았다. 학문의 위기라 하지 않을 수 없다.

일찍이 후설(Husserl)은 학문의 위기 현상에 대해 크게 고심하였다. 그는 이를 '생활세계의 은폐와 망각'에 기인한 것으로 보았다. 후설(Husserl)에 의하면 인식의 근원은 우리가 일상적으로 경험하는 생활세계에 있다. 말하자면, 학문은 생활세계를 토대로 이룩된 것이다. 그러나 근대 과학의 발달과 실증주의의 팽배는 '과학화'와 '수학화'라는 이념의 옷으로 생활세계를 덮어 감추고 망각 속에 버려두었다. 과학이라는 잣대로 측정하고 수치화한 객관세계의 지배로 생활세계가 은폐되고 망각되어 갈 때 학문은 삶에 대한 의의를 점차 상실해 갔다. 이에 생활세계로의 귀환을 후설(Husserl)은 주장하였다.

해석학적 현상학적 연구는 '체험연구'라는 밴 매넌(van Manen)의 주장은 생활세계로의 귀환을 뜻한다. 대상화되고 개념화되고 범주화된 세계가 아니라 우리가 몸으로 직접 경험하는 세계, 객관화된 세계가 아니라 주관적이고 감각적이며 직관적인 세계, 수치화된 세계가 아니라 다양한 의미가 복잡하게 얽혀 있는 세계, 생활세계로의 귀환을 뜻한다. 그리고 생활세계 속에서 하루하루를 살아가는 실존적 존재가 겪는 경험을 연구함을 뜻한다.

예를 들어, 교사가 된다는 것은 어떠한 것인가? 한국사회에서 장애인으로 산다는 것은 어떠한 것인가? 암 투병의 삶은 어떠한 것인가? 해석학적 현상학적 연구는 일상적인 삶의 세계, 주관적이고 감각적이고 직관적인 생활세계에서 인간이 겪는 경험을 탐구하고 그 의미를 고찰하는 연구이다.

이제 해석학적 현상학적 연구의 과정을 구체적으로 살펴보자.

2) 현상학적 질문

"진정으로 무엇에 관해 질문한다는 것은 실존의 가장 중심에서 나온 문제에 대해 묻는 것이다."(van Manen, 1990: 43) 현상학적 질문은 연구자의 실존적 문제에 뿌리를 두고 있다. 현상학적 연구자는 생활세계에서 삶을 살아가는 실존적 존재로서 연구자가 고심해 온 문제를 연구의 문제로 탐구한다.

밴 매넌(van Manen, 1990)은 그의 저서에서 다음과 같은 이야기를 들려주었다. 가르친다는 것에 대해 수없이 많은 연구가 이루어져 왔고, 수많은 이론, 지식, 노하우 등이 잘 알려져 있다. 그럼에도 아버지가 되고서야 가르친다는 것에 대해 진정으로 묻게 되었다. 아이를 키우면서 가르친다는 것이 무엇인지 진정으로 묻게 된 것이다. 그제서야 이론이나 학문적 지식으로 인간의 체험을 이해한다는 것이 얼마나 제한적인지, 그리고 이를 적용하여 현실의 문제를 풀고자 하는 것이 얼마나 비현실적인지 깨닫게 되었다. 그래서 학문의 세계에서 나와 체험의 세계로 돌아왔다. 그리고 진정으로 물었다. 아버지가 된다는 것은 어떠한 것인가? 아이를 키운다는 것은 어떠한 것인가? 가르친다는 것은 어떠한 것인가?

현상학적 연구의 연구문제가 연구자의 직접 경험에서만 나오는 것은 아니다. 일례를 들면, 노인 자살 현상에 대한 현상학적 연구를 수행한 박지영(2007)은 왜 이 문제를 제기하게 되었는가에 대해 다음과 같이 설명하였다.

연구자가 이 사례를 다시 주목하게 된 것은 이 클라이언트가 사망하고 꽤나 시간이 지나서였다. 우연히 사례회의를 위해 클라이언트의 기록을 살펴보게 되었고 여러 가지로 클라이언트가 처했던 상황적 맥락을 다시 탐색하면서 어쩌면 '클라이언트는 손주의 앞날에 짐이 될 수 있는 자신을 스스로 제거한 것 아닐까' 하는 반성적 인식을 하게 되었다. 만약 그렇다면 이것은 클라이언트가 죽음에 자신을 무방비상태로 노출시킴으로써 삶을 종료하는 '수동적 자살'이 아닌가? 하는 의문을 갖게 되었다.

이러한 반성적 고찰에 대해 협진팀과 '종결된 사례에 대한 회의'를 제안하여 그 병원에서 처음으로 전문가들의 민감성(sensitivity)을 향상하기 위한 클라이언트 사후(死後) 사례검토회의를 진행하였다. 모두들 본 연구자의 '수동적 자살' 가설에 상당한 동의를 표하였다. 이 클라이언트에 대한 문제제기를 하고 클라이언트가 '자살'을 한 것일지도 모른다는 가설을 스스로 세우면서 연구자는 임상사회복지사로서 민감하지 못했던 자신의 전문성에 대해 윤리적 책임감을 느끼고 매우 괴로워했었다. 그러나 더욱 스스로를 답답하게 한 것은 '이후 다시 이 클라이언트를 만난다면 사회복지사로서 나는 무엇을, 어떻게 할 수 있을 것인가'라는 질문에 대한 대답을 여전히 찾지 못한 것이었다. 여러 노인자살 관련한 선행 연구를 찾아보았지만, 연구들에서 명료하게 정리해 놓은 자살의 원인, 대안들을 '이해'했음에도 불구하고 '공감'이 되지 않았다. 그 공감이 되지 않은 이유는 지식적 차원에서 정리된 연구결과들이 연구자가 고민했던 클라이언트에게는 왠지 꼭 맞는 해결책이 아닌 것 같은, 무엇인가 중요한 무엇인가가 빠진 것 같은 미흡함을 느꼈기 때문이다. 그리고 그때 연구자는 '내가 찾을 수 있는 대안의 열쇠는 결국 죽음을 선택한 클라이언트, 그들에게 묻는 것'이었다는 생각을 하였다. 이것이 연구자로 하여금 노인자살을 지향하고, 질적 연구를 선택하게 된 경험적 계기이다(박지영, 2007: 29).

　　임상사회복지사로서 자신의 클라이언트의 죽음 앞에서 그는 노인 자살 문제에 대해 진정으로 묻게 되었다. 노인의 자살 경험은 어떠한 것인가? 그는 자살이라는 극단적인 방법을 통해 자신의 문제를 해결하려 했던 노인들의 목소리를 듣고 노인의 시각과 노인의 심정에서 그들의 삶과 죽음을 깊이 이해하고자 하였다. 그것이 '사회복지사로서 나는 무엇을 어떻게 할 것인가'라는 질문에 답을 찾는 길이라 생각하였다. 그렇게 그는 이 연구의 첫발을 내딛었다.

3) 현상학적 판단중지

　　하늘 아래 새로운 것이 없다고 하듯 우리가 선정한 연구 주제는 대부분 다른 많은 연구자가 이미 연구한 것들이다. 너무 알려진 바가 없어서 문제가 아니라 너무 많이 알려져서 문제가 되기도 한다. 우리가 알고 있는 것들이 우리의 눈을 가릴 수 있기 때문이다. 연구자가 가지고 있는 지식, 선입견 등이 연구참여자의 체험을 온전히 이해하는 데 방해가 될 수 있기 때문이다. 이에 현상학자들은 현상학적 환원을 통해 현상 그 자체에 집중할 것을 강조하였다.

　　앞서 서술적 현상학적 연구에 대해 고찰하며 현상학적 환원을 다음과 같이 설명하였다. 현상학적 환원은 에포케(epoche), 괄호치기(bracketing), 판단중지(suspension) 등으로 지칭되기도 하는데, 현상에 대한 통념, 고정관념, 선입견 등을 더 이상 자명한 것으로 받아들이지 않고 일체의 판단을 유보한 채 오로지 현상 그 자체에 집중함을 의미한다. '일체의 판단을 유보'한다는 것은 무슨 뜻인가? 에포케, 즉 판단을 보류한다란 무슨 뜻이며, 사물에 대한 판단을 중지하고 일단 괄호 안에 묶어 무효화한다, 이른바 괄호치기란 무슨 뜻인가? 연구자가 알고 있는 것을 모두 잊어버려야 한다는 뜻인가? 이것이 어떻게 가능한가? '아예 모르는 것이 낫다' 생각하고 연구

주제와 관련된 선행연구나 문헌 등을 찾아보지 말아야 할까?

어떻게 판단중지 또는 괄호치기를 해야 하는가? 애초 수학자였던 후설에 의하면 괄호치기란 현상에 관한 모든 지식을 제외시키고 오직 현상에 집중하는 것이다. 그러나 연구자가 연구하고자 하는 것에 대해 알고 있는 모든 것을 어떻게 배제시킬 수 있겠는가? 우리가 이미 알고 있는 것을 잊으려 하거나 무시하려 들수록 더 생각나기 마련이다. 차라리 우리가 가지고 있는 지식, 신념, 편견, 가정, 전제, 이론 등을 모두 드러내는 것이 낫다(van Manen, 1990, 47).[7]

판단중지는 무지(無知)를 의미하지 않는다. 오히려 우리가 알고 있는 것들을 모두 다 드러내서 비판적으로 고찰함을 의미한다. 이에 대해 이근호(2006)는 다음과 같이 설명하였다.

van Manen(2001)은 실제로 우리가 검토해 보기 이전에 주어지는 일체의 편견과 선입견을 중지하고, 모든 상정을 괄호로 묶고, 제반 주장들을 해체하며, 우리가 관심을 갖는 현상과 경험에 대한 개방적 태도를 회복하는 것이 곧 환원의 의미임을 밝히고 있다. 그러나 환원이란 단지 그와 같은 편견, 선입견, 주장, 가정들을 단순히 무시하거나 배제한다는 소극적 의미뿐만 아니라, 주의 깊은 반성을 통해서 그것을 밝혀내고 드러낸다는 적극적인 의미도 포함하고 있다⋯. 지금 우리가 탐구하고자 하는 현상과 관련된 일체의 편견, 선이해, 신념 따위들을 명백하게 드러내는 일을 통해서, 우리는 그 현상에 대한 순수한 사색과 천착을

---

7) 신경림 · 안규남의 번역서(1994)에 제시된 번역문과 달리, 밴 매넌(van Manen)이 뜻하는 바를 보다 명확하게 전달하기 위하여 의역하였다.

방해할 모든 것의 영향으로부터 자유로워질 수 있다(이근호, 2006: 8).

　판단중지 또는 괄호치기, 에포케, 현상학적 환원은 백지상태나 무지(無
知)상태가 아니다. 판단중지는 현상에 대한 통념, 고정관념, 선입견 등을
모두 다 드러냄을 의미한다. 당연시해 왔던 것들을 더 이상 당연하게 받아
들이지 않는 것이다. 그리고 그것들을 모두 괄호 안에 묶어두고 그로부터
자유로워지는 것이다. 일체의 판단을 유보한 채 현상을 직접 경험한 사람
들의 체험에 집중한다.

4) 생활세계의 체험자료

　해석학적 현상학적 연구의 자료는 생활세계의 체험이다. 여기에는 연
구참여자의 체험뿐만 아니라 연구자의 경험, 나아가서 우리가 일상적으로
쓰는 언어 그리고 소설, 시, 그림, 사진 등과 같은 예술작품, 전기(傳記)나
자서전과 같은 기록물 등이 있다(van Manen, 1990).[8] 예를 들어, 아버지가
된다는 것에 관한 해석학적 현상학적 연구의 경우, 연구자 자신의 경험,
연구참여자들의 체험, 아버지에 관한 주제를 다룬 소설, 영화, 시, 그림,
사진 등과 같은 예술작품, 전기나 자서전, 아버지와 관련된 용어들의 어원
이나 관용어 등이 생활세계의 체험자료들이 될 수 있다. 해석학적 현상학
적 연구자는 생활세계의 여러 다양한 체험자료를 고찰하고 이를 통해 인
간 경험의 본질적 의미를 이해하고자 한다.

---

8) 필자의 소견으로는 연구참여자의 체험 외의 생활세계의 모든 체험자료, 예컨대 연구자의 경
　험을 포함해서 일상 언어, 예술작품, 전기나 자서전 등도 현상학적 판단중지의 대상이 되어
　야 한다고 생각한다.

① 연구자의 경험

해석학적 현상학적 연구는 일반적으로 연구자 자신의 경험에서 시작한다. 연구자의 경험을 자료로 활용하는 이유는 다른 사람들도 그 같은 경험을 할 수 있기 때문이다. 다시 말해, 해석학적 현상학적 연구자는 '나'의 경험을 넘어서서 '우리' 인간의 경험에 관심을 기울인다. 개인 경험의 특수성을 넘어서서 인간 경험의 보편성에 중점을 둔다. 그리하여 개개인의 개별 경험에 대한 연구를 통해 인간 경험의 본질적 의미를 탐구하고자 한다.

② 연구참여자의 체험

해석학적 현상학적 연구자는 연구하고자 하는 경험을 체험한 사람들을 연구참여자로 선정하여 이들로부터 체험담을 수집한다. 일반적으로 면담이 주로 활용된다. 면담은 대개 대화의 형식으로 진행된다. 연구참여자가 연구자에게 자신의 체험을 이야기하고 이에 대해 서로 대화를 나눈다.

면담 외에 또는 면담과 함께 연구참여자에게 체험수기(手記)를 쓰도록 하기도 한다. 이때 연구자가 먼저 자신의 경험을 직접 써보고 이를 토대로 연구참여자에게 체험수기를 어떻게 써야 하는지 구체적인 가이드라인을 제시하는 것이 좋다. 예컨대, 연구참여자에게 다음과 같은 체험수기 지침을 안내할 수 있다. 자신이 겪은 경험을 진솔하게 쓴다. 자신의 감정을 솔직하게 표현한다. 그때 그 느낌, 소리, 냄새 등 또는 그 경험을 회상할 때 드는 느낌 등을 솔직하게 표현한다. 그 경험과 관련하여 아직도 생생하게 기억되는 일화들이나 에피소드들을 구체적으로 상세하게 서술한다. 자신이 체험한 것을 미화하거나 치장하려 들지 말고 담담하게 기술한다. 앞서 서술적 현상학적 연구에서 언급한 바와 같이, 글로 쓰는 것이 편하지 않거나 또는 글보다 말로 자신의 생각을 더 잘 표현하는 연구참여자들도 있기에 일반적으로 체험수기를 면담과 병행하여 활용한다.

연구참여자의 체험자료를 수집하는 세 번째 방법은 관찰이다. 연구자가 연구참여자의 일상을 관찰하는 것이다. 따라서 참여관찰 방법이 주로 활용된다.[9] 참여관찰을 통해 연구참여자의 생활세계에 들어가서 연구참여자의 관점에서 그의 체험을 이해하고자 한다.

이와 같이 해석학적 현상학적 연구자는 면담, 체험수기, 관찰 등 여러 방법을 활용하여 연구참여자의 체험에 대해 다각적인 자료를 수집한다. 그리하여 연구참여자 한 사람 한 사람의 체험을 깊이 이해하고 나아가서 여러 다양한 개별 체험을 넘어서서 인간 경험의 본질적 의미를 파악하고자 한다.

③ 어원 및 관용어

해석학적 현상학적 연구자는 우리의 일상 언어를 통해 생활세계의 체험을 들여다본다. 일상 언어는 다양한 경험을 가득 담고 있는 보고(寶庫)라 할 수 있다. 특히 관용어는 언중, 즉 같은 언어를 사용하는 사회 구성원들 사이에서 특정 의미를 갖고 습관적으로 사용되는 말이다.[10] 해석학적 현상학적 연구자는 연구하고자 하는 경험과 관련된 관용어를 고찰, 일상적인 생활세계 속에서 교류, 공유되는 그 의미를 파악한다.

아울러 연구하고자 하는 경험과 관련된 용어의 어원을 고찰하기도 한다. 예를 들어, 아버지가 된다는 것은 어떠한 것인가에 대해 연구하며 아버지(父), 돌보다, 가르치다(敎) 등의 어원을 고찰하는 것이다. 어원을 고찰하는 이유는 생활세계 속 그 뿌리를 찾기 위함이다. 말이라는 것이 생활

---

9) 참여관찰에 대해 제2장 문화기술적 연구에서 자세히 논하였다. 제2장 문화기술적 연구를 참고하기 바란다.

10) 한국민족문화대백과에 의하면, 관용어는 둘 이상의 낱말이 어울려 원래의 뜻과는 다른 새로운 뜻으로 굳어져서 쓰이는 표현으로, 관용어의 발생은 일상어보다 더 적절하고 새로운 표현을 좋아하는 대중의 심리적 요구에 의한다. 관용어가 없다면 언어생활을 원만히 하기 어려울 정도로 일상적으로 쓰인다.

세계의 삶과 경험에서 나온 것인데 세월이 가며 점차 말과 삶의 연결이 느
슨해지고 그 본래의 의미를 상실해 간다. 용어의 기원과 유래를 고찰함으
로써 생활세계에 깊이 뿌리내린 그 의미를 이해하고자 한다.

④ 예술작품

해석학적 현상학적 연구자는 연구하고자 하는 경험이 예술작품 속에서
어떻게 묘사되었는지에 대해서도 관심을 기울인다. 일례로 앞서 언급한
박지영(2007)의 논문에서는 노인 자살 경험이 그림, 사진, 시에서 어떻게
묘사되었는지 고찰하였다. 그는 다음과 같이 설명하였다.

> 예술은 인간의 생활세계를 가장 보편타당한 상징을 통해 풍부하게
> 표현한 것으로써 현상학에서 기술하고자 하는 체험에 대한 표현들의
> 의미를 더욱 공감케 하는 매개이다. 예술을 통해 공감되어지는 경험은
> 현상학적 텍스트를 포착하여 자연스럽게 드러내도록 하는 데 목적이
> 있는 것이며, 이는 체험과 의미 사이에 '해석(interpretation)' 과정을 생
> 생하게 더하는 작업이라 할 수 있다(Gadamer, 1986). 따라서 예술로
> 부터의 경험적 묘사를 통해 '노인 자살'이라는 체험의 의미를 반성적으
> 로 살펴보고자 한다(박지영, 2007: 36-37).

연구자는 연구참여자, 즉 노인 자살 생존자의 자살 경험과 그 의미를 보
다 깊이 이해하기 위하여 그림, 사진, 시 등을 고찰하였다. 아울러 자살이
라는 말의 어원, 노인 자살 관련 관용어, 속언, 은유 등 생활세계의 여러 다
양한 체험자료를 고찰하였고 이를 통해 연구참여자의 체험을 보다 깊이
이해하고자 노력하였다.[11]

---

11) 앞서 필자의 소견으로는 연구참여자의 체험 외의 생활세계의 모든 체험자료는 현상학적 판

5) 현상학적 면담

체험이라는 것이 우리가 잠시 멈춰서 그것을 돌아보지 않으면 그냥 흘러가 버린다. 돌아보았을 때 비로소 체험으로 인식된다. 그리고 그것을 언어나 그 외 기호체계를 활용하여 표현했을 때 타인과 소통할 수 있다. 말하자면, 성찰과 언어(또는 그 외 기호체계)를 통해 체험에 다가갈 수 있다는 것이다.

그렇다면 면담이 체험연구를 위해 가장 적절한 방법이 될 수 있다. 해석학적 현상학적 연구자는 면담을 통해 연구참여자로 하여금 그가 겪은 경험을 성찰하도록 하고 그의 체험을 이야기하도록 한다. 그의 성찰과 그의 이야기를 통해 그의 체험에 다가간다.

싸이드맨(Seidman, 2013)은 다음과 같은 세 단계에 걸친 현상학적 면담을 제안하였다.

① 제1단계 면담: 지나온 삶을 회고함

연구하고자 하는 경험과 관련하여 연구참여자의 지나온 삶에 대해 이야기를 나눈다. 예를 들어, 교사가 된다는 것은 어떠한 것인가에 대한 연구의 경우, 연구자는 연구참여자에게 교사가 되기까지 지나온 삶을 되돌아보고 그 여정에 대한 이야기를 청한다. 이때 '왜'라는 질문보다 '어떻게'라는 질문을 통해, 예컨대 어떻게 교사가 되었는지에 대해 물어봄으로써 삶의 궤적을 이해하는 데 중점을 둔다. 연구참여자의 체험을 그의 삶의 맥락 속에서 그리고 그의 생애사를 통해 이해하기 위함이다. 체험에 대한 탈맥락적·탈역사적 접근에서 탈피하여 생활세계 속 인간의 체험을 탐구한다.

단중지의 대상이 되어야 한다고 언급하였는데, 박지영(2007)의 논문에서는 연구참여자들의 체험을 보다 깊이 이해하기 위한 자료로 활용한 것 같다.

② 제2단계 면담: 체험에 초점을 맞춤

연구참여자의 생애사에 대한 이해를 토대로 이제 그의 체험에 대해 이야기를 나눈다. 연구참여자가 그의 체험을 아주 구체적으로 상세하게 이야기할 수 있도록 면담 질문을 구체화, 상세화한다. 예를 들어, 연구참여자에게 오늘 학교생활이 어떠했는지에 대한 질문으로 시작해서 그의 하루 일과를 자세히 듣고 이어 학생들과의 관계, 동료 교직원들과의 관계, 학부모들과의 관계 등에 대해 질문하고 나아가서 교직생활을 하며 기쁘고 보람찼던 경험, 힘들고 어려웠던 경험 등에 대해 이야기를 나눌 수 있다. 제2단계 면담은 연구참여자의 체험에 초점을 맞추고 그의 체험을 자세히 들여다보는 데 중점을 둔다.

③ 제3단계 면담: 체험의 의미를 성찰함

연구참여자가 자신의 삶의 궤적을 되돌아보고 그리고 그가 겪은 경험에 대해 이야기를 들려준다. 연구자는 이제 그를 한 걸음 더 깊이 들어가도록 한다. 그가 겪은 체험의 의미에 대해 성찰하도록 한다. 예컨대, 연구참여자로 하여금 나는 왜 교사가 되고자 했는가, 내게 교사란 무엇인가, 교사가 된다는 것은 내게 어떤 의미인가 성찰하도록 한다. 그리하여 연구참여자가 자신의 체험을 어떻게 이해하는지, 어떠한 의미를 부여하는지 탐구한다. 연구참여자의 관점에서 연구참여자의 체험과 그 의미를 이해하고자 하는 것이다.

이와 같은 세 단계의 현상학적 면담을 실행함에 있어 싸이드맨은 몇 가지 유용한 지침을 제시하였다. 첫째, 세 단계의 면담을 여러 차례에 걸쳐 진행한다. 세 단계의 면담이 세 번의 면담을 뜻하는 것은 아니다. 제1단계의 면담이 서너 차례에 걸쳐 진행될 수도 있고, 제2단계 면담은 그보다 더 많이 대여섯 차례 진행될 수도 있다. 각 단계의 면담을 한 번으로 끝내려

하지 말고 연구참여자가 자신의 이야기를 충분히 다 할 수 있도록 여러 차례에 걸쳐 진행한다.

둘째, 면담은 90분 정도로 계획한다. 면담을 어떻게 시작하고 어떻게 마칠지에 대해 계획을 세우고 어떠한 질문을 어떠한 순서로 할지에 대한 계획도 마련한다. 물론 면담이 연구자의 계획대로 진행되지 않는 경우가 많다. 그렇다고 계획 없이 가서 연구참여자의 이야기를 듣고 오겠다는 식의 접근은 지양한다.

셋째, 면담 간 간격은 최소 3일, 최대 1주일을 넘지 않도록 한다. 면담의 흐름을 유지하면서 연구자와 연구참여자 모두가 성찰의 시간을 갖는 것이 필요하다. 필자의 경험상, 면담 후 연구참여자는 자신이 한 이야기에 대해 다시 생각해 보게 될 것이다. 자신의 체험에 대해서도 다시 되돌아보게 될 것이다. 면담 당시 기억하지 못했던 것들이 떠오를 수도 있고, 체험에 대해 이야기를 하고 나니 또 다른 각도에서 체험이 보이기도 하고, 또 연구자가 던진 어떤 질문이 뇌리에 박혀 계속 신경이 쓰일 수도 있다. 다음 면담에서는 연구참여자가 먼저 말을 꺼낼 것이다. 지난 면담에서 했던 이야기들에 대해, 또 하지 못했던 이야기들에 대해 이야기할 것이다.

연구자도, 필자의 경험상, 면담에 대해 되돌아보게 될 것이다. 연구참여자가 들려준 이야기에 대해 그리고 그 의미에 대해 곰곰이 생각해 볼 것이다. 면담을 녹음한 동영상이나 음성 파일을 수차례 보고 들을 것이고, 또 녹취록을 작성해서 연구참여자가 한 이야기를 꼼꼼히 읽을 것이다. 그리고 행간을 읽으려 노력할 것이다. 나아가서 이러한 성찰을 토대로 다음 면담의 질문을 구성할 것이다.

요컨대, 면담 간 간격은 연구자와 연구참여자에게 성찰의 시간을 제공한다. 면담의 흐름 속에서 적절한 간격으로 주어지는 성찰의 시간은 면담을 더욱 풍부하고 깊게 할 것이다.

6) 현상학적 성찰을 통한 주제분석

수집한 체험자료를 어떻게 분석해야 체험의 본질적 의미를 파악할 수 있을까? 밴 매넌(van Manen)은 해석학적 현상학적 성찰(hermeneutic phenomenological reflection)을 통한 주제분석(thematic analysis)[12]을 제안하였다. 그는 '주제'를 우주의 별에 비유하였다. 밴 매넌(van Manen, 1990: 90)에 의하면, 주제는 우리가 살아가는 의미의 세계를 구성하는 별이다. 별빛이 그러하듯 반짝반짝 빛나는 주제의 빛으로 의미의 세계를 항해하고 탐사할 수 있다. 요컨대, 주제는 체험의 의미를 담고 있다.

그렇다면 어떻게 생활세계의 체험자료에서 주제를 도출할 수 있을까? 밴 매넌(van Manen)은 세 가지 방법을 제안하였다. 첫째는 총체적 접근(wholistic approach)으로, 체험자료 전체를 면밀히 검토하며 체험의 의미를 총체적으로 파악하는 것이다. 둘째는 부각화 접근(highlighting approach)으로, 체험자료에서 체험의 의미를 나타내는 진술을 추출하고 추출된 진술들을 검토하며 그것들을 관통하는 공통된 의미, 즉 주제를 도출하는 것이다. 셋째는 세밀화 접근(detailed approach)으로, 체험자료를 한 줄 한 줄 읽어 가며 각 문장이 의미하는 바를 이해하고 이것들을 포괄하는 보편적 의미를 도출하는 것이다.

이와 같은 방법으로 주제를 도출한 후 연구참여자와 도출된 주제들에 대해 논의한다. 밴 매넌(van Manen)은 이를 '해석학적 면담(hermeneutic interview)'이라 칭하였다. 해석학적 면담은 해석적 대화(interpretive

---

12) 주제분석(thematic analysis)이라는 용어로 여러 분석 방법이 제시되었다. 일례로 브라운(Braun)과 크락(Clarke)의 주제분석 방법을 들 수 있다. 브라운과 크락(Braun & Clarke, 2006, 2013)에 의하면, 주제분석은 '자료 숙지(famliarization)', '코딩(coding)', '주제 생성(theme development)', '주제 검토(reviewing themes)', '주제 정의(defining themes)'의 5단계로 진행된다.

conversation)의 성격을 띤다. 해석학적 면담에서 연구참여자는 공동연구
자가 된다. 자신의 체험이 의미하는 바에 대한 연구자의 해석을 듣고 이에
대한 자신의 견해를 말한다. 이렇게 연구자와 연구참여자가 서로의 해석
을 나누고 공유하며 주제들을 수정 보완하고 발전시켜 나간다.

   해석학적 면담을 통해 주제들을 확정한 후 연구자는 각각의 주제들이
'본질적'인 것인지 검토한다. 본질적이라 함은 어떤 것을 바로 그것으로
만드는 것이며 그것 없이 어떤 것을 그것이라 할 수 없게 하는 것이다(van
Manen, 1990: 107). 이 주제 없이도 체험의 의미를 이해하는 데 큰 문제가
없는가? 이 주제가 없으면 체험의 의미가 달라지는가? 체험의 의미를 온
전히 이해하는 데 반드시 필요한 주제인가? 이러한 질문들을 자문자답하
며 도출된 주제들 중 '본질적'인 것과 '부수적'인 것을 선별하여 '본질적 주
제(essential theme)'를 선정한다. 본질적 주제는 체험의 본질적 의미를 담
고 있다.

7) 현상학적 글쓰기

   체험의 본질적 의미를 어떻게 형언할 수 있을까? 과학자들은 이론이나
원리, 법칙, 또는 모형 등으로 자신이 연구한 결과를 제시한다. 해석학적
현상학적 연구자들은 체험의 본질적 의미를 어떻게 제시하는가?

> 현상의 의미나 본질이라는 것이 결코 단순하지가 않다. 다차원적이
> 고 다중적이다. 그렇기 때문에 단 하나의 정의(a single definition)로
> 다차원적이고 다중적인 의미를 다 담아내기 어렵다. 인간과학에서 의
> 미는 오로지 텍스트(text)로, 즉 내러티브(narrative)나 산문 형태의 글
> 로 소통될 수 있다(van Manen, 1990: 78).[13]

해석학적 현상학적 연구자들은 체험의 본질적 의미를 내러티브로 소통한다. 밴 매넌(van Manen)은 특히 일화적 내러티브(anecdotal narrative)를 강조하였다. 일화란 어떤 흥미로운 사건에 대한 짤막한 이야기, 특히 개인사에 얽힌 흥미로운 이야기, 또는 세상에 알려지지 않은 흥미로운 이야기를 뜻한다. 말하자면 현상학적 연구에서 일화란 세상에 알려지지 않은 연구참여자의 흥미로운 체험 이야기이다. 일화적 내러티브를 통해 체험의 본질적 의미를 소통한다는 것은 연구참여자의 체험 이야기를 통해 체험의 본질적 의미를 깨닫게 한다는 것이다.

이것은 얼핏 역설적으로 들리기도 한다. 세상에 알려지지 않은 연구참여자의 체험 이야기라고 하는 가장 구체적인 것으로 본질이라고 하는 가장 추상적인 것을 형언하려 하다니. 연구자라면, 일반인이 아니라, 예컨대 $E=mc^2$처럼, 복잡한 현상의 본질을 꿰뚫는 이론이나 원리를 제시해야 하지 않나? 그러나 한편, 물질세계를 설명하는 논리와 문법을 가지고 인간의 체험세계를 설명하려는 것이 옳은 일인가?

현상학적 연구자는 이론으로 체험을 설명하려 들거나 체험을 이론화하려 하지 않는다. 생활세계에 발을 굳건히 디딘 채 가장 구체적인 것에서 가장 본질적인 것을 통찰한다. 그리고 가장 구체적인 것에 가장 본질적인 것을 담아 소통한다. 연구참여자들의 체험 이야기에서 본질적 주제를 도출하고 본질적 주제를 중심으로 연구참여자들의 체험 이야기를 일화적 내러티브로 쓰는 것이다. 일화적 내러티브를 읽으며 독자는 본질이 나타나는 여러 다양한 삶의 모습을 보고 체험의 본질적 의미를 깨닫게 된다.

요컨대, 해석학적 현상학적 연구는 현상학과 해석학에 기반한 질적연

---

13) 신경림·안규남의 번역서(1994)에 제시된 번역문과 달리, 밴 매넌(van Manen)이 뜻하는 바를 보다 명확하게 전달하기 위하여 의역하였다.

구방법론으로 체험연구를 그 특징으로 한다. 일상적인 삶의 세계, 주관적이고 감각적이고 직관적인 생활세계에서 인간이 겪는 경험을 탐구하고 그 본질적 의미를 고찰하는 연구이다. 해석학적 현상학적 연구는 연구자의 실존적 문제에서 시작된다. 생활세계에서 삶을 살아가는 실존적 존재로서 연구자가 고심해 온 문제를 연구의 문제로 탐구한다. 이를 위해 생활세계의 여러 다양한 체험자료, 예컨대 연구자 자신의 경험이라든가 연구하고자 하는 경험을 체험한 사람들의 체험, 나아가서 어원 및 관용어, 또는 소설, 시, 그림, 사진 등과 같은 예술작품, 전기나 자서전과 같은 기록물 등을 수집한다. 수집한 체험자료들에 대한 주제분석을 통해 체험의 의미를 담은 주제들을 도출한다. 그리고 도출된 주제들이 본질적인 것인지, 즉 체험의 의미를 이해하는 데 반드시 필요한 것인지 검토하며 본질적 주제를 선별한다. 그리하여 생활세계의 체험자료로부터 도출된 본질적 주제를 통해 체험의 본질적 의미를 파악한다.

3. 해석적 현상학적 연구

해석적 현상학적 연구는 비교적 최근에 개발된 질적연구방법론이다. 그 대표적인 연구자로 스미스(Smith) 교수를 들 수 있다. 그는 건강심리학 연구에 있어 전통적인 양적연구방법의 한계, 특히 인간의 경험을 이론이나 개념의 틀로 또는 몇 개의 변인으로 설명하고자 하는 연구 관행에 문제제기하며, 경험에 토대한 질적연구, 이른바 해석적 현상학적 분석(Interpretative Phenomenological Analysis: IPA)[14]을 제안하였다(Smith,

---

14) Interpretative Phenomenological Analysis(IPA)는 '해석현상학적 분석'이라는 용어로도 번역, 사용되고 있다.

1996). 이후 해석적 현상학적 분석은 심리학 연구뿐만 아니라 간호학, 사회학, 교육학 연구 등 여러 학문 영역으로 폭넓게 확산되었다.

해석적 현상학적 연구는 현상학과 해석학에 토대를 두고 있다. 특히 개별성 탐구(idiography)에 관심을 기울인다(Smith, Flowers, & Larkin, 2009). 앞서 1절과 2절에서 고찰한 서술적 현상학적 연구와 해석학적 현상학적 연구는 본질 탐구를 그 궁극적 목적으로 한다. 현상을 직접 경험한 사람들의 체험을 연구하고 이를 통해 궁극적으로 체험의 본질 또는 체험의 본질적 의미를 파악하고자 한다. 해석적 현상학적 연구는 체험의 본질보다 체험의 개별성에 더 관심을 기울인다. 인간 경험이 지니고 있는 개인성, 고유성, 특수성을 온전히 이해하는 데 중점을 둔다. 해석적 현상학적 연구의 특징에 대해 자세히 살펴보자.

1) 삶의 경험 연구

사람들은 삶에 중대한 일이 일어났을 때 그제서야 잠시 멈춰서 그것을 들여다본다. 무슨 일이 일어나고 있는 것인지 이해하려 하고 무슨 의미인지 그 의미를 찾으려 한다. 그리하여 그것은 그냥 흘러가 버린 일상이 아니라 '경험'으로 지각된다. 그리고 그것은 '경험'으로 각자의 기억 속에서 살아간다.

해석적 현상학적 연구는 바로 이 '경험'에 주목한다. 삶에 중대한 변화를 가져온 경험 또는 삶에 중대한 영향을 미친 경험에 주목한다. 그리고 체험자가 그 경험을 어떻게 이해하고 어떤 의미를 부여하며 어떻게 살아가는지 탐구한다. 예를 들어, 출산 후 엄마가 된 여성은 자아정체성에 어떠한 변화를 겪는가(Smith, 1999), 만성요통 발병 후 환자는 통증과 어떻게 살아가는가(Osborn & Smith, 1998), HIV 진단을 받은 영국 흑인들의 삶은 어떠한가(Flowers et al., 2006) 등 삶에 중대한 일을 겪으며 이를 어떻게 이해하고 어떤 의미를 부여하고 어떻게 살아가는지 탐구한다.

2) 공감과 물음의 이중해석

해석적 현상학적 연구자는 연구하고자 하는 경험을 직접 겪은 사람들을 연구참여자로 선정하여 체험자로부터 그가 겪은 경험에 대한 이야기를 귀 기울여 듣는다. 앞서 살펴본 서술적 현상학적 연구의 경우, 연구참여자에게 그가 체험한 것을 체험한 그대로 진술하도록 하여 '체험 서술' 자료를 수집한다고 하는데, 해석적 현상학적 연구에서 볼 때, 이 서술은 연구참여자가 자신의 체험을 어떻게 이해하고 있는지를 담고 있는 이야기, 즉 체험자의 해석이다.[15]

연구참여자는 해석자이다. 그는 자신의 삶에 무슨 일이 일어나고 있는 것인지 이해하려 하고 그 의미를 찾으려 한다. 그의 서술은 자신의 삶의 경험을 어떻게 이해하고 또 어떤 의미를 부여하고 있는지에 대한 그의 해석이다. 따라서 '연구참여자는 서술하고 연구자는 해석한다'는 전제는 성립될 수 없다. 해석은 연구자만 하는 것이 아니다. 연구자와 연구참여자 모두 해석자로서, 연구자는 연구참여자의 해석을 해석하는 것이다.

이 같은 이중해석(double hermeneutic)은 가다머(Gadamer, 1975)의 '참여(participation)와 거리두기(distanciation)의 변증법', 리쾨르(Ricoeur, 1970)의 '공감(empathy)의 해석학'과 '의심(suspicion)의 해석학' 등과 맥을 같이 한다(Smith, Flowers, & Larkin, 2009). 예컨대, 독자는 텍스트에 빠져들어 가는 '참여'와 텍스트에서 빠져나와서 그에 대해 성찰하는 '거리두기'를 통해 보다 깊은 이해에 이르게 된다. 공감과 의심의 해석을 통해 더 나은 해석

---

15) 2절에서 논한 바와 같이, 해석학적 현상학적 연구도 이 같은 해석적 관점을 취한다.

으로 나아간다.

해석적 현상학적 연구자는 '공감'과 '물음'의 이중해석을 수행한다. 한편으로는 연구참여자의 이야기 속으로 빠져들어가 그의 관점에서 그의 체험을 이해하고, 또 다른 한편으로는 연구참여자의 이야기 속에서 빠져나와 그의 이야기가 의미하는 바를 깊이 성찰하고 물음을 던진다. 그것은 무슨 뜻인가, 왜 그런 말을 했을까, 그 침묵이 의미하는 것은 무엇인가…. 연구자는 연구참여자의 해석을 해석한다. 그리하여 해석적 현상학적 연구자는 공감과 물음의 이중해석을 통해 보다 깊은 이해에 이르게 된다.

3) 체험의 개별성

해석적 현상학적 연구는 체험의 개별성에 관심을 기울인다. 가령, 결혼, 출산, 육아 등으로 직장을 그만둔 뒤 다시 취업하기 위해 구직활동에 뛰어든 여성들이 겪는 경험을 연구한다 하자. 이들 여성들의 구직 경험은 제각기 다를 것이다. 그럼에도 불구하고 이 여성들을 '경력단절여성'이라 유형화하고 이들 간에 공통적인 것을 찾아서 이들의 경험을 몇 가지로 특징짓고 경력단절여성들의 경험을 일반화한다. 이 같은 연구를 통해 사람들은 경력단절여성들의 경험을 이해하게 된다. 그러나 아마 겪어 본 사람은, 이른바 경단녀라 불리며 구직 경험을 한 사람은 알 것이다. 그 같은 연구로 내 경험을 대변할 수 없음을. 경력단절여성들의 경험에 대한 연구를 읽었다 해서 내 경험을 이해한다, 그 어느 누구도 말할 수 없음을.

체험은 지극히 사적(私的)이다. 또 상황적이고 맥락적이다. 그럼에도 불구하고 연구자들은 체험의 개인성, 상황성, 맥락성을 넘어서서 그 본질을 찾고자 한다. 개인에 따라, 상황에 따라, 맥락에 따라 다 다르다 해도 그 속에 변하지 않는 불변하는 그 무엇을 찾고자 한다. 여러 다양한 사람, 상황, 맥락을 관통하는 보편적인 그 무엇을 찾고자 한다. 그러나 해석적 현상학적 연구자는 체험의 개인성, 상황성, 맥락성에 더 관심을 기울인다. 어떤 현상이 어떤 사람에게 어떤 상황에서 어떤 맥락 속에서 어떻게 경험되고 어떻게 이해되는지 탐구한다. 그리하여 인간의 경험을 체험자가 처한 상황과 맥락 속에서 체험자의 관점으로 온전히 이해하고자 한다.

　따라서 해석적 현상학적 연구는 사례연구의 특성을 띤다(Smith, Flowers, & Larkin, 2009). 사례연구는 연구하고자 하는 현상을 그것이 일어나는 상황과 맥락 속에서 다양한 자료를 수집하여 심층적으로 탐구하는 연구방법이다. 복잡한 현상을 깊이 이해하고자 할 때, 특히 현상이 일어난 상황과 맥락에 대한 이해 없이는 그 현상을 제대로 이해할 수 없을 때, 사례연구를 주로 활용한다. 해석적 현상학적 연구자는 소수의 연구참여자를 선정하여 연구참여자 한 사람 한 사람의 체험을 각각의 사례로 심층 탐구한다. 그리하여 개개인의 체험을 그가 처한 상황과 그의 삶의 맥락 속에서 깊이 이해하고자 한다.

　그러나 해석적 현상학적 연구가 일반화를 꺼린다거나 일반화에 반대하는 것은 아니다(Smith, Flowers, & Larkin, 2009). 개개인의 체험을 각각 개별적으로 깊이 이해한 후, 그런 다음에 이들 간의 공통점이나 일반적인 것을 찾을 수 있다. 다시 말해, 이른바 일반화는 개인의 체험을 온전히 이해한 후 시도해야 한다는 것이다. 보다 근본적으로는, 일반화 방식에 대한 문제 제기라 할 수 있다. 다수를 표집해서 이들 간의 공통적인 것을 찾는 것이 일반화에 이르는 유일한 길인가?

　해석적 현상학적 연구는 개인의 체험에 주목한다. 아니 정확하게 말한다면, 체험의 개별성에 주목한다. 인간 경험의 개인성, 고유성, 특수성에 관심을 기울이는 것이다. 그것이 인간 경험에 대한 깊은 이해에 이르는 길이기 때문이다.

4) 해석적 현상학적 분석(IPA)

해석적 현상학적 연구자는 연구하고자 하는 경험을 직접 겪은 사람들을 연구참여자로 선정하여 연구참여자 한 사람 한 사람의 체험을 깊이 탐구한다. 이를 위해 면담을 주로 활용한다. 개별면담을 통해 체험자가 어떠한 경험을 겪었는지 뿐만 아니라 그 경험을 어떻게 이해하고 어떠한 의미를 부여하는지 탐구한다. 연구자는 연구문제를 토대로 면담질문을 미리 작성한다. 이 질문들은 연구참여자의 체험세계를 탐구하는 길잡이 역할을 할 것이다. 물론 연구자에게 연구참여자가 자신의 체험세계의 문을 열어 주어야 가능한 일이다. 연구자가 미리 준비한 질문들을 기점으로 연구참여자가 이끄는 대로 따라가며 연구참여자의 이야기에 귀기울이고 또 그에 대해 연구참여자와 서로 이야기를 나누는 방식으로 면담을 진행한다.

이같이 반구조화된 심층면담(in-depth interviews)을 통해 풍부한 자료(rich data)를 수집한다(Smith, Flowers, & Larkin, 2009; Smith & Osborn, 2003). 풍부한 자료는, 연구참여자가 자신의 이야기를 자유롭게 진술하게 이야기할 수 있을 때, 자신의 경험을 성찰하고 더 깊이 들여다볼 수 있을 때 그리고 연구자가 연구참여자의 이야기에 귀 기울일 때 얻을 수 있다. 면담 외에 연구참여자의 일기라든가 체험수기 등을 수집하여 연구참여자의 체험을 깊이 이해하기 위한 자료로 활용한다.

수집한 자료를 어떻게 분석할 것인가? 연구자가 수집한 자료는 연구참여자가 자신의 체험을 어떻게 이해하고 있는지를 담고 있는 이야기, 즉 연구참여자의 해석이다. 해석적 현상학적 분석은 연구참여자의 해석을 이해하고 해석하는 데 중점을 둔다. 다시 말해, 공감과 물음의 이중해석을 수행하는 것이다. 이를 위해 스미스(Smith)와 동료 연구자들은 다음과 같은 여섯 단계의 분석 방법을 제안하였다(Smith, Flowers, & Larkin, 2009).

① 수집한 자료 숙지하기

이른바 '질적 자료'를 수집하고 나면, 그 방대한 양에 압도되어 얼른 줄이려고 든다. 쓸데없는 것들은 버리고 요점을 잡아서 간추리거나 아예 키워드(keyword)나 핵심적인 단어, 구절, 또는 문장만 뽑아내는 방식으로 곧장 코딩에 들어가기도 한다. 해석적 현상학적 연구자들은 수집한 자료를 섣불리 요약하거나 축약하는 것을 경계한다. 원자료에 충분한 시간을 쏟고 충분히 익숙해져야 한다고 강조한다. 따라서 해석적 현상학적 연구자는 자료를 수집한 뒤 수집한 자료를 읽고 또 읽으며 그 내용을 충분히 숙지한다. 이때 연구참여자들 모두의 자료를 한꺼번에 읽기보다 연구참여자 한 명을 먼저 선정하여 선정한 연구참여자의 자료에 관심을 집중한다.

예컨대, 면담 자료의 경우, 우선 면담을 녹음한 음성을 청취하거나 면담을 녹화한 동영상을 시청한다. 면담 상황에서 면담자로 연구참여자를 면담했을 때와는 다른 새로운 것들을 보고 듣고 생각하고 느끼고 깨닫게 될 것이다. 그런 다음에 면담을 처음부터 끝까지 모두 녹취한다. 그리고 작성한 녹취록을 한 줄 한 줄 꼼꼼히 읽는다. 이때 면담을 녹음한 음성이나 동영상을 다시 재생해서 연구참여자의 목소리를 들으며 녹취록을 읽는다. 연구참여자가 구술한 이야기를 글로 옮겨 기록한 텍스트가 보다 생생하게 와닿을 것이고 텍스트를 이해하는 데에도 도움이 될 것이다. 이렇게 녹취록 전체를 읽은 후 이제 텍스트에 집중한다. 녹취록을 여러 차례에 걸쳐 꼼꼼하게 읽으며 전체 내용을 파악한다.

② 의미 탐색하기

수집한 자료를 읽고 또 읽으며 전체 내용을 파악한 뒤, 이제 그 의미 탐색에 나선다. 면담 녹취록, 연구참여자의 일기나 체험수기 등 원자료를 한 줄 한 줄 읽으며 그 의미에 대해 코멘트(comment)한다. 대개 원자료의 오른쪽 여백에 코멘트를 작성한다. 일례로 〈표 4-1〉을 보면,[16) 면담 녹취록

일부와 그 오른쪽에 연구자가 작성한 코멘트를 볼 수 있다.

이때 어디에 중점을 두느냐에 따라 세 가지 유형의 코멘트, 즉 서술적 코멘트, 언어적 코멘트, 개념적 코멘트로 구분할 수 있다.

- 서술적 코멘트는 연구참여자가 무엇을 말한 것인지 서술한 것이다. 연구참여자가 자신의 체험을 어떻게 이해하고 어떠한 의미를 부여하는지를 파악하는 데 중점을 둔다.
- 언어적 코멘트는 연구참여자의 언어사용 방식을 탐색하는 데 중점을 둔다. 예컨대, 어떠한 단어를 자주 사용하는지, 무엇을 지칭할 때 대명사를 사용하는지, 무엇을 표현할 때 직유, 비유, 은유 등을 하는지 등 연구참여자의 언어사용 방식을 고찰함으로써 연구참여자의 이야기를 보다 깊이 이해하고자 한다.
- 개념적 코멘트는 연구참여자의 이야기에 물음을 던지고 그 의미를 재고찰하며 개념화로 나아가는 데 중점을 둔다.[17] 이제 연구참여자의 이야기에서 빠져나와서 그의 이야기가 의미하는 바를 깊이 성찰하며 연구자의 해석으로 나아가는 것이다.

이 세 가지 유형의 코멘트를 구분하기 위하여 〈표 4-1〉에 예시한 바와 같이, 서술적 코멘트는 일반 글자체로, 언어적 코멘트는 이탤릭체로, 그리고 개념적 코멘트는 밑줄긋기로 표시한다. '의미를 탐색하기' 단계는 해석적 현상학적 분석의 전 과정에서 가장 시간이 많이 들고 그 어느 단계보다도 세심한 주의와 세밀한 검토를 필요로 한다.

---

16) HIV 감염 진단을 받은 남성 동성애자의 삶에 대해 면담한 내용이다. 이 표의 출처는 Smith, Flowers, & Larkin 저서 『Interpretive Phenomenological Analysis』(2009) 93쪽이다.

17) 앞서 논한 '공감(empathy)'과 '물음(questioning)'의 이중해석을 참고하기 바란다.

③ 주제 도출하기

원자료를 꼼꼼히 읽고 그 의미를 탐색하며 코멘트를 작성한 후, 이제 작성한 코멘트들을 면밀히 검토한다. 코멘트를 주제로 발전시키기 위함이다.

먼저, 작성한 코멘트들을 하나하나 읽어 가며 그것이 의미하는 바에 대해 숙고한다. 그렇게 코멘트 전체를 읽고 그 의미를 파악한 뒤, 전체에 대한 이해를 토대로 다시 코멘트들을 하나하나 검토하며, 연구참여자가 자신의 경험을 어떻게 이해하고 있는지를 이해하고 또 해석하는 데 중요한 코멘트들을 가려낸다. 그리고 그것이 의미하는 바를 단어나 구절 등으로 간결하고 함축적으로 진술한다. 이것이 바로 주제이다. 연구참여자의 경험이 의미하는 바를 간결하고 함축적으로 진술한 것이 주제이다. 주제는 삶의 경험에 대한 연구참여자의 해석과 그에 대한 연구자의 해석을 담고 있다. 〈표 4-1〉에 예시한 바와 같이, 일반적으로 원자료의 왼쪽 여백에 주제를 기입한다.

④ 도출된 주제들을 관련짓기

코멘트를 주제로 발전시켜서 주제를 도출한 후 도출된 주제들을 열거하여 주제 목록을 만든다. 그리고 이 주제들이 서로 어떻게 관련되는지 살펴본다. 어떤 주제들은 바로 관련성이 보이기도 하고, 또 어떤 주제들은 그 어느 것과도 맞지 않을 수도 있다. 대체로 주제들을 어떻게 관련지어야 할지 막막한 경우가 많다. 몇 가지 방법을 소개하자면, 추상화, 포섭, 양극화 방법 등이 있다.

- '추상화'는 공통되는 속성을 가진 주제들을 모아서 이것들을 보다 상위 수준의 주제로 묶는 것이다. 주제들 간에 공통된 속성을 추출하여 이 주제들을 한데 묶고 공통된 속성으로 상위주제의 명칭을 부여한다.
- '포섭'은 상위 수준의 주제에 하위 수준의 주제들을 끌어들이는 것이

표 4-1 해석적 현상학적 분석의 예시

주제	녹취록	코멘트
	면담자: 그것에 대해 좀 더 설명해 주시겠어요? 연구참여자: 좀 더요, 음... 음... 글쎄요... 음... 제 생각에... 예나만 저는 정말... 정말로 저는 그렇게 하고 있었고 그것을 받아들이려고 했고 예쓰고 있었고 당시에, 그 생각을 멈추려고 했는데... 음... 나 자신을 찾는 줄수가 없었어요... 음... 나 자신을 다시 찾는	이 복잡한 감정을 설명하는 데 어려움이 있는가? 복잡한 심경을 설명하는 데 어려움이 있는 것이 분명함. '정말'이라는 용어를 많이 쓰고 있고 그 어려움을 나타내는 것 같음.
자아-상실감		
나 자신을 다시 찾는 일	일음, 나 자신을 다시 찾는 일을 해야 한다, 음, 나를 잘 아는 사람들 속에서 그렇게 하기란 전체 진짜 힘들었어요. 왜냐면, 음, 그	자기 자신에게 자문하기 시작함. 내가 누구인가? 만약 당신이 당신이 아니라면 당신은 누구인가? 진단과 자문은 분명 연관이 있는 것 같음. 진단의 영향.
관계의 문제	사람들은 잘 모른다 해도, 혹시라도 그 사람들이 평가 잘못되었다는 것을 알게 될까봐 저는 피해망상에 사로잡힐 정도였어요, 그래서 HIV가 없는 상태의 저를 상상하며 그렇게 하려고 몹시 애를 쓰고 있었어요, 그런데... 그런 더 붙가능했어요, 왜냐면 그것에	다른 사람들이 자신을 어떻게 생각하느냐가 연구참여자에게 매우 중요함. 이에 대해 적정을 많이 하고 있음. 연구자 스스로 피해망상이라는 용어를 사용함. 사회적 맥락의 중요성? 이는 사회적 자아를 나타내는 것인가?
자아 회복 노력	대해 생각하지 않으려고 하면 할수록 더 생각나는 거야죠...	HIV 진단을 받아들이기 힘듦. 나 자신을 잃어버리는 느낌? 진단은 자신을 잃음을 의미하는가?

출처: Smith, J. A., Flowers, P., & Larkin, M. (2009). Interpretive phenomenological analysis (p. 93).

다. 도출된 주제들 중에서 보다 상위 수준의 주제를 가려내어 이 상위 주제를 중심으로 하위 수준의 주제들을 한데 모은다.

- '양극화'는 공통성이 아니라 차이성에 근거하여 주제들을 관련짓는 방법이다. 추상화나 포섭을 통해 생성된 상위주제들과 상반되는 속성을 가진 주제들을 골라내어 이 주제들을 한데 묶어 새로운 상위주제를 생성한다.

이상과 같이 추상화, 포섭, 양극화 등의 방법을 통해 공통성 또는 차이성에 근거하여 주제들을 서로 관련짓고 상위주제들을 생성한다.

⑤ 다음 사례 분석하기

연구참여자 한 명의 자료를 상기 과정을 통해 분석한 후, 다시 말하면 '수집한 자료 숙지하기', '의미 탐색하기', '주제 도출하기', '도출된 주제들을 관련짓기'의 과정을 통해 상위주제들을 도출한 후, 이제 다음 연구참여자의 자료로 넘어가서 전술한 분석의 과정을 다시 밟는다. 앞서도 논한 바와 같이, 해석적 현상학적 분석은 체험의 개별성에 관심을 기울인다. 연구참여자 한 명 한 명의 체험에 초점을 맞추어 그가 자신의 체험을 어떻게 이해하고 어떠한 의미를 부여하는지 깊이 이해하는 데 중점을 둔다. 따라서 해석적 현상학적 분석은 연구참여자 한 명 한 명을 각각 하나의 사례로 개별적으로 분석한다.

이때 현상학적 연구에서 괄호치기를 하듯, 첫 번째 사례 분석을 마치고 그 결과를 괄호치기한 뒤 다음 사례 분석에 들어간다. 연구참여자 한 명 한 명의 체험을 온전히 담아내는 주제를 생성하기 위함이다. 물론 앞선 사례 분석의 결과가 은연중에 다음 사례 분석에 영향을 미칠 수 있다. 그럼에도 불구하고 괄호치기를 제안하는 것은 다음 차례의 분석이 앞선 분석에서 도출된 주제를 확인하는 방식이 아니라, 자료 그 자체에 집중하여 새롭게 주제를 탐색, 도출해야 함을 강조하는 것이다.

⑥ 사례들을 관통하는 주제 찾기

연구참여자 한 명 한 명의 자료를 차례대로 모두 분석한 후 그 결과를 비교한다. 이 사례들 간에 어떠한 연관성이 있는가? 각각의 사례에서 생성된 주제들 간에 어떠한 관련성이 있는가? 공통되는 속성을 가진 주제들이 있는가? 특히 부각되는 주제들이 있는가? 이와 같이 각각의 사례에 대한 분석 결과를 서로 비교 분석하며 보다 상위 수준의 주제, 즉 최상위 주제를 생성한다.

이상과 같은 해석적 현상학적 분석의 과정을 정리하면 [그림 4–2]와 같다.

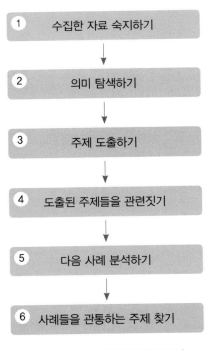

[그림 4-2] 해석적 현상학적 분석

5) 해석학적 대화

해석적 현상학적 분석의 결과는 내러티브 형식으로 작성한다. 먼저, 연구참여자 개개인의 자료 분석을 통해 생성된 각 사례의 상위주제들을 중심으로 각 사례 분석의 결과를 개별적으로 쓴다. 그다음 최상위 주제를 중심으로 사례들을 서로 비교 분석한 결과를 쓴다. 또 때로는 최상위 주제를 중심으로 각 사례 분석의 결과를 제시한 뒤 사례들을 종합적으로 논의하는 방식으로 쓰기도 한다.

어떠한 방식을 취하든 중요한 것은 독자들이 연구참여자가 자신의 삶에 중대한 변화를 가져온 경험에 대해 어떻게 이해하는지 그의 해석을 이해하고 또 연구참여자의 해석에 대한 연구자의 해석을 이해할 수 있도록 쓰는 것이다. 그리하여 독자들이 연구참여자의 해석과 그에 대한 연구자의 해석을 이해하고 해석할 수 있도록 하는 것이다. 말하자면, 독자들을 해석학적 대화에 초대하는 것이다.

요컨대, 해석적 현상학적 연구는 현상학과 해석학에 기반하여 인간이 삶에 중대한 변화를 가져온 경험 또는 삶에 중대한 영향을 미친 경험을 어떻게 이해하고 어떤 의미를 부여하며 어떻게 살아가는지 탐구한다. 인간의 경험을 이론적 틀에 넣어 몇 개의 변인으로 설명하는 전통적인 연구방법을 거부하고 체험자의 경험 그 자체에 주목한다는 점에서 현상학적이며, 체험자가 그의 경험을 어떻게 이해하는지 이해하고 체험자의 해석을 해석하는 데 중점을 둔다는 점에서 해석학적이다. 특히 해석적 현상학적 연구는 인간 경험의 개별성에 관심을 기울인다. 체험의 본질 탐구보다 인간 경험의 개인성, 고유성, 특수성을 탐구하고자 한다. 이에 해석적 현상학적 연구자는 소수의 연구참여자를 선정하여 연구참여자 한 사람 한 사람의 체험을 각각의 사례로 탐구한다. 자료 수집을 위해 일반적으로 심층

면담이 주로 활용된다. 수집된 자료는 다음과 같은 여섯 단계를 거쳐 분석된다. 수집한 자료를 읽고 또 읽기, 의미 탐색하기, 주제 도출하기, 주제들을 관련짓기, 다음 사례 분석하기 그리고 사례들을 관통하는 주제 찾기. 이 같은 해석적 현상학적 분석을 통해 인간 경험의 보편성과 특수성을 깊이 이해하고자 한다.

4. 현상학적 연구를 둘러싼 쟁점

현상학적 연구가 여러 갈래로 뻗어 나가면서 서술적 현상학적 연구, 해석학적 현상학적 연구, 해석적 현상학적 연구 등 여러 방법론의 병존하고 있는 상황이다. 이것을 진화(進化)로 봐야 할지 난무(亂舞)로 봐야 할지 논란거리이다. 이러한 논란은 정통성 시비로 이어졌다. 현상학 철학을 기반으로 세워진 연구방법론인가? 후설(Husserl)인가 하이데거(Heidegger)인가, 어디에 뿌리를 두고 있는가? 그러자 철학자들이 나섰다. 그리고 다음과 같은 판결을 내렸다. 현상학적 연구는 현상학 철학에 토대를 두고 있지 않다.

> 현상학적 체험연구방법[18]이 이처럼 광범위하게 사용되고 있음에도 불구하고, 그것이 과연 현상학적 철학의 전통에 토대를 두고 있는 타당한 방법인가의 문제에 대해서는 그동안 많은 논란이 있어 왔다…. 예를 들면, M. 크로티(M. Crotty, 1996)는 후설을 비롯한 현상학자들에 의해 전개된 현상학과 체험연구방법으로 개발된 현상학을 구별한 후 전자를

---

18) 이 논문에서 이남인은 현상학적 연구를 '현상학적 체험연구방법', '현상학적 질적연구' 등으로 지칭하였다.

전통적인 현상학 혹은 주류 현상학이라 부르고 후자를 새로운 현상학이라고 부르면서, 새로운 현상학이 전통적인 주류 현상학과 아무런 관련이 없다고 비판하고 있다. 또 J. 팔리(J. Paley, 1997)도 기존의 현상학적 체험연구방법이 후썰의 현상학에 토대를 두고 있는 것이 아니며, 따라서 그것은 '현상학적' 연구방법이라고 불려서는 안 된다고 주장하고 있다(이남인, 2005: 92-93).

현상학적 연구자들은 현상학 철학에 뿌리를 두고 있다고 주장하지만, 철학적 관점에서 보았을 때 현상학적 연구는 현상학 철학과 아무런 관련이 없으며 그러므로 현상학적 연구라고 지칭되어서는 안 된다는 것이다. 이에 대해 이남인(2005: 93)은 "현상학적 질적연구방법[19]이 아직도 튼튼한 철학적인 토대 위에 정초되어 있지 않기 때문에" 이 문제를 해결하기 위해서는 "현상학적 연구방법의 철학적 토대에 대한 체계적이며 종합적인 검토가 필요하다"고 주장하였다.

그러나 현상학적 연구자들의 입장은 다르다. 예컨대, 밴 매넌(van Manen)은 다음과 주장하였다.

현상학적 연구가 반드시 난해한 철학 개념들을 축으로 하여 철학적 논의로 진행되어야 하는 것은 아니며, 더욱이 관념적이고 추상화된 '철학하기(philosophizing)'의 경향으로 흘러야 하는 것도 아니다(van Manen, 1994: 43; 유혜령, 2013: 9 참조).

---

19) 국내에서는 현상학적 연구를 철학의 현상학적 방법과 구별하여 '현상학적 질적연구'라고 지칭하기도 한다.

철학자들이 사용하는 현상학적 방법을 그대로 사용하지 않는다 해서 현상학적 연구가 아니라고 주장하는 것은 자칫 교조주의에 빠질 위험이 있다. 실증주의에 기반한 양적연구방법을 이용하여 인간의 경험을 연구하는 전통에 문제의식을 가지고 있던 연구자들에게 현상학은 새로운 가능성을 열어 주었다. 이들 연구자들은 이론, 가설, 변인 등에서 벗어나서 일체의 판단을 유보한 채 오로지 체험자의 체험 그 자체에 집중하는 새로운 연구방법론의 개발에 나섰다. 자신의 의식에 주어진 것을 넘어서서 타자의 의식에 주어진 것, 타자의 체험, 타자의 해석 등을 깊이 탐구하기 위한 다양한 방법을 개발하며 여러 갈래로 뻗어 나갔다. 현상학 철학자들과는 다른 길을 갔다. 현상학 철학의 방법과 다를 수밖에 없다.

질적연구방법론으로서 현상학적 연구가 굳건히 서기 위해서는 풀어야 할 쟁점들이 적지 않다. 일례로 '현상학적 환원'을 둘러싼 논쟁을 들 수 있다. 현상학적 연구자는 체험자의 체험을 통해 그 본질에 다가가기 위하여 현상학적 환원을 수행한다. 현상에 대한 통념, 고정관념, 선입견 등을 더 이상 자명한 것으로 받아들이지 않고 일체의 판단을 유보한 채 오로지 현상 그 자체에 집중하는 것이다. 그러나 현상학적 환원이 과연 가능한가? 인간은 선입견과 편견의 벽에 둘러싸인 존재이기에 현상학적 환원은 불가능하다(Spiegelberg, 1960/1991; 유혜령, 2015)는 주장이 지지를 얻고 있다.

이에 밴 매넌(van Manen)은 현상학적 환원은 우리가 알고 있는 것을 잊어야 한다든가 모른 체해야 한다는 뜻이 아니라 오히려 우리가 가지고 있는 이론이나 지식, 신념, 가정, 전제 등을 모두 다 드러내서 비판적으로 고찰함을 의미한다고 주장하였다. 따라서 해석학적 현상학적 연구에서는 당연시해 왔던 것들을 더 이상 당연하게 받아들이지 않는 것, 즉 현상학적 판단중지를 강조하였다.

한편, 해석적 현상학적 연구자들은 현상학적 환원을 그 특유의 방법으로 내세우지 않는다. 오히려 인간의 주관성을 필연적인 것으로 받아들이고, 필연적 주관성을 결함이 아니라 대상에 대한 이해를 가능하게 하는 동인으로 본다. 그리하여 공감과 물음의 이중해석을 통해 보다 깊은 이해에 이를 것을 강조한다.

'본질'을 둘러싼 논쟁도 계속되고 있다. 현상학적 연구를 다른 질적연구 방법론과 구별하는 중요한 특징 중의 하나로 본질 탐구를 꼽는다. 현상학적 연구자들은 현상의 본질을 탐구하기 위하여 현상을 직접 경험한 사람들을 연구참여자로 선정, 이들 개개인의 여러 다양한 체험 속에서 공통된 것을 찾아낸다. 개개인의 체험은 서로 다를지라도 그 다양성을 관통하는 공통된 것, 그것이 바로 본질이다. 과연 그것이 본질인가? 본질의 문제를 일반화로 접근하는 것이 적절한가? 보편성의 문제를 공통성으로 푸는 것이 타당한가?

본질에 대한 현상학적 연구자들의 관점과 접근에 문제제기가 계속되는 가운데, 해석적 현상학적 연구에서는 더 이상 본질을 논하지 않는다. 해석적 현상학적 연구자들은 현상의 본질이나 체험의 본질적 의미보다 경험의 개인성, 고유성, 특수성을 온전히 이해하는 데 더 관심을 기울인다. 본질 탐구에서 멀어진 연구를 '현상학적 연구'라고 부를 수 있을까?

'현상을 연구하면 현상학적 연구 아니냐'라는 말이 나올 정도로 이제 현상학적 연구의 방법론적 고유성을 찾아보기 어렵다. 그럼에도 불구하고 현상학적 연구는 연구자들에게, 특히 인간의 경험을 이론의 틀에 넣어 몇 개의 변인으로 연구하는 전통을 거부하는 연구자들에게, 당연하게 받아들여졌던 것들을 더 이상 당연하게 받아들일 수 없는 연구자들에게, 자신의 주관, 선입견, 편견 등을 끊임없이 비판적으로 성찰하는 연구자들에게, 타자의 체험세계에 깊이 빠져들어 타자의 관점에서 세상을 보고자 하는 연구자들에게 매력적인 연구방법이다. 자, 이제 이론적 배경, 가설, 변인 다 벗어던지고 연구참여자의 체험 그 자체에 집중해 보기 바란다.

제 **5** 장

내러티브 탐구

우리는 세상에 나와 말을 배우기도 전에 많은 이야기를 듣는다. 어머니는 내가 기억도 못하는 일들을 이야기해 준다. 내가 태어났을 때, 내가 첫 뒤집기를 했을 때, 내가 첫걸음마를 했을 때 등등. 그 속에는 나뿐 아니라 어머니, 아버지, 할아버지, 할머니의 이야기도 있다. 그 이야기들을 들으며 나는 내가 누구인지, 내 존재가 이들에게 어떤 의미인지 깨닫는다. 또 나는 어른들이 들려주는 세상의 온갖 이야기 속으로 빠져든다. 심청이 이야기를 듣고 나도 효녀가 되어야지 마음먹고, 피노키오 이야기를 듣고 다시는 거짓말을 하지 않겠다고 결심한다. 또 TV 속 영웅들의 이야기를 보며 악당을 물리치고 세상을 구하는 내 모습을 상상해 본다. 그렇게 나도 차차 내 이야기를 써간다. 내가 누구인지, 내가 어떻게 살아왔고, 어떻게 살아갈 것인지 나의 서사를 써간다. 그리고 그 서사 속의 주인공으로 살아간다.

인간을 각자의 서사를 써내려가는 저자로 그리고 그 서사 속의 주인공으로 삶을 살아가는 인물로 이해한다면, 당신은 내러티브 탐구자가 될 것이다. 서사가 아니고서야 어찌 삶의 경험을 이해할 수 있겠는가.

1. 서사, 내러티브란 무엇인가

내러티브 탐구에 대해 이해하기 위해서 먼저 내러티브, 즉 서사란 무엇인지 그에 대한 이해가 필요하다. 문학에서는 서사를 다음과 같이 정의한다.

> 서사는 스토리를 핵심적 요소로 가지고 있는 모든 언어적 표현물을 지칭하는데, 이런 의미에서 서사는 인류 역사의 초기 단계에서 생산된 신화나 전설, 민담뿐만 아니라 동화, 비극, 희극, 서사시, 현대소설 등, 이야기로 구성된 모든 담론을 포괄하는 개념이다. 인간은 수많은 서사

형식으로 세계를 이해하고 재현하고 해석해 왔다(오민석, 2017: 81).

요컨대, 내러티브는 이야기로 구성된 모든 담론을 포괄하는 개념이다. 다시 말해, 내러티브는 여러 의미를 내포하고 있는 복합적 개념이다. 랜킨 (Rankin, 2002)은 리쾨르(Ricoeur), 바흐친(Bakhtin), 매킨타이어(MacIntyre) 의 서사론을 토대로 내러티브를 세 가지의 복합개념으로 설명하였다. 첫째는 이야기로서의 내러티브이고, 둘째는 사고양식으로서의 내러티브 그리고 셋째는 담론으로서의 내러티브이다.

'내러티브(narrative)'의 어원을 살펴보면,[1] 라틴어 'narrare'(나라레, 즉 'to tell', '말하다') 그리고 후기 라틴어 'narrativus'(나라티우스, 즉 'telling a story', '이야기하기')에서 유래된 말이다. 영어사전을 보면 'story'('스토리', '이야기') 와 유의어로 쓰인다. 스토리 또는 이야기의 사전적 정의는 '일정한 줄거리를 담고 있는 말이나 글'을 뜻한다. 좀 더 구체적으로, 이야기란 플롯(plot) 을 중심으로 인물, 사건, 배경 등을 일정한 구성방식에 따라 구조화한 것이다. 따라서 내러티브는 복잡다단한 경험을 구조화한 이야기를 뜻한다. 그리하여 경험의 조각조각들이 전체 이야기 구조 속에 자리 잡게 되고, 그속에서 의미가 부여되고 이해 가능하게 된다(Polkinghorne, 1988).

한편, 내러티브를 보다 확장된 개념으로 보는 관점이 있다. 내러티브 (narrative)의 어원을 파고 들어가 보면, 라틴어 'narrare'(나라레)는 'gnarus' (나루스, 즉 'knowing', '앎')에서 파생된 말이다. 즉, 내러티브는 '이야기하기' 그리고 더 나아가서 '앎'을 내포하는 말이다. 이야기한다는 것은 안다는 것을 함의한다. 우리는 이야기를 통해 자신이 아는 것을 표현하고 서로 나누고 공유하며 새로운 앎을 형성한다. 그런 점에서 내러티브는 경험을

---

1) 내러티브(narrative)의 어원에 관한 설명은 구글(google) 검색 결과로 출처는 옥스퍼드 랭귀지스(Oxford Languages)이다.

이해하는 사고양식이라 할 수 있다.

> 산다는 것 자체는 경험이다. 다른 사람과 부대끼고 살아가면서 우리
> 가 겪고 행동하는 모든 것은 경험이 된다. 그런데 그러한 경험은 일상
> 에 파묻혀 그대로 흘러가 버리기 쉽다. 즉, 말해지지 않은 경험은 무의
> 미에 빠진다. 우리는 그러한 무의미와 무질서를 극복하기 위해 삶의 의
> 미, 존재의 의미를 찾으려 몸부림치며 그 과정에서 이야기를 만들어 낸
> 다. 우리가 기억 속에서 사라져 간 또는 현재 하고 있는 행동의 뜻을 이
> 해하려는 것은, 균열과 무의미를 극복하고 의미를 찾으려는 의지라 할
> 수 있다…. 우리는 경험을 이야기적 형태로 구조화하면서 삶을 반성적
> 으로 성찰하고 의미를 생성한다…. 경험의 의미는 그 경험 속에 붙박혀
> 있는 것이 아니라 반성적으로 경험을 성찰할 때 생성되는 것이다…. 내
> 러티브의 개념은 우리가 어떠한 경험을 했다는 것에 대한 단순한 기술
> 이 아니라 그 경험이 어떻게 해석될 수 있으며 어떠한 의미를 갖는가를
> 탐색하는 사고과정을 담고 있다고 보아야 한다(박민정, 2006: 37-38).

경험이라는 것은 우리가 잠시 멈춰서 그것을 들여다보고 그것이 무엇인
지 이해했을 때 비로소 '경험'이 된다. 우리는 언어로 그것이 무엇인지 표
상하고 이야기의 형태로 그것이 무엇인지 이해한다. 그리하여 그것은 그
냥 흘러가 버린 일상이 아니라 '경험'으로 우리의 기억 속에서 살아간다.
이처럼 내러티브란 우리가 경험을 이해하는 방식이다. 내러티브는 우리가
겪은 것들을 서로 관련짓고 구조화하고 의미를 부여하여 '경험'으로 이해
하는 사고양식이다.

우리는 또한 내러티브를 통해 소통한다. 담론으로서의 내러티브 개념
은 바로 이 점에 주목한다. 예컨대, 내러티브의 화자(話者)와 청자(聽者)를
생각해 보자. 화자는 자신의 경험을 성찰하고 의미를 부여하며 이를 이야

기 형태로 구조화한다. 그 결과물, 즉 화자의 내러티브는 청자에게 마치 판화를 찍어 내듯 그대로 복제되지 않는다. 청자는 화자의 내러티브를 자신의 내러티브 속으로 가져오고 자신의 내러티브에 비추어 그 의미를 재해석하면서 자신의 의미를 구성한다. 이야기 형태로 구조화된 화자의 내러티브를 매개로 화자와 청자가 만나는 것이다. 이 만남은 화자와 청자 그리고 그들의 내러티브, 이 모두를 변화시킨다. 화자와 청자의 만남을 통해 그들의 내러티브는 재해석되고 새로운 의미가 부여되고 재구성된다.

요컨대, 내러티브는 경험에 대한 우리의 이해를 담고 있는 이야기이자, 우리가 경험을 이해하는 방식이며, 우리가 경험에 대해 서로 소통하는 통로이다. 인간은 내러티브를 통해 경험을 이해하고 경험을 표상하고 경험에 대해 소통한다. 자, 그럼 내러티브 탐구란 무엇인지 살펴보자.

2. 내러티브 탐구란 무엇인가

내러티브 탐구에도, 앞서 고찰한 문화기술적 연구, 근거이론연구, 현상학적 연구 등과 같이 여러 유형이 있다. 한국에서는 클랜디닌(Clandinin)과 카늘리(Connelly)의 '내러티브 탐구' 방법론이 잘 알려져 있다. 클랜디닌(Clandinin) 교수가 재직 중인 캐나다 앨버타대학교(University of Alberta)에서 수학한 염지숙 박사가 귀국 후 클랜디닌(Clandinin)과 카늘리(Connelly)의 내러티브 탐구 방법론에 대해 본격적으로 소개하며[2] 그 확산에 큰 역할을 하였고, 아울러 내러티브 탐구에 관심을 가진 교육학자들이 클랜디닌(Clandinin)과 카늘리(Connelly)의 저서를 번역, 소개하고[3] 또 다른 한편으

---

2) 일례로 염지숙의 논문 「교육연구에서 내러티브 탐구(narrative inquiry)의 개념, 절차 그리고 딜레마」(2003)를 참고하기 바란다.

로는 내러티브 탐구 방법을 교육연구에 활용, 논문들을 속속 발표하며 내
러티브 탐구의 확산에 기여하였다.

클랜디닌(Clandinin)과 카늘리(Connelly)는 종래 '내러티브 연구
(narrative research)', '서사학(narratology)' 등과 구별되는 연구방법론으로
서 '내러티브 탐구(narrative inquiry)'를 제시하였다. 이 절에서는 클랜디닌
(Clandinin)과 카늘리(Connelly)의 연구방법론을 중심으로 내러티브 탐구
에 대해 고찰하고자 한다.

클랜디닌과 카늘리(Clandinin & Connelly, 2000)는 내러티브 탐구를 다음
과 같이 설명하였다.

> 내러티브 탐구는 경험을 이해하고 의미화하는 데 목적이 있다. 왜 내
> 러티브 탐구를 하는가? 내러티브 탐구가 경험을 고찰하는 하나의 방법
> 이자 가장 좋은 방법이기 때문이다(Clandinin & Connelly, 2000: 81).

내러티브 탐구는 인간의 경험과 그 의미를 깊이 이해하기 위한 연구이
다. 클랜디닌과 카늘리(Clandinin & Connelly)는 다음과 같은 설명을 이어
갔다.

> Narrative inquiry is a dynamic process of living and telling stories,
> and reliving and retelling stories, not only those of participants but
> those of researchers as well(Clandinin & Connelly, 2000: xiv).

---

3) 예를 들어, 『Narrative Inquiry: Experience and Story in Qualitative Research』(Clandinin &
   Connelly, 2000)를 번역한 『내러티브 탐구: 교육에서의 질적 연구의 경험과 사례』(소경희 외
   공역, 2007), 『Engaging in Narrative Inquiry (2nd ed.)』(Clandinin, 2013)를 번역한 『내러티
   브 탐구의 이해와 실천』(염지숙 외 공역, 2015) 등이 있다.

내러티브 탐구는 'living and telling stories and reliving and retelling stories'의 역동적 과정이라고 하는데, 이것은 무슨 뜻인가? 이것을 어떻게 번역하였는지 찾아보니, '이야기를 살아가기, 말하기, 다시 말하기, 다시 살아가기'라든가 '삶을 살아내고, 이야기하고, 다시 이야기하고, 다시 삶을 살아내기' 등으로 번역하였다. 이것은 또 무슨 뜻인가? 이야기를 살아간 다? 다시 삶을 살아낸다? 게다가 이것을 '연구참여자(participants)'뿐만 아 니라 '연구자(researchers)'도 한다니, 이것은 또 무슨 뜻인가?

이를 이해하기 위해서는 내러티브 탐구 기저에 깔린 전제를 이해해 야 한다. 클랜디닌과 카늘리에 의하면, 인간은 '이야기하는 존재'이다 (Clandinin & Connelly, 2000; Connelly & Clandinin, 1990). 이는 매킨타이어 (MacIntyre, 1981)의 '인간은 이야기하는 동물(storytelling animal)이다.'라 는 관점과 그의 서사론 그리고 근래 널리 회자되고 있는 호모나랜스(homo narrance)[4]의 개념과도 일맥상통한다.

클랜디닌과 카늘리가 말한 "living and telling stories, and reliving and retelling stories"(Clandinin & Connelly, 2000: xiv)는 이야기하는 존재로서 의 인간, 삶을 이야기하고 이야기를 하며 삶의 의미를 부여하고 또 그 이 야기를 다시 이야기하며 그 의미를 재해석하고 재구성함을 뜻한다.

앞서 이 장의 첫대목에서 필자는 다음과 같이 말하였다. 인간을 각자의 서사를 써내려가는 저자로 그리고 그 서사 속의 주인공으로 삶을 살아가 는 인물로 이해한다면, 당신은 내러티브 탐구자가 될 것이다. 서사가 아니 고서야 어찌 삶의 경험을 이해할 수 있겠는가.

---

4) 호모나랜스(homo narrans)는 '이야기하는 인간'을 뜻한다. 나일스(Niles)의 저서 『Homo Narrans: The Poetics and Anthropology of Oral Literature』(1999)에서 비롯된 신조어이다. 나일스에 의하면, 인간은 이야기하려는 본능을 가지고 있으며 이야기를 통해 세상을 이해한 다. 인류의 역사와 함께 시작된 이야기에는 인간의 삶과 세계에 대한 이해가 담겨 있다.

바로 이것이 클랜디닌과 카늘리(Clandinin & Connelly)의 내러티브 탐구에 대한 정의가 의미하는 바이다. 삶의 서사를 써가는 저자로 그리고 그 서사 속의 주인공으로 삶을 살아가는 인물로, 연구참여자와 연구자가 생의 한가운데에서 만나 삶의 서사를 이야기하고 재해석하고 재구성하는 과정, 이것이 바로 내러티브 탐구이다.

그러므로 내러티브 탐구는 종래 내러티브에 대한 연구, 예컨대 연구참여자의 이야기를 데이터로 수집, 코딩을 해서 개념화, 범주화, 일반화한 연구, 또는 연구참여자의 이야기를 잘 요약해서 전하는 연구나 연구참여자의 이야기에 연구자의 해석을 덧붙인 연구 등과 구별된다. 내러티브 탐구는 연구자가 연구참여자의 삶의 서사 속으로 들어가서 그의 삶의 경험을 깊이 탐구하는 연구이다. 이때 연구자는 자신의 삶의 서사를 가지고 연구참여자의 삶의 서사 속으로 들어간다. 그리하여 연구참여자의 삶의 서사 속에서 연구자와 연구참여자의 서사가 만나게 된다. 서로의 서사를 나누고 재해석하고 재구성한다. 그렇게 내러티브 탐구는 연구참여자와 연구자 그리고 그들의 삶의 서사를 변화시킨다. 그렇게 내러티브 탐구를 통해 연구자와 연구참여자는 성장한다.

3. 왜 내러티브 탐구인가

내러티브 탐구란 무엇인가 고찰하며, 학계의 전통적인 연구에 익숙한 사람들 중에는 '이것이 연구인가?'라는 의문을 품는 사람도 있을 것이다. 내러티브 탐구자는 오랫동안 학계를 지배해 온 실증주의(positivism) 그리고 이에 입각한 인간 경험에 대한 실증주의적 연구에 문제제기한다. 특히 클랜디닌과 카늘리(Clandinin & Connelly, 2000)는 환원주의(reductionism)와 형식주의(formalism)의 한계를 신랄히 비판하며 내러티브 탐구의 필요성을 역설하였다.

환원주의는 복잡한 현상을 기본적인 원리나 요인으로 설명하려는 태도를 의미한다. 궁극적으로 일반화를 지향한다. 예를 들어, 학습 경험에 대한 환원주의적 연구를 보면, 학습에 쏟는 노력을 학습시간으로 수량화하고 학습을 통해 배운 것을 시험을 통해 측정하여 학습시간과 시험점수와의 관계를 규명한다. 그리하여 학습의 원리를 수립하고 나아가서 이 원리를 적용하여 학습을 촉진하기 위한 방법으로 활용한다. 그러나 내가 학습에 쏟은 노력을 어찌 학습시간으로 다 환산할 수 있겠는가. 내가 학습을 통해 배운 것을 어찌 시험점수로 다 보여 줄 수 있겠는가. 내 학습 경험을 어찌 무슨 원리나 법칙으로 다 설명할 수 있겠는가. 내러티브 탐구자는 삶의 경험을 이른바 '기본적인' 원리나 법칙으로 간명하게 설명하려 들지 않는다. 오히려 경험의 복잡성, 다양성, 불확실성을 온전히 이해하고자 한다.

한편, 형식주의에 입각한 연구는 삶의 경험을 이론적 틀에 맞추어 설명하려는 경향을 띤다. 전통적으로 연구는 이론에 기반을 두고 수행되었다. 그리고 논문을 쓸 때 제2장에 이론적 배경을 제시하였다. 이것은 논문 쓰기의 기본으로 여겨졌다. 논문을 다른 종류의 글, 예컨대 기사나 수필 또는 소설 등과 구별 짓는 가장 중요한 특징으로 간주되었다. 그래서 논문 심사를 할 때, 특히 학위논문 심사 시, 이론적 배경이 없는 논문은 논문의 기본조차 갖추지 못했다는 질책을 받곤 하였다.

논문 지도를 할 때도 마찬가지였다. '뭘 알아야 연구를 하지'라며 지도교수는 초보 연구자를 현장보다 도서관으로 먼저 보냈다. '이론적 토대를 튼튼히 쌓아야 그 위에 자신의 연구를 세울 수 있다'며 먼저 이론으로 무장하게 하였다. 수집한 자료를 어떻게 분석해야 할지 고민하는 초보 연구자에게 '자료를 볼 수 있는 눈이 없어서' 그렇다며 "푸코를 더 공부해라.", "후기구조주의를 더 읽어 봐라." 등과 같은 조언을 하였다. 그러다 보니 이런 일도 있었다. 저항이론을 토대로 학업성취도가 낮은 고등학생들의 수업 행동을 조사한 초보 연구자에게 학생들의 모든 행동이 저항 행위로 보인 것이다. 수업시간에 자는 것도 저항 행위요, 교사의 질문에 대답을 안 하는 것도, 옆 친구와 장난을 치는 것도 모두 저항 행위로 분석되었다. 그리하여 학교 수업은 학업성취도가 낮은 학생들에게 저항의 장(場)이라는 결론을 내렸다.

　형식주의에 입각한 연구는 연구참여자의 경험을 이론적 틀에 맞추어 설명하려 한다. 이때 연구참여자는 특정 범주의 표현체(表現體)가 된다. 계급, 성별, 나이, 문화, 인종, 국적 등, 나아가서 학업성취나 실적 등 일정 기준에 따라 분류된 특정 범주의 전형성을 나타내는 표현체로 연구참여자를 보는 것이다. 예를 들어, 앞서 언급한 연구에서 연구참여자는 저소득층 가정의 학업성취도가 낮은 10대 남학생을 나타내는 표현체라 할 수 있다.

　내러티브 탐구자는 형식주의와 환원주의에서 벗어나고자 한다. 이론의 테두리에서 벗어나 연구참여자의 삶과 경험에 주목한다. 연구참여자를 특정 범주의 표현체로 유형화하는 것을 거부하고, 연구참여자를 규정하는 온갖 라벨들을 떼어 버리고, 한 사람으로서, 그의 인격과 존엄성을 존중한다. 연구참여자의 경험을 몇 개의 변인으로 간명하게 설명하여 무슨 원리나 누구의 이론으로 학자로서 자신의 이름을 세우고 싶은 욕망에서 벗어나 연구참여자 한 명 한 명의 경험을 깊이 이해하는 데 집중한다.

　이 같은 연구를 어떻게 할 수 있을까? 이제 내러티브 탐구의 방법에 대해 살펴보자. 그 전에 아래 내러티브 탐구에 대해 이혁규・심영택・이경화가 쓴 글을 읽어 보기 바란다. 내러티브 탐구의 첫발을 떼는 데 큰 힘이 될 것이다.

　　우리의 삶은 혼돈과 질서라는 연속된 축의 어딘가에 위치해 있다.
　　그리고 삶에 대한 우리의 이해도 그러하다. 아무것도 표상할 수 없는
　　절망과 허무도 과장된 것이며, 동시에 세상에 대한 유리알 같은 투명한

이해도 우리에게 허락되지 않는다. 이렇게 '진리(眞理)'와 '무리(無理)'의 중간 영역을 사는 우리는 우리의 세계 이해를 내러티브적 형태로 표상한다.

우리는 우리가 몸담고 살아가는 복잡한 세계 내에서의 우리 경험을 이야기의 형태로 조직하고 상호 소통하면서 우리의 과거와 현재를 이해하고 우리의 미래를 전망한다. 어린 시절의 경험을 돌아보라! 우리모두 할머니나 이웃 어른들이 들려주는 "옛날 옛적으로 시작하는" 동화와 민담과 설화를 통해서 나와 타자를 연결 짓고, 인간과 자연을 관조하고, 세상과 역사를 이해하지 않았던가? 그리고 성인이 된 지금도우리는 우리의 일상에서 발생하는 수많은 사건을 이야기의 형태로 만들고 소통하면서 자신을 규정하고 살아가는 삶에 의미를 부여한다. 그리고 이렇게 나의 이야기를 다른 사람에게 말하고 다시 다른 사람의 이야기를 듣고 이를 바탕으로 다시 나의 이야기를 수정하는 일련의 이야기의 소통 과정은 곧 우리의 삶의 과정이다.

이렇게 내러티브는 우리의 경험을 조직하는 가장 근원적인 방식임에도 불구하고 객관성과 보편성을 추구하는 근대적 학문 담론 속에서우리는 우리의 이야기 형식을 잊어버렸다. 세상을 전일적으로 표상하려는 근대적 욕망은 대화적이고 가변적인 우리 삶의 이야기들을 침묵시키고 대신에 권력적이고 독백적인 거대 담론(meta-narrative)만을강요하였다. 거대 담론은 우리가 삶에서 소박하게 경험하는 것을 의미있게 표상하고 그것을 '나의 이야기'로 타자와 소통할 수 있는 자유를앗아가 버렸다. 그로 인한 오랜 침묵과 질식! 그리고 마침내 억눌렸던이야기들이 이제 다시 복권되어 터져 나오기 시작한다(이혁규·심영택·이경화, 2003: 142).

4. 내러티브 탐구의 방법

일반적으로 연구방법에 대해 가르쳐 주는 강의나 책 등에서는 연구를 어떤 순서로 어떤 절차에 따라 어떻게 수행하는지 매뉴얼 형식으로 설명해 준다. 여기에 표나 그림, 체크리스트 등으로 일목요연하게 정리까지 해 주면 더할 나위 없다. 그간 무엇을 어떻게 해야 할지 몰라 답답해하던 초심자들은, 이제 제시된 대로 한 단계 한 단계 따라가면 연구를 성공적으로 완수할 수 있을 것이라는 기대에 찬다. 그러나 내러티브 탐구는 그렇게 매뉴얼화하기 어렵다. 연구자가 자신의 계획대로 밀고 나갈 수 있는 연구가 아니기 때문이다.

내러티브 탐구는 연구자와 연구참여자가 생의 한가운데에서 만나 서로의 삶의 서사를 나누고 재해석하고 재구성하며 삶의 경험을 깊이 이해하는 연구이다. 다시 말해, 내러티브 탐구는 연구참여자와 함께하는 연구이다. 연구참여자를 단지 연구의 대상으로 취급한다거나 그저 자료원(資料原)으로, 데이터를 뽑아내기 위한 피험자나 또는 연구를 위해 귀중한 정보를 제공해 주는 고마운 사람 정도로 취급하는 연구가 아니다. 내러티브 탐구자는 내러티브 탐구의 전 여정을 연구참여자와 함께 걷는다.

이 절에서는 내러티브 탐구자가 연구참여자와 무엇을 어떻게 협의하고 조율해 가며 함께 연구를 해 나가는지, 클랜디닌과 카늘리의 방법론(Clandinin, 2013; Clandinin & Connelly, 2000; Connelly & Clandinin, 1990)을 중심으로 그리고 필자의 내러티브 탐구 경험[5]을 토대로 내러티브 탐구의 방법에 대해 살펴보겠다. 먼저, 내러티브 탐구의 과정을 개괄하면 다음과

---

5) 필자의 논문, 서경혜(2017) 「정의로운 교육을 위한 어느 교사의 분투: 내러티브 탐구」를 참고하기 바란다.

같다.

- 연구자의 삶의 서사 속에 깊이 자리한 문제의식에서 출발함
- 연구참여자의 삶의 서사 속으로 들어감[6]
- 현장에서 현장텍스트(field text)를 구성함[7]
- 현장텍스트에서 연구텍스트(research text)를 구성함[8]
- 연구참여자와 연구텍스트를 조율함
- 내러티브 탐구 논문을 씀

1) 연구자의 삶의 서사 속에 깊이 자리한 문제의식

내러티브 탐구는 연구자 자신의 삶의 서사 속에 깊이 자리한 문제의식에서 비롯된다. 일례를 들면, 필자의 연구(서경혜, 2017)「정의로운 교육을 위한 어느 교사의 분투: 내러티브 탐구」는 교육연구자로서 필자가 오랫동안 고투해 왔던 문제, 교육불평등에 대한 문제의식에서 비롯되었다. 특히 교육불평등 문제에 대한 정책들, 예를 들어 교육불평등 문제를 학력 격차의 문제로 축소하고 그 해법을 기초학력미달자로 분류된 학생들의 학업성취도검사 점수를 향상시키는 데 집중한 교육정책, 더욱이 누군가는 패배할 수밖에 없는 학교교육의 경쟁구조는 그대로 둔 채 경쟁을 공정하게 관리하는 데 중점을 둔 교육정책 그리고 학교교육을 국가인적자원 개발의 도구로, 기업이 요구하는 인력 양성의 도구로 활용하는 데 치중한 교육정책 등에 문제의식을 가지고 있었고, 당시 학교 현장의 교사학습공동체 운

---

6) 일반적으로 '필드워크(fieldwork)'라고 일컫는다.
7) 일반적으로 '자료 수집'이라고 일컫는다.
8) 일반적으로 '자료 분석'이라고 일컫는다.

동을 연구하며 이러한 문제의식을 공유하는 교사들을 만나게 되었다. 차차 나의 현장연구는 교사들이 교육불평등 문제를 어떻게 헤쳐 나가는지에 초점이 맞추어졌다. 나는 연구에 참여 의향이 있는 교사들을 섭외하였고 그중 임교사와 내러티브 탐구에 나서게 되었다.

　일반적으로 양적연구에서는 연구의 문제의식에 기반하여 연구문제를 설정하고 데이터 수집을 나가는데, 임교사와 내러티브 탐구를 시작할 때 나는 그렇게 하지 않았다. 내러티브 탐구라는 것이 연구자가 설정한 문제에 대한 답을 찾는 연구가 아니라, 복잡하게 얽혀 이해하기 어려운 삶의 경험들에 대하여 연구자와 연구참여자가 함께 의미를 찾아가는 연구라고 생각했기 때문이다. 그리고 무엇보다도, 연구자가 정해 놓은 길로 연구참여자를 몰고 가는 것이 아니라 연구참여자가 이끄는 대로 같이 가야겠다 마음먹었기 때문이다.

　내러티브 탐구의 탐색적이고 관계적인 특성을 강조하며 클랜디닌 (Clandinin, 2013)은 '연구문제(research questions)'라는 용어 대신 '연구퍼즐 (research puzzles)'이라는 용어를 제안하였다. 이 주장을 받아들여 '연구퍼즐'이라는 용어를 사용하는 연구자들도 있고, '연구문제'라는 용어를 양적연구자들과 달리, '해결'해야 할 그 무엇이 아니라 '해석'의 의미로 사용하는 내러티브 탐구자들도 있다.

2) 연구참여자의 삶의 서사 속으로

　내러티브 탐구자는 자신의 삶의 서사 속에 깊이 자리한 문제의식을 기반으로 연구참여자를 찾아 나선다. 필자의 경우, 학교 현장에서 교사들이 교육불평등 문제를 어떻게 헤쳐 나가는지 탐구하기 위하여 교육불평등 문제에 관심과 노력을 기울이는 교사들을 찾아 나섰다. 그간 교사학습공동체에 관한 학교현장연구를 해 왔던 터라 이 연구에 참여한 교사들에게 나의 문제의식, 연구계획 등에 대해 설명하고 적절한 교사를 추천해 달라고 부탁하였다. 그리고 이 교사들이 추천한 교사들을 찾아가서 내가 계획하고 있는 연구에 대해 설명하고 교사의 생각은 어떠한지 이야기를 나누었다. 여러 교사가 여러 이유로 연구참여 의뢰를 거절하였다. 연구에 관심을 보인 교사들과는 이후 여러 차례 만나서 내가 왜 이 연구를 계획하게 되었는지, 이 연구를 어떻게 진행할 생각인지 등에 대해 이야기하고, '선생님은 이 연구에 대해 어떻게 생각하는지, 연구 참여를 통해 기대하는 바가 무엇인지' 등에 대해 묻고 서로 의견을 나누었다. 아울러 교사와 학교의 허락을 받아 수업도 참관하였다. 여러 교사와 여러 차례에 걸친 만남과 대화를 통해 최종적으로 임교사와 내러티브 탐구를 함께 하게 되었다.

전통적인 양적연구방법에 익숙한 연구자들 중에는 연구에 대해 연구참여자와 이렇게 상세하게 이야기를 나누는 것에 우려를 표하는 연구자도 있다. 연구자가 연구참여자에게 영향을 미쳐 연구의 객관성을 잃게 될 것이라고 우려한다. 예컨대, 연구참여자가 연구자가 듣고 싶은 말만 한다든가, 연구자의 의도에 맞추어 반응한다는 것이다. 지나친 우려는 아니라고 생각한다. 그러나 필자의 경험상, 연구자와 연구참여자가 신뢰를 쌓아가며 진솔한 대화를 나누는 관계로 발전하면서 이러한 우려는 기우가 될 것이다.

연구자가 연구참여자와 연구에 대한 서로의 생각, 기대, 계획 등에 대해 충분히 이야기를 나누어야 하는 중요한 이유는 연구참여자를 내러티브의 주체, 즉 서사의 주체로 세우기 위함이다. 내러티브 탐구는 연구참여자를 자기 스스로 이야기하는 사람, 서사의 주체로 세운다. 연구참여자를 그저 연구자의 질문에 답하는 사람, 물어야 말하는 사람, 자극을 주어야 반응하는 사람으로 대상화하지 않는다. 내러티브 탐구에서 연구참여자는 자기 스스로 이야기한다. 무엇을 말해 달라는 요청에 따라서가 아니라, 누군가의 궁금증을 풀어주기 위해서가 아니라, 서사의 주체로서 자기 스스로 이야기한다.

연구참여자가 연구의 목적을 충분히 이해했을 때 그리하여 연구자와 연구참여자가 연구의 목적을 공유하고 있을 때, 연구참여자 스스로 무엇을 이야기할지 결정할 수 있다. 서사의 주체로 서는 것이다.

3) 현장에서 현장텍스트 구성

내러티브 탐구자는 연구참여자의 삶의 서사 속으로 들어가서 서로의 삶의 서사를 나누며 현장텍스트를 구성한다. 일반적으로 이 과정을 '데이터 수집'이라고 일컫는다. 그러나 클랜디닌(Clandinin)과 카늘리(Connelly)는 '데이터(data)'라는 용어를 사용하지 않고, 대신 '현장텍스트(field text)'라는 용어를 사용하였다. 그 이유를 데이터라는 용어가 가지고 있는 객관주의적 전제 때문이라고 설명하였다.

데이터의 어원을 찾아보면,[9] 라틴어 '주어진 것'에서 유래한다. 전통적으로 데이터라는 용어는 '수학 문제에서 계산을 위한 기초로 주어진 사실'을 의미하였다. 이후 '계산, 분석, 의사결정 등을 위해 활용되는 사실(fact)이나 정보(information)'의 의미로 자리 잡았다. 근래에는 '컴퓨터에서 처리할 수 있도록 전자 형태로 된 정보'의 의미로도 쓰인다.

데이터의 어원과 의미를 고려할 때, 내러티브 탐구자가 연구를 위해 수집하는 것을 '데이터'라고 지칭하기 어렵다. 내러티브 탐구자들은 이른바 '데이터'라는 것이 객관적으로 존재한다고 믿지 않을뿐더러, 주어진 것을 발견하는 것이 내러티브 탐구자의 역할이라고 생각하지 않기 때문이다. 따라서 클랜디닌(Clandinin)과 카늘리(Connelly)는 '데이터'라는 용어보다

---

9) 데이터의 어원 및 의미에 대한 설명은 Online Etymology Dictionary, Merriam-Webster 사전, 표준국어대사전을 참고하였다.

'텍스트'라는 용어가 더 적절하다고 주장하였다.[10] 텍스트란 해석해야 할 그 무엇을 의미한다. 삶의 경험은, 마치 텍스트와 같이 끊임없이 재해석되고 재구성된다.

예컨대, 첫사랑의 경험을 생각해 보라. 아마 그 당시에는 그것이 무엇인지조차 모른 채 빠져 있다가 돌아보니 그것이 첫사랑이었음을 알게 되고, 그리하여 첫사랑의 경험은 삶에 깊이 자리하게 된다. 어떤 이는 평생 첫사랑을 그리워하고, 어떤 이는 새로운 사랑으로 첫사랑을 뒤로하고, 또 어떤 이는 첫사랑의 상처로 사랑을 하지 못한다. 그렇게 첫사랑의 경험은 저마다 다른 의미로 또 다른 방향으로 삶을 이끈다. 그리고 나이를 먹을수록, 세상 경험이 쌓일수록, 내가 겪은 것이 무엇이었는지, 그것이 내 삶에 어떠한 영향을 미쳤는지 더 깊이 이해하게 된다. 그리하여 40대에 이른 지금 첫사랑의 경험은 20대, 30대 때와는 또 다른 의미로 기억된다. 기억 속에서 꺼내서 그것을 다시 들여다보고, 그에 대해 다시 이야기하고, 그에 새로운 의미를 부여하고, 새로운 의미는 또 새로운 방향으로 삶을 이끌고, 그렇게 경험은 끊임없이 재해석되고 재구성된다.

삶의 한가운데에서 연구참여자는 연구자를 만나 그를 자신의 삶의 서사로 초대한다. 자신이 겪은 경험에 대해 연구자에게 이야기하며 그는 자신의 삶의 경험을 되돌아본다. 또 연구자와 서로 이야기를 나누며 그는 자신의 삶의 경험을 다른 관점에서 다른 시각으로 다시 바라본다. 그렇게 연구참여자는 연구자와 삶의 서사를 나누고 재해석하고 재구성하며 함께 삶의 서사를 써간다. 이것이 현장텍스트이다. 현장텍스트는 현장에서 연구참여자와 연구자에 의해 구성된다.

---

10) 클랜디닌(Clandinin)과 카늘리(Connelly)의 주장에 동의하여 '현장텍스트'라는 용어를 사용하는 내러티브 탐구자들도 있고, '데이터'라는 용어를 전통적인 의미를 넘어서서 '연구의 바탕이 되는 자료'의 의미로 사용하는 내러티브 탐구자들도 있다.

　　이때 '현장'이란 연구참여자의 서사세계를 의미한다. 내러티브 탐구에서 현장에 들어간다는 것은 연구참여자의 서사세계 속으로 들어감을 의미한다.[11] 그러므로 현장은 관계적 공간이다. 연구자가 연구참여자의 삶의 서사 속으로 들어가서 서로의 삶의 서사를 나누는 곳, 그곳이 내러티브 탐구의 현장이다. 나아가서, 연구참여자의 삶의 서사 속에 등장하는 중요한 인물들, 예컨대 가족, 친구, 동료 등, 이들과 연구참여자가 삶의 서사를 나누는 곳, 그곳도 내러티브 탐구의 현장이다. 그리고 연구참여자의 삶의 서사의 무대, 즉 사회적·문화적·역사적 상황과 맥락 등도 내러티브 탐구의 현장이다.

　　따라서 현장텍스트는 여러 다양한 방법으로 구성된다. 예를 들어, 연구자와 연구참여자가 만나 이야기를 나누며 현장텍스트를 구성한다. 즉, 면담을 통해 현장텍스트를 구성하는 것이다. 또 연구자가 연구참여자의 일상을 참여관찰하며 현장텍스트를 구성한다. 그리고 연구참여자의 가족, 친구, 동료 등과도 만나서 이야기를 나누고 현장텍스트를 구성한다. 연구자가 연구를 수행하며 쓴 필드노트(fieldnote)나 연구노트도 현장텍스트로 구성한다. 연구참여자가 직접 쓴 글들, 예컨대 일기나 편지, 자전적 회고록 등도 현장텍스트로 구성한다. 아울러 연구참여자가 가지고 있는 사진이나 추억물 등도 현장텍스트로 구성한다. 사진이나 추억물 등에 담긴 기억들 그리고 그에 대해 이야기를 나누며 현장텍스트를 구성하는 것이다.

　　이와 같이 현장텍스트는 면담, 참여관찰, 연구참여자의 수기(手記), 연구자의 필드노트나 연구노트 등 다양한 방법을 통해 구성된다. 그리고 연

---

11) 참고로 제2장 문화기술적 연구에서 '현장에 들어간다'는 의미와 비교해 보기 바란다. 현장에 '들어간다'는 것은 밖에서 안으로 향하여 간다는 공간적 의미뿐 아니라 외부자에서 내부자가 되어간다는 사회적 의미를 내포하고 있음을 논하였다. 현장에 들어간다는 것은 그 사회에 들어가서 구성원들과 관계를 맺고 신뢰를 쌓아 가는 것임을 강조하였다.

구참여자뿐만 아니라 그의 삶의 서사 속에 등장하는 중요한 인물들도 현장텍스트 구성에 참여한다.

현장텍스트 구성 후 내러티브 탐구자는 연구텍스트를 구성한다. 연구텍스트로 넘어가기 전에 현장텍스트 구성에 주로 활용되는 내러티브 면담(narrative interviewing)에 대해 살펴보자.

4) 내러티브 면담

면담은 내러티브 탐구에서 현장텍스트를 구성하는 주요 방법 중의 하나이다. 일반적으로 면담을 통해 자료를 수집한다 하면, 연구자는 묻고 연구참여자는 답하는 방식을 생각한다. 그래서 면담 질문을 만드는 데 많은 노력을 기울인다. 질문을 잘해야 연구문제에 대한 답을 구할 수 있다고 생각하기 때문이다. 마치 '열려라 참깨', 『알리바바와 40인의 도적 이야기』에 나오는 주문처럼, 연구참여자의 마음의 문을 열고 그 속을 들여다볼 수 있는 질문을 찾는 것이다.

면담 질문도 중요하지만, 내러티브 탐구자는 연구참여자와의 관계 맺음에 더 많은 관심과 노력을 기울인다(Clandinin & Connelly, 2000). 서로 신뢰하는 관계를 형성해야 연구자가 연구참여자의 삶의 서사 속으로 깊이 들어갈 수 있기 때문이다.

내러티브 면담과 같이 연구참여자의 이야기를 깊이 탐구하고자 하는 면담자에게 나라얀(Narayan)과 조지(George)는 다음과 같은 조언을 하였다.

> 면담이 어떻게 진행되는가는 연구참여자에게 달려 있다. 그러므로 면담자는 면담의 과정에서 피면담자로부터 예기치 못한 이야기가 나왔을 때 융통성을 발휘하여 유연하게 그의 이야기를 따라갈 수 있어야 한다…. 훌륭한 면담자는 그저 질문만 잘하는 것이 아니라, 공감하며 들

을 줄 알고 피면담자가 자신의 이야기를 자신의 방식으로 풀어 갈 수 있도록 질문을 삼갈 줄도 안다. 아울러 훌륭한 면담자는 피면담자로부터 질문도 받고 그의 질문에 대답을 하는 등 피면담자와 상호교환의 관계를 맺는다(Narayan & George, 2012: 521-522).

우리가 일반적으로 알고 있는 면담의 공식들, 예컨대 면담의 성패는 면담자가 어떤 질문을 어떻게 하느냐에 달려 있다, 면담 중 피면담자가 질문과 무관한 말을 하면, 요샛말로 옆길로 새면, 질문을 상기시키고 질문에 집중하도록 한다 등처럼 일반적인 공식과는 사뭇 다른 조언이다. 이를 실천에 옮기기란 생각만큼 쉽지 않다.

필자의 내러티브 탐구 경험을 되돌아보면, 그간 연구에서 면담을 자료 수집 방법으로 자주 활용했음에도 불구하고 내러티브 탐구에서 면담은 유달리 어려웠다. 처음에는 이전 연구들에서 그랬던 것처럼, 면담 질문을 잘 만들려고 무척 애썼다. 어떤 질문을 해야 할지, 어떻게 물어야 할지 고심하며 질문 하나하나 심사숙고를 거듭하며 만들었다. 그렇게 심혈을 기울여 준비한 질문들을 계획한 대로 잘 묻고 면담도 잘 마쳤는데, 어딘가 겉도는 느낌이 들었다. 그다음 면담에서도 마찬가지였다. 내가 알고 싶은 것을 질문하였고 연구참여자 임교사로부터 답을 들었는데 여전히 아는 게 없는 느낌이랄까.

그래서 그다음 면담에는 미리 질문을 만들어 가지 않았다. 임교사와 만나서 오늘 수업은 어떠했는지, 그간 학교생활은 어떠했는지, 학생들과는 어떻게 지내고 있는지, 서로의 일상에 대해 자유롭게 이야기를 나누었다. 임교사도 나의 일상에 대해 무척 궁금해하였고, 내가 사범대학 학생들을 가르치는 이야기를 들려주자 자신의 대학시절 이야기를 해 주었다. 임교사의 이야기를 들으며 어느새 나는 내 수업을 학생들의 입장에서 되돌아보고 있었다. 아, 학생들에게는 내 수업이 이러했겠구나, 그래서 그 학생이 그랬구나…. 이날 면담에서 내 수업, 내 학생들에 대해 임교사와 많은 이야기를 나누었다. 마치 임교사가 면담자, 내가 피면담자 같았다. 면담을 마치고 돌아오는 길에 '내 이야기만 하고 온 것 아닌가, 내가 내 이야기를 너무 많이 했나.' 이런저런 걱정과 후회가 밀려왔다. 다른 한편으로, 지금까지는 연구자로, 면담자로 다른 사람들의 이야기를 듣는 쪽이었는데, 이제 '남에게 자신의 이야기를 한다는 것'이 어떠한 것인지 조금 알 것 같았다.

다행히도 이 면담은 임교사의 삶의 서사 속으로 한 걸음 더 들어갈 수 있는 계기가 되었다. 다음 면담에서 임교사는 내게 '지난 면담에서 이야기한 학생들과는 만나서 대화를 나누어 보았는지' 물었고, 그 이야기를 하면서 우리의 대화는 자연스럽게 임교사가 가르치는 학생들에 대한 이야기로 이어졌다. 학교 다니는 내내 영어 못하는 학생이라는 부정적 평가를 받아 온 학생들, 그래서인지 영어 공부에 별 관심도 없고 영어를 왜 배워야 하는지 모르겠다고 말하는 학생들, 이 학생들에게 영어교육은 어떠해야 하는지 영어교사로서 임교사의 고민이 깊었다. 수능이나 내신 등 시험을 위한 영어공부가 이 학생들에게 도움이 될까? 실용영어를 가르치는 데 보다 중점을 두어야 할까? 그런데 실용영어 교과서에 나오는 학습활동들, 예를 들어 길 안내하기, 박물관 소개하기 등이 이 학생들에게 정말 '실용적'인 것인가? 이 학생들이 살면서 영어로 길 안내나 박물관 소개를 얼마나 하겠으며, 이런 것들이 이 학생들의 삶에 얼마나 도움이 되겠는가?

임교사의 이야기를 들으며 나는 그의 문제의식에 깊이 공감하였다. '그럼 임교사는 어떻게 가르치나' 나는 점점 더 궁금해졌다. 우리의 대화는 자연스럽게 임교사의 수업 이야기로 이어졌다. 임교사는 자신이 직접 만든 교수자료, 학생들을 위한 학습활동지 등을 내게 보여 주며 학생들을 어떻게 가르치는지 이야기하였고, 학생들이 제출한 학습결과물, 과제물 등을 보여 주며 학생들이 무엇을 어떻게 배우는지에 대해서도 이야기해 주었다. 또 학생들이 학기 초에 제출한 학습활동지와 학기 말에 제출한 학습활동지를 비교해서 보여 주며 학생들이 얼마나 성장하였는지 자랑스럽게 이야기를 들려주었다.

　학생들의 학습과 성장에 관한 임교사의 이야기를 들으며 내 마음도 기쁨과 감격으로 가득 찼다. 그러나 다른 한편으로, '영어의 기초가 부족한 학생들에게 영어로 토론하고 찬반 논쟁을 벌이고 영어 논술을 쓰도록 하는 수업이 적절한가' 하는 의문이 들었다. 기초를 먼저 닦아 주어야 하지 않을까. 그러나 나의 생각을 그 자리에서 바로 말할 수 없었다. 임교사가 내 의견을 어떻게 받아들일지 걱정이 되었기 때문이다. 임교사가 내 의견을 자신의 수업 방식에 문제제기하는 것으로 여기지는 않을까, 혹여 임교사가 내 말에 상처를 받으면 어쩌나, 임교사가 이제 더 이상 자유롭게 자신의 이야기를 하지 않으면 어쩌나, 내 말이 임교사의 입을 막는 결과를 가져오면 어쩌나, 그간 쌓아 온 우리의 관계가 이로 인해 무너지지는 않을까, 걱정이 되었다.

　이런저런 걱정에 한동안 말을 못하고 있다가, 그래도 이 이야기는 반드시 나누어야 한다는 생각에 조심스럽게 그의 수업에 대한 내 생각을 임교사에게 털어놓았다. 내 이야기를 듣고 임교사는 '기초도 없는 아이들에게 무슨 디베이트(debate) 수업이냐'라는 말을 많이 들었다며, 내게 '기초란 무엇인가'를 물었다. 그렇게 우리는 각자가 생각하는 이른바 '기초', '기본'에 대해 이야기를 나누었고, 서로가 가지고 있는 다른 생각들을 본격적으로 드러내고 논의하기 시작하였다. 논의를 하다 서로 불편해진 적도 여러 번 있었지만, 이 논의는 서로의 삶의 서사 속으로 더욱더 깊이 들어갈 수 있는 계기가 되었다. 임교사는 나를 그의 초임교사 시절, 대학교 시절, 고등학교 시절로 이끌었고 그와 함께 그의 삶의 여정을 되돌아보며 지금 여기서 나와 이야기를 나누고 있는 임교사에 대해 그리고 그의 교육실천에 대해 더 깊이 이해하게 되었다.

　그렇게 2년여에 걸쳐 임교사와 면담을 진행하였다. 그리고 매회 면담을 마치고 녹음한 면담 내용을 녹취하여 현장텍스트를 구성하였다.

필자가 임교사와의 면담 경험에 대해 이야기를 하면, '면담을 그렇게 수년에 걸쳐 해야 하는가, 내러티브 탐구에서는 면담을 몇 회나 해야 하는가' 등의 질문을 질적연구 입문자들에게 종종 받는다. 그래서 이 점을 강조하고 싶다. 면담을 얼마나 많이, 얼마나 오래 하느냐보다 중요한 것은 연구자와 연구참여자가 서로 신뢰하고 진솔하게 이야기 나눌 수 있는 관계를 형성하는 것이다. 수년에 걸쳐 면담을 했음에도 연구참여자의 삶의 서사에 깊이 들어가지 못하고 설문지 수준의 질의응답으로 끝나 버린 면담도 적지 않다. 면담의 기간과 횟수가 관계의 척도가 될 수 없다. 그러나 서로 신뢰하고 진솔하게 이야기 나눌 수 있는 관계를 형성하는 데에는 많은 시간과 노력이 든다.

임교사와의 면담 경험을 바탕으로 몇 가지 제언을 더 하자면 다음과 같다. 일반적으로 면담은 연구자가 알고 싶은 것을 묻고 연구참여자가 연구자의 질문에 답하는 방식으로 진행된다. 이와 달리 내러티브 면담에서는 연구참여자를 서사의 주체로 세운다. 연구참여자는 물어야 말하는 사람이 아니라 자기 스스로 이야기하는 사람이다. 연구참여자는 그저 연구자의 질문에 답하는 사람이 아니라 연구자와 자신의 서사를 나누는 사람이다.

그러므로 먼저 연구참여자의 이야기에 귀 기울일 것을 권한다. 연구자가 알고 싶은 것만 듣는 것이 아니라, 연구참여자가 하고 싶은 이야기를 듣는 것이다.

연구자는 연구참여자의 이야기를 다 듣고, 그러고 나서 그의 이야기에서 궁금한 것들, 좀 더 자세히 듣고 싶은 것들, 탐사해 보고 싶은 것들에 대해 연구참여자에게 질문을 한다. 말하자면, 비구조화된 면담으로 시작해서 여기서 이야기된 내용을 토대로 반구조화된 면담을 하는 것이다. 연구자의 질문에 연구참여자는 그의 경험을 더 자세히 들여다보고 더 깊이 성찰하고 그리고 다시 이야기를 한다. 그렇게 연구참여자는 그의 이야기를 다시 이야기하며 연구자를 그의 삶의 서사 속으로 더 깊이 이끈다.

　연구자는 연구참여자가 다시 이야기하는 이야기를 들으며 연구자 자신의 생각과 해석을 연구참여자와 나눈다. 일반적으로 면담법에 관한 지침서들을 보면, 면담자는 피면담자의 응답에 어떠한 반응도 보이지 말라고 권고한다. 면담자의 언어적 반응은 물론이고 면담자가 고개를 끄덕이거나 또는 갸우뚱하는 것조차도 피면담자에게 영향을 줄 수 있고, 그로 인해 데이터가 오염될 수 있다는 것이다. 면담자의 반응을 데이터 오염의 요인으로 보는 것이다.

　그러나 내러티브 탐구자는 객관의 가면을 쓰고 연구참여자를 타자화하는 전통적 방식의 면담을 거부한다. 내러티브 탐구자는 연구참여자의 이야기를 듣고 연구참여자의 이야기에 대한 자신의 생각, 연구참여자의 경험에 대한 자신의 해석, 그리고 자신의 경험 이야기를 연구참여자와 나눈다. 대화를 나누는 것이다. 내러티브 면담이 "대화의 형식으로 진행된다"(Clandinin & Connelly, 2000: 110)는 것은 바로 이런 뜻이다.

　대화 형식의 면담이, 특히 연구참여자의 이야기에 연구자가 자신의 생각을 연구참여자에게 이야기한다는 것이 사실 쉽지 않다. 앞서 임교사와의 면담 경험담에서 토로한 바와 같이, 연구자가 연구참여자의 이야기에 대한 자신의 생각을 말했을 때, 특히 연구참여자의 생각과 다른 생각, 그의 해석과 다른 해석을 말했을 때, 연구참여자가 이를 어떻게 받아들일지, 혹여 '연구참여자가 이를 본인의 이야기에 대한 의심이나 불신, 비난으로 받아들이면 어쩌나, 내 말로 인해 연구참여자가 상처를 받으면 어쩌나, 내 말이 오히려 연구참여자의 입을 막는 결과를 가져오면 어쩌나, 그동안 공들여 쌓아 온 우리의 관계가 무너지면 어쩌나' 하는 걱정이 되지 않을 수 없다. 필자의 경험상 이것도 내러티브 탐구의 한 과정으로 치러야 할 것 같다. 연구자와 연구참여자가 서로 다른 생각, 서로 다른 해석을 감추지 않고 진솔하게 나누어야 한다. 그래야 서로의 삶의 서사 속으로 깊이 들어갈 수 있고 삶의 경험을 깊이 이해할 수 있다.

5) 현장텍스트에서 연구텍스트 구성

현장텍스트를 바탕으로 내러티브 탐구자는 연구텍스트를 구성한다. 일반적으로 이 과정을 '데이터 분석' 또는 '자료 분석'[12]이라고 일컫는다. 현장텍스트에서 연구텍스트로 가는 길은 불확실성으로 점철된 여정이다. 클랜디닌과 카늘리(Clandinin & Connelly)는 다음과 같이 설명하였다.

> 분석과 해석에 들어가는 것, 현장텍스트에서 연구텍스트로의 이행(移行)은 불확실성으로 가득 차 있다. 현장텍스트에서 연구텍스트로 가는 확실한 길은 없다. 연구를 둘러싼 상황, 연구참여자와의 관계, 연구자의 연구활동, 연구텍스트의 형식 등 내러티브 탐구는 불확실 속에서 이루어진다(Clandinin & Connelly, 2000: 134).

현장텍스트에서 연구텍스트로 이행하면서 내러티브 탐구자가 겪는 불확실에 대해, 클랜디닌과 카늘리(Clandinin & Connelly)는 자연스러운 것으로 받아들였다. 내러티브 탐구자는 불확실성 속에서 연구텍스트를 구성한다. 그럴 수밖에 없는 것이, 이제 연구참여자의 삶과 경험에 대해 깊이 이해하게 되었기 때문이다. 연구자가 연구참여자를 잘 모를 때는 할 이야기도 많고 하고 싶은 이야기도 많았을 것이다. 모종의 개념이나 이론으로 연구참여자의 경험을 설명할 수 있겠다는 자신감에 차 있었을지도 모른다. 그러나 연구참여자에 대해 차차 알게 되고 그의 삶에 대해 깊이 이해하게

---

12) '분석(analyze)'이라는 용어 기저의 실증주의적 전제에 대해 문제제기하며 '자료 분석'이라는 용어를 사용하지 않는 질적연구자들도 있다.

되면서 연구참여자가 겪은 경험에 대해 함부로 이야기할 수 없게 된다. 연구참여자의 경험에 대해 무엇을 어떻게 이야기할 것인가 고민하게 되고, 타인의 삶에 대해 이야기하는 자가 갖는 힘의 위력과 동시에 짊어져야 하는 책임감의 무게를 새삼 실감하며 입을 떼기조차 어렵게 된다.

불확실성으로 점철된 길, 그래서 확신이 안 서고 의구심과 의문으로 가득 찬 여정. 현장텍스트에서 연구텍스트로 가는 길은 불확실성과 함께하는 여정이다. 내러티브 탐구자는 현장텍스트 구성 후 현장에서 한 발 뒤로 물러서서 현장을 바라본다. 연구참여자의 서사 속에서 빠져나와 그의 서사가 의미하는 바에 대해 성찰한다. 연구참여자의 경험이 갖는 개인적 의미와 의의를 넘어서서 사회적 의미와 의의를 고찰한다. 그리고 이를 연구자의 서사로 다시 풀어낸다. 다시 말해, 연구참여자의 경험의 의미와 의의를 재해석하고 이를 중심으로 연구참여자의 경험에 대해 연구자가 다시 이야기하는 것이다. 이것이 연구텍스트이다.

필자의 내러티브 탐구를 일례로 들면, 현장텍스트를 구성할 때에는 연구참여자 임교사의 삶의 서사 속에서 그의 교육실천을 바라보았다. 그리고 이를 바탕으로 연구텍스트를 구성할 때에는 임교사의 서사에서 한 발 뒤로 물러서서, 우리 시대 교육불평등 문제를 헤쳐 나가기 위해 학교 현장에서 각고의 노력을 기울이고 있는 교사들의 교육실천과 연계하여 임교사의 교육실천을 바라보았다. 아울러 과거 1945년 해방 이후 지금까지 교육불평등 문제를 해결하기 위하여 시행되었던 교육정책들을 되돌아보고 정책적 맥락 속에서 임교사의 교육실천을 바라보았다. 나아가서 교육불평등 문제에 대해 그간 선행연구를 통해 쌓아 온 지식과 지혜에 기반하여 임교사의 교육실천을 바라보았다. 그리하여 임교사의 교육실천이 갖는 개인적 의미와 의의를 넘어서서 사회적 의미와 의의, 특히 교육적 · 정책적 · 역사적 · 학술적 의미와 의의를 고찰하였다.

이를 토대로 필자는 교육불평등 문제를 둘러싼 시대적 상황과 교육적 맥락, 정책적 맥락, 역사적 맥락, 학술적 맥락 속에서 연구참여자 임교사의 서사를 재해석하였다. 그리고 그의 서사를 정의로운 교육을 위한 분투로 이해하였다. 그리고 정의로운 교육을 위한 임교사의 분투를 중심으로 그의 서사에 대한 연구자의 이야기를 풀어 갔다. 연구자의 이야기는 다음과 같이 시작된다.

> 학력(學歷) 경쟁의 싸움터가 된 학교. 미래의 직업, 소득, 지위가 걸린 승부. 누군가는 패배할 수밖에 없는 구조. 저소득층 학생들에게는 불리한 불공정한 경쟁. 승패를 가르치는 기준은 딱 하나, 시험점수. 학생들의 꿈, 소망, 열정, 도전, 노력, 이 모든 것을 시험점수라는 것으로 환산하는 곳, 학교.
>
> 학교 교사는 어떻게 해야 하는가. 패배할 수밖에 없는 그 누군가가 내 학생들이 아니기를 바라면서 학생들을 입시경쟁으로 내몰아야 할까. 불리하지만 이길 수 있는 가능성이 조금이라도 있다면 학생들의 시험점수를 올리는 데 전력을 쏟아야 하는가. 대다수가 경쟁에서 지더라도, 그러나 단 몇 명만이라도 명문대에 들어간다면 그것을 위안 삼아 패자로 낙인찍혀 살아가는 학생들에게 미안한 마음을 달래도 될까. 아니면 학생들에게 현실을 직시하고 다른 살길을 찾아보라 해야 하는가. 아니면 불공정한 경쟁, 불평등한 구조를 깨뜨리고 보다 정의롭고 평등한 교육을 위해 온 힘을 쏟는 것이 오히려 진정으로 학생들을 돕는 길인가. 과연 무엇이 학생들에게 정의로운 것인가. 무엇이 학생들에게 정의로운 교육인가(서경혜, 2017: 132-133).

연구참여자 임교사의 분투가 펼쳐지는 무대, 즉 시공적(時空的) 상황과 배경을 위와 같이 묘사하였다. 그리고 그 무대 위에서 펼쳐지는 임교사의 분투에 대한 이야기를 5장으로 구성하였다.

　1장에서는 임교사의 수업을 보여 주었다. 학교 현장에서 임교사가 교육 불평등 문제를 어떻게 헤쳐 나가는지를 잘 보여 주는 수업 몇 개를 선정하여 임교사의 수업이 어떻게 진행되는지 구체적으로 묘사하였다.

　2장에서는 1장에서 본 수업들 기저에 깔린 임교사의 교육관과 교육적 신념에 대해 논의하였다. 임교사가 왜 이와 같이 수업을 하는지 이해하고 교육불평등 문제에 대한 임교사의 관점과 접근을 밝히는 데 중점을 두었다. 이를 위해 2장은 임교사와 내가 이야기를 나누는 방식으로 구성하였다. 임교사가 자신의 생각, 신념, 가치관 등을 이야기하고 나는 그에 대해 학술적 관점에서 이야기를 나누는 방식으로 2장을 구성하였다.

　3장에서는 임교사가 어떻게 이와 같은 교육관과 교육적 신념을 갖게 되었는지를 생애사적으로 살펴보았다. 임교사가 과거를 회상하는 장면으로 3장을 구성하였고, 그가 고등학교 시절 겪었던 차별에 대한 이야기, 대학교 시절의 방황과 자신을 다시 일으켜 세운 선생님에 대한 이야기, 초임교사 시절 자신의 능력을 보여 주기에 급급했던 수업 그래서 정작 학생들을 보지 못했던 수업에 대한 이야기 그리고 그의 각성과 변혁에 대한 이야기를 3장에 담았다.

　4장에서는 다시 현재로 돌아와 교육불평등 문제에 맞선 임교사의 힘겨운 노력을 그려 냈다. 그리고 그의 분투를 우리 시대 교육불평등 문제를 헤쳐 나가기 위해 학교 현장에서 각고의 노력을 기울이고 있는 교사들의 분투와 연계하여 바라보며, 그의 분투의 시대적 의미와 의의에 대해 논의하였다.

　마지막으로 5장에서는 임교사가 내러티브 탐구의 전 여정을 되돌아보고 미래를 향한 새로운 걸음을 내딛는 모습을 그렸다. 결의에 찬 그의 모습 뒤로 지난 70여 년간 교육불평등 문제를 해결하기 위해 우리가 걸어온 길을 보여 주었고, 그의 새로운 걸음이 담고 있는 교육사적 의미와 의의에 대해 논의하였다.

  이와 같은 내러티브 탐구의 연구텍스트 구성 방식은 코딩 방식의 자료 분석에 익숙한 연구자들에게 상당히 낯설게 느껴질 것이다. 코딩식 자료 분석은 자료를 낱낱이 분해하는 방식이다. 그리하여 원자료가 가지고 있던 구체성은 형체도 없이 사라지고 코드와 범주만 남게 된다. 이와 달리 내러티브 탐구의 연구텍스트 구성은 현장텍스트를 유기적으로 구조화하는 데 중점을 둔다. 단편적인 내용을 담고 있는 현장텍스트들을 유기적으로 엮어 주는 주제를 도출하여 주제를 중심으로 현장텍스트들을 구조화하는 것이다. 말하자면, 단편적인 여러 이야기를 주제를 중심으로 일정한 줄거리와 플롯을 가진 하나의 이야기로 엮어 내는 것이다.[13] 예컨대, 필자의 연구텍스트는 정의로운 교육을 위해 분투하는 주제를 중심으로 임교사의 교육적 노력을 과거와 현재를 오가는 플롯으로 구성하였다.

  클랜디닌과 카늘리(Clandinin & Connelly, 2000)의 '연구텍스트 구성'은 폴킹혼(Polkinghorne, 1995)의 '내러티브 분석'과 일맥상통하는 면이 있다.[14] 그럼 여기서 잠시 폴킹혼(Polkinghorne)의 내러티브 분석에 대해 살

---

13) 폴킹혼(Polkinghorne, 1995)은 내러티브 자료들을 유기적으로 엮기 위한 한 방법으로 '내러티브 다듬질(narrative smoothing)'을 제안하였다. 다듬질은 '물건을 마지막으로 매만져 손질하는 일' 또는 '옷이나 옷감 따위를 방망이로 두드려 반드럽게 하는 일'을 뜻한다(표준국어대사전). 내러티브 자료들을 짜임새와 조리 있게 엮어 내기 위해서는 플롯라인(plotline) 또는 스토리라인(storyline), 줄거리를 구성하고, 플롯라인에 맞게 무엇을 넣고 무엇을 뺄 것인지 선별해야 하고 자료들을 재정리, 재구성해야 한다. 그래서 이해 가능한 일관성 있는 이야기로 엮어 내야 한다. 따라서 폴킹혼(Polkinghorne)은 내러티브 다듬질이 필요하다는 입장이다. 그러나 클랜디닌과 카늘리(Claninin & Connelly, 2000)는 내러티브 다듬질의 위험성을 경계하였다. 내러티브 다듬질이 이야기를 깔끔하게 잘 뽑아내기 위하여 복잡다단한 삶의 경험을 단순화할 위험이 있으며, 이야기의 일관성이나 이해 가능성을 위하여 연구자가 풀어 가고자 하는 이야기에 맞지 않는 자료를 제외, 누락시키거나, 할리우드 플롯(Hollywood plot)과 같이 정형화된 틀에 자료를 끼워 맞추는 오류를 범할 수 있다고 비판하였다.

14) 앞서 언급한 바와 같이, 클랜디닌(Connelly)과 카늘리(Connelly)는 '데이터'라든가 '자료 분석', '내러티브 분석' 등의 용어를 사용하지 않았다.

펴보자. 내러티브 탐구의 연구텍스트 구성 또는 내러티브 자료 분석을 이해하는 데 도움이 될 것이다.

6) 내러티브 분석

폴킹혼(Polkinghorne, 1995)은 내러티브 탐구를 두 가지 유형으로 구분하였다. 이는 브루너(Bruner, 1986)가 제시한 두 가지 사고양식,[15] 즉 '패러다임적 사고양식'과 '내러티브적 사고양식'에 기반한 것으로, 하나는 패러다임 유형의 내러티브 탐구(paradigmatic-type narrative inquiry)이고, 다른 하나는 내러티브 유형의 내러티브 탐구(narrative-type narrative inquiry)이다. 그리고 이 두 가지 유형의 내러티브 탐구에서 수행되는 자료 분석을 각각 '내러티브에 대한 분석(analysis of narratives)'과 '내러티브 분석(narrative analysis)'으로 구별하였다.

내러티브에 대한 분석은 '패러다임적 사고양식'(Bruner, 1986)에 기반한 분석 방법으로서 일반화를 추구한다. 예를 들어, 기존 이론이나 개념을 토대로 코딩시스템을 개발, 이를 적용하여 내러티브 자료를 코딩, 분석한다. 또는 근거이론연구처럼 연구참여자들의 이야기를 수집하여 개방코딩, 축코딩, 선택코딩을 통해 코드를 도출하고, 도출된 코드들로부터 범주를 개발하고, 이 범주들을 이론으로 추상화한다. 이와 같이 내러티브에 대한 분

---

15) 브루너(Bruner, 1986)는 인간의 사고양식을 '패러다임적 사고양식(paradigmatic mode of thought)'과 '내러티브적 사고양식(narrative mode of thought)'으로 설명하였다. 패러다임적 사고양식은 논리과학적인 사고양식으로 개념화, 범주화, 일반화를 추구한다. 이와 달리 내러티브적 사고양식은 의미를 이해하는 데 관심을 둔다. 마치 불가해한 수수께끼처럼 보이는 인간의 삶을 내러티브를 통해 이해하고자 한다. 브루너(Bruner)의 저서 『Actual Minds, Possible Worlds』를 읽어 보기 바란다. 아울러 한승희의 논문 「내러티브 사고양식의 교육적 의미」(1997)를 참고하기 바란다.

석은 범주화, 추상화, 일반화를 특징으로 한다.

내러티브 탐구 논문을 보면, '내러티브에 대한 분석' 방법을 활용한 논문들을 어렵지 않게 찾아볼 수 있다. 예컨대, 여러 명의 연구참여자로부터 그들의 경험에 대한 내러티브 자료를 수집한 후, 여러 연구참여자의 내러티브에서 공통적인 것들을 찾아 범주화하는 방식이다. 또는 특정 이론이나 개념에 근거하여 이를 연구하는 데 적절한 연구참여자들을 선정하고 이들로부터 내러티브 자료를 수집한 후, 미리 수립해 놓은 이론적 틀이나 개념틀 또는 코딩시스템을 적용하여 내러티브 자료를 분석하는 방식이다. 클랜디닌과 카늘리(Clandinin & Connelly, 2000)는 이 같은 분석 방법을 내러티브 탐구 정신에 반(反)하는 환원주의적, 형식주의적 분석 방법이라고 강하게 비판하였다.

내러티브 분석은 '내러티브적 사고양식'(Bruner, 1986)에 기반한 분석 방법으로서 이야기를 통해 삶의 경험을 이해하고자 한다. 연구참여자의 이야기들은 경험의 단편들을 담고 있다. 내러티브 분석은 경험의 단편들을 담고 있는 이야기들을 유기적으로 연결시킬 수 있는 해석적 틀을 생성하는 데 중점을 둔다. 그리고 해석적 틀 속에서 경험의 단편들을 담고 있는 이야기들의 의미와 의의를 분석한다. 그리하여 경험의 단편들이 해석적 틀 속에 자리 잡게 되고 그 속에서 의미가 부여되고 이해 가능하게 된다(Polkinghorne, 1988).

7) 연구참여자와 연구텍스트 조율

연구텍스트를 구성한 후, 내러티브 탐구자는 연구참여자와 연구텍스트를 공유하고 조율한다. 이 연구텍스트를 클랜디닌과 카늘리(Clandinin & Connelly, 2000)는 '중간 연구텍스트(interim research text)'라고 지칭하였는데, 중간 연구텍스트를 작성해서 연구참여자에게 보여 줄 때, 이때가 본인들에게는 늘 가장 긴장되고 초조한 순간이라고 토로하였다. 연구참여자가 연구텍스트를 어떻게 생각할지 궁금하기도 하고, 또 다른 한편으로는 혹시라도 연구자가 쓴 글에 연구참여자가 상처를 받지는 않을지 걱정되기도 하고, 연구참여자가 '연구자의 해석에 수긍할 수 없다, 연구텍스트가 이대로 출간되는 것을 원치 않는다, 연구에 더 이상 참여하지 않겠다.'라고 하면 어쩌나 불안에 휩싸이기도 한다.

　그럼에도 불구하고 내러티브 탐구자는 연구참여자와 연구텍스트를 공유하고 조율해야 한다. 클랜디닌과 카늘리(Clandinin & Connelly, 2000)는 다음과 같은 조언을 하였다. 연구참여자와 중간 연구텍스트를 공유할 때 "이것이 당신이 말한 것이 맞죠? 제가 정확하게 옮겼나요?" 등과 같은 일치성과 정확성을 확인하는 질문보다 "당신의 경험에 대한 제 이야기가 이해되는지요? 당신의 경험에 대한 제 이야기에 공감하는지요?" 등과 같은 해석적 질문을 한다. 그리하여 연구참여자가 연구텍스트를 읽고 연구자의 분석과 해석에 대한 자신의 견해를 피력하도록 한다. 연구자와 연구참여자가 연구텍스트에 대한 서로의 견해를 나누고 조율하며 함께 연구텍스트를 수정 보완한다.[16]

　필자의 내러티브 탐구 경험을 되돌아보면, 필자 또한 연구참여자 임교사와 연구텍스트를 공유하고 조율하는 과정에서 마음의 동요가 심했다. 긴장되고 초조하고 걱정되고 불안하고, 그러면서도 다른 한편으로는, 앞서 내러티브 면담에서 언급한 바와 같이, 서로 다른 생각, 서로 다른 해석을 숨기지 않고 진솔한 대화를 나누면서 임교사의 서사에 더 깊이 들어갈 수 있었던 경험이 있어서인지 연구텍스트에 대한 임교사의 견해가 궁금하

---

16) 제4장 현상학적 연구의 2절 해석학적 현상학적 연구에서 '해석학적 면담'에 대해 논하였다. 내러티브 탐구에서 '연구참여자와 연구텍스트 조율'하는 과정을 '해석학적 면담'과 비교해 보기 바란다.

기도 했고, 이번 대화 또한 임교사의 경험에 대한 더 깊은 이해로 이끌 것이라 기대도 되었다.

연구텍스트에 대해 임교사와 대화를 시작하기 전에 먼저 임교사가 연구텍스트를 찬찬히 읽고 곰곰이 생각할 시간을 갖는 것이 좋겠다는 생각에 나는 임교사에게 연구텍스트를 이메일로 보냈다. 그리고 긴장, 초조, 걱정, 불안 속에서 2주일 정도를 보냈다. 마침내 임교사가 연구텍스트에 대한 자신의 견해와 연구텍스트에서 수정·보완되었으면 하는 내용을 이메일로 보내 주었다. 이메일에 임교사는 내 연구텍스트를 읽고 자신의 경험에 대해 깊은 성찰과 새로운 통찰을 하게 되었다고 썼다. 그리고 그것을 추가하고 싶다며 어디에 어떤 내용을 추가하고 싶은지 연구텍스트에 메모하여 보냈다. 나는 임교사가 그의 경험에 대한 나의 이야기에 공감한다는 사실에 마음이 놓였다. 그리고 임교사가 나의 해석에서 한 걸음 더 나아가 그의 경험을 다시 재해석하고 그의 서사 속으로 더 깊이 나를 이끌어 가는 것에 기꺼이 응했다. 나는 임교사가 쓴 메모들을 꼼꼼히 읽고 그에 대한 나의 견해를 임교사의 메모 옆에 썼다. 그렇게 서로의 견해를 이메일로 나눈 후에 임교사와 나는 만나서 본격적으로 연구텍스트에 대한 조율에 들어갔다. 무엇을 추가하고 무엇을 삭제할지, 무엇을 어떻게 수정하고 보완할지, 각자 의견을 내고 논의하며 타협점을 찾아 합의에 이르렀다. 그렇게 임교사와 나는 함께 최종 연구텍스트를 구성하였다.

8) 내러티브 탐구 논문 쓰기

지금까지 내러티브 탐구자의 관심은 연구참여자에게 집중되어 있었다. 이제 내러티브 탐구의 마무리 단계에 접어들며 논문 발표를 생각하는 순간 그간 잊고 있었던 독자들이 불현듯 떠오른다. 그러자 그동안 덮어 두었던 문제들이 엄습한다. 사람들이 우리(연구자인 나와 연구참여자)의 내러티브에 관심을 기울일까? 사람들이 "왜 당신의 서사에 귀 기울여야 하죠?"라고 물으면 뭐라고 대답해야 하나? 다른 사람들에게 우리의 서사는 어떤 의미와 의의가 있을까?

> 내러티브 탐구 텍스트를 쓸 때, 연구자와 연구참여자가 서로 의미를 공유하고 가치를 공유하며 좋은 관계를 맺는 것은 중요하다. 그러나 그것만으로 충분치 않다. 독자의식, 즉 텍스트를 쓸 때 저자의 어깨너머로 보고 있는 독자의 시선을 의식해야 한다. 저자가 독자를 잘못 판단해서 그래서 다른 사람에게 의미 있게 읽히지 않는 텍스트를 쓴 것은 용납될 수 있다. 그러나 독자에 대한 의식이 없다는 것 그리고 자신의 텍스트가 다른 사람에게 어떤 의의가 있을지에 대한 인식이 없다는 것은 용납될 수 없다(Clandinin & Connelly, 2000: 149).

독자를 염두에 두고 내러티브 탐구 논문을 써야 함을 클랜디닌과 카늘리(Clandinin & Connelly)는 위와 같이 강조하였다. 사실 독자의식 없이 논문을 쓰는 경우가 적지 않다. 필자가 내러티브 탐구 논문을 지도하거나 심사할 때 연구자에게 논문의 독자에 대해 물어보면, 의아한 표정을 짓는 연구자들이 적지 않다. 그럴 때면 연구자에게 '왜 이 연구를 시작하였는가'라는 근원적인 질문을 던진다. 연구자가 연구를 시작할 때, 연구의 문제의식을 날카롭게 세우고 이 연구가 왜 필요하고 왜 중요한지 주장할 때, 그때 연구자의 마음속에 있던 독자들, 그러나 연구를 하면서 서서히 그의 뇌리에서 사라진 독자들을 되살리도록 하는 것이다.
　독자의식 없이 논문을 쓸 때 그 위험성에 대하여 클랜디닌과 카늘리(Clandinin & Connelly)는 다음과 같이 경계하였다.

연구참여자와 독자를 잊고 오직 자신을 위해 논문을 쓰는 연구자는
자기도취에 빠지게 된다. 연구참여자를 잊고 독자를 위해 논문을 쓰는
연구자는 비윤리적인 행위를 범할 위험이 있다. 오직 연구참여자를 위
해 논문을 쓰는 연구자는 "그것이 왜 중요합니까?" "그래서 뭘 어쩌라
는 겁니까?"라는 질문에 대답을 못할 것이다(Clandinin & Connelly,
2000: 485).

내러티브 탐구 논문을 쓴다는 것은 연구참여자의 경험세계로 독자를 초
대하는 것이다. 초대에 응한 독자는 연구자가 이끄는 대로 연구참여자의
경험세계로 한 걸음 한 걸음 깊이 더 깊이 들어간다. 그리하여 연구자의
내러티브를 통해 연구참여자의 삶의 경험에 대해 깊이 이해하게 된다. 나
아가서 독자 또한 삶의 서사를 써가는 저자로 그리고 그 서사 속의 주인공
으로 삶을 살아가는 인물로, 자신의 삶의 서사를 가지고 연구참여자의 경
험세계 속으로 들어가, 그 속에서 자신의 삶의 경험을 성찰한다. 연구자가
들려주는 연구참여자의 경험 이야기에 귀 기울이며 독자는 자신의 삶의
경험을 들여다본다. 그리고 그에 새로운 의미를 부여한다. 연구자가 쓴 연
구참여자의 삶의 서사를 읽으며 독자는 그의 삶의 서사를 다시 쓴다. 그렇
게 내러티브 탐구 논문은 독자의 삶의 서사를 변화시킨다. 내러티브 탐구
를 통해 연구자와 연구참여자뿐만 아니라 독자도 성장한다.

5. 내러티브 탐구의 최근 동향

실증주의, 형식주의, 환원주의에 입각한 연구의 한계를 극복할 수 있
는 새로운 질적연구방법론으로 등장한 이래 내러티브 탐구는 여러 갈래
로 뻗어 나갔다. 김정희 교수(Kim, 2016)는 내러티브 탐구의 정신을 공

유하는 연구방법들을 크게 세 갈래로 분류하였다. 첫째는 전기적 내러티브 탐구(biographical narrative inquiry), 둘째는 자전적 내러티브 탐구(autobiographical narrative inquiry), 셋째는 예술적 내러티브 탐구(arts-based narrative inquiry)이다. 이 세 가지 유형의 내러티브 탐구에 대해 개괄적으로 살펴보면 다음과 같다.

1) 전기적 내러티브 탐구

전기적 내러티브 탐구는 개인 서사를 통해 한 개인이 살아온 삶의 궤적을 연구한다. 연구참여자가 들려주는 그가 살아온 삶의 서사에 귀 기울이고 그의 삶의 서사에 대해 서로 이야기를 나누며 연구참여자가 살아온 생애사를 이해하고자 한다.

이 같은 연구방법은 다음과 같은 관점에 기초한다. 첫째, 연구참여자는 체험자이자 해석자이다. 경험이라는 것이 우리가 멈춰서 그것이 무엇인지 들여다보지 않으면 그냥 흘러가 버린다. 경험이라고 말해지는 것, 경험이라고 기억되는 것은 우리가 그것을 성찰하고 이해하고 의미를 부여한 것이다. 따라서 연구참여자의 이야기는 그가 겪은 것에 대한 그의 해석이다. 그가 자신이 살아온 삶을 어떻게 이해하고 있는지, 어떤 의미를 부여하고 있는지에 대한 이야기이다. 이것이 바로 자전적 내러티브 탐구자가 이해하고자 하는 것이다.

둘째, 과거는 현재 속에서 끊임없이 재해석되고 재구성된다. 과거는 고정불변의 사실이 아니라 현재와의 관계 속에서 끊임없이 재해석되고 재구성된다. 그러므로 전기적 내러티브 탐구자는 연구참여자의 과거를 객관적 사실로 서술하는 데보다 현재를 살아가는 연구참여자가 자신이 살아온 삶을 어떻게 이해하고 어떤 의미를 부여하는지에 관심을 기울인다.

셋째, 개인사(個人史)는 시대사(時代史) 속에서 이해되어야 한다. 개인의 삶은 그가 살아가는 시대의 사회적·정치적·경제적·문화적 상황과 맥락에 기반한다. 따라서 전기적 내러티브 탐구자는 연구참여자가 살아온 시대적 상황과 맥락에 기반하여 그의 생애사를 고찰한다. 개인의 생애사를 단지 사적(私的) 체험의 기록으로 여기는 경향을 경계한다.

전기적 내러티브 탐구의 대표적인 예로 생애사 연구(life history research)와 구술사 연구(oral history research)를 들 수 있다. 이에 대해서는 제6장 '생애사 연구'에서 고찰하기로 하자.

2) 자전적 내러티브 탐구

자전적 내러티브 탐구는 연구자 자신을 연구의 대상으로, 연구자 자신의 이야기를 연구의 자료로 삼는다. 자전적 내러티브 탐구의 대표적인 예로 자전적 연구(autobiography)과 자문화기술지(autoethnography)[17]를 들 수 있다.

'어떻게 연구자 자신의 이야기를 하는 것이 연구가 될 수 있는가?' 자전적 내러티브 탐구에 문제를 제기하는 연구자들이 적지 않다. 또한 자전적 내러티브 탐구가 자칫 유아론(唯我論)에 갇히거나 자기도취, 자기과시, 자기기만에 빠질 위험이 있다는 우려의 목소리도 높다.

그럼에도 불구하고 자전적 내러티브 탐구를 하는 이유는 연구자 자신의 자전적 이야기를 통해 연구하고자 하는 주제에 더 깊이 들어갈 수 있기 때문이다. 예를 들어, 연구자 자신이 어린 시절 겪은 아동 학대의 경험에 대한 자전적 이야기를 통해 겪어 본 사람만이 알 수 있는 것들을 진솔하게 이야기할 수 있고, 나아가서 체험자의 입장에서 아동 학대의 문제를 보다 심

---

17) 자문화기술지에 대해서는 제2장 문화기술적 연구를 참고하기 바란다.

충적으로 탐구할 수 있다(Ronai, 1995). 자문화기술지 연구에서도, 앞서 제 2장 문화기술적 연구에서 논한 바와 같이 연구자 자신의 경험을 통해 자문화를 연구한다(Ellis, 2004). 그리하여 자문화기술지는 내부자의 관점에서 문화를 이해할 수 있도록 해 준다. 나아가서 내부자들이 당연시해 왔던 문화적 관습을 새로운 관점에서 바라보고 그 기저의 문화적 신념, 가치 등에 대해 비판적으로 성찰할 수 있도록 한다.

　연구자 자신의 삶의 경험을 연구한다 해서 연구자 자신만의 경험세계에 파묻힘을 의미하지 않는다. 자전적 내러티브 탐구 그 기저에는 '타자화'에 대한 문제의식이 깔려 있다. 타자의 삶의 경험을 연구해 온 방식, 타자의 삶의 서사를 이야기해 온 방식에 대한 근본적인 문제제기 그리고 '내 연구를 위해 타자의 삶을 도구로 쓰고 있지 않은가' 하는 자성이 자전적 내러티브 탐구 그 기저에 깔려 있다.

　자전적 내러티브 탐구자는 자신을 연구의 대상으로 자신의 삶의 경험을 연구한다. 자전적 내러티브 탐구자는 겪어 본 자로서 자신의 경험을 통해 인간의 경험을 깊이 탐구하고자 한다. 연구자 자신의 서사를 통해 독자들이 체험자의 관점에서 타자의 경험을 이해할 수 있도록 하고 나아가서 독자들도 자신의 삶의 경험을 깊이 성찰하도록 한다.

3) 예술적 내러티브 탐구

　예술적 내러티브 탐구는 내러티브 탐구 방법에 문학적 글쓰기 방법을 결합한 연구방법이다. 전통적인 '논문작성법'에 한계를 느낀 질적연구자들이 내러티브 탐구의 내용을 온전히 담아낼 수 있는 대안적 방법을 문학적 글쓰기에서 찾았다. 그리하여 소설이나 시, 희곡 등 문학적 기법을 활용하여 내러티브 탐구 논문을 작성, 발표하기 시작하였다. 예컨대, 논픽션 소설이나 극본, 나아가 연극이나 공연, 에스노드라마(ethnodrama)[18]

등을 질적연구의 결과물로 발표한 것이다(Barone, 2001; Dunlop, 1999; Faulkner, 2009; Leavy, 2013; Saldana, 2005). 이른바 '문학적 논픽션(creative nonfiction)'이 학술논문의 한 장르로 등장하였다(Barone, 2008). 미국의 경우 1990년대 문학적 논픽션 형식의 논문들이 학계의 관심을 끌며 본격 확산되었다.

예술적 내러티브 탐구는 1960년대 미국에서 일어난 '신저널리즘(New Journalism)' 운동에 큰 영향을 받았다(Kim, 2016). 신저널리즘은 전통적인 저널리즘의 구태에서 벗어나고자 하는 운동으로 탐사보도와 문학적 글쓰기를 특징으로 한다. 특히 뉴스가 되지 못한 이야기를 장기간 현장에서 심층 취재하여 '목소리 없는 사람들의 목소리(voice of the voiceless)'를 세상에 들려주고자 하였다. 이때 전통적인 기사 형식이나 틀에서 벗어나 문학적 기법을 활용하였다. 예를 들어, 플롯, 주인공과 등장인물의 캐릭터, 배경, 장면의 구성, 극적 요소, 극적 긴장감 등을 고려하여 기사를 작성하였다. 그리하여 독자가 마치 현장에 있는 것처럼 이야기에 몰입할 수 있도록 하였다.

한국에서도 전통적인 저널리즘에 대한 문제제기와 대안찾기가 지속적으로 이루어져 왔다. 일례로 최근 미디어오늘의 '2021 저널리즘의 미래 콘퍼런스'에서는 '내러티브의 발견, 스토리의 혁신'이라는 주제로 저널리즘이 나아가야 할 방향에 대한 열띤 논의가 있었다. 특히 속보 경쟁, 단독보

---

18) 에스노드라마(ethnodrama)는 질적연구자가 수집한 자료, 예컨대 면담 자료나 필드노트, 연구자의 성찰일지, 연구참여자의 편지나 일기 등의 자료 또는 질적연구의 결과를 극본으로 써서 연극의 형태로 무대에 올린 것을 일컫는다. 연구참여자의 삶과 경험을 보다 생생하게 표현하여 독자나 관객이 연구참여자의 삶과 경험에 깊이 공감하고 이해할 수 있도록 하기 위함이다. 에스노드라마는 에스노그라피(ethnography), 즉 문화기술적 연구뿐만 아니라 질적연구에서 폭넓게 활용되고 있다. 살다냐(Saldaña)의 저서 『Ethnodrama: An Anthology of Reality Theatre』(2005)를 참고하기 바란다.

도 경쟁, 조회수 경쟁에 매몰된 기성 언론에 대한 비판과 내러티브 저널리즘의 가능성에 대한 탐색이 관심을 끌었다.

이처럼 신저널리즘은 전통적인 저널리즘의 한계를 극복하는 새로운 대안으로, 저널리즘의 새 지평을 여는 새로운 가능성으로 평가받고 있다. 그러나 다른 한편으로는 다음과 같은 우려와 비판도 제기되고 있다. 논픽션 세계와 픽션 세계의 결합, 다시 말해 저널리즘과 문학의 결합이 바람직한가? 저널리즘의 객관성과 신뢰성을 훼손하는 무모한 시도가 아닌가? 저널리즘이 지켜야 할 최고의 가치, 진실성과 사실성을 파괴하는 위험한 실험이 아닌가?

예술적 내러티브 탐구 또한 이 같은 비판에서 자유로울 수 없다. 학술연구의 세계에 예술을 끌어들이는 것, 연구와 예술의 경계를 무너뜨리는 것이 과연 바람직한가? 예술적 내러티브 탐구는 연구의 객관성과 신뢰성을 훼손하는 무모한 시도 아닌가? 예술적 내러티브 탐구는 연구자가 지켜야 할 최고의 가치, 진실성과 사실성을 파괴하는 위험한 실험 아닌가?

이러한 우려와 비판에도 불구하고 예술적 내러티브 탐구 및 예술기반연구(art-based research)는 폭넓게 확산되고 있다(Barone & Eisner, 2012; Kim, 2016). 최근에는 문학적 기법뿐만 아니라 시각적 자료를 활용한 내러티브 탐구도 활발히 수행되고 있다. 연구참여자의 삶과 경험을 시각적 이미지(visual image)로 나타내고, 이를 마치 텍스트처럼, 해석의 대상으로 삼는 것이다. 사실 시각적 이미지, 예컨대 사진이나 그림, 영상물 등을 연구의 자료로 활용한다는 것이 새로운 현상은 아니다. 문화인류학에서는 오래전부터 인류가 사용한 기호와 상징을 연구하였고, 또 1900년대 초 문화기술자들은 원주민들의 일상을 사진으로 찍어서 자료로 활용하였으며, 중반기에 들어서는 영상 촬영을 통해 다큐멘터리나 영화 등으로 연구참여자들의 일상을 생생하게 담아냈다. 2000년대 들어서는 시각적 이미지를 주자료로 활용하는 추세이다. 여기에 스토리를 결합시켜 이미지와 스토리를 통해 연구참여자의 삶과 경험을 보다 깊이 이해하고자 한다. 그 대표적인 연구방법으로 포토그라피 내러티브(photographic narrative), 포토보이스(photovoice), 디지털 스토리텔링(digital storytelling) 등이 있다. 이 절에서는 포토보이스에 대해 살펴보겠다.

4) 포토보이스

'한 장의 사진이 천 마디 말보다 낫다.' 'A picture is worth a thousand words.'라는 말이 있다. 이미지가 갖는 힘을 표현한 말이다. 사진은 사진을 찍는 사람의 시선과 관점을 담고 있다. 사진은 '이것을 봐라' 가리킨다. 사진은 '이렇게 봐라' 제시한다. 사진을 찍는 사람의 시선과 관점으로 사진을 보는 사람은 사진에 깊이 공감하고 사진이 하는 이야기에 귀 기울인다. 그리고 사진이 하는 이야기에 자신의 이야기를 풀어놓는다. 이처럼 우리는 사진을 통해 자신을 표현하고 세상과 소통한다.

포토보이스는 사진을 통해 연구참여자들이 자신의 목소리를 내고 자신의 삶과 체험에 대해 이야기를 하는 연구방법이다. 일반적으로 포토보이스 연구는 연구참여자가 연구주제와 관련된 자신의 일상을 사진 촬영하고 이 사진들에 대해 연구참여자와 연구자가 이야기를 나누는 방식으로 진행된다. 특히 말로는 다 표현할 수 없는 감정이나 생각을 사진이라는 시각적 이미지로 표출할 수 있다는 점, 언어적 표현에 어려움을 느끼는 사람들이 자신의 삶을 사진에 담아 표현할 수 있다는 점 등으로 포토보이스 연구는 최근 큰 주목을 받고 있다.

포토보이스 연구방법에 대하여 러트렐(Luttrell)의 연구를 일례로 살펴보자. 러트렐은 2000년대 초 신자유주의가 팽배했던 시대, 미국의 한 공립학교에서 이민 노동자 자녀들의 삶에 대하여 수년에 걸친 문화기술적 연구를 수행하였다(Luttrell, 2010). 이때 초등학교 5학년과 6학년 학생들의 생각과 경험을 연구하기 위하여 포토보이스를 활용하였다. 자신들의 삶에 중요한 영향을 미치는 정책 결정 과정에서 전적으로 배제된 아이들에게 카메라를 주고 그들의 목소리를 내도록 한 것이다.

　연구진은 연구참여자들에게 각각 일회용 카메라와 사진 27장 분량의 필름을 제공하였다. 5학년 학생들에게는 4일에 걸쳐 학교생활, 가정생활, 지역사회 활동 등 자신의 일상을 사진에 담도록 하였다. 이때 "네 또래 사촌이 네가 사는 동네로 이사를 오게 되었고 네가 다니는 학교로 전학을 오게 되었다고 상상하고, 네 사촌에게 우리 학교, 우리 가족, 우리 동네를 소개하는 사진을 찍어 보렴."이라고 안내하였다. 6학년 학생들에게는 '자신에게 가장 중요한 것'을 사진에 담아 보라고 하고 1~2주 정도의 시간을 주었다.

　일반적으로 포토보이스 연구에서는 연구참여자들이 사진 찍기를 시작하기 전에 연구참여자들에게 사진교육을 제공한다. 사진 촬영과 관련된 도덕적·윤리적·법적 문제들, 특히 불법 촬영의 문제 등에 대해 연구참여자들에게 충분히 설명하고 이해시킨다. 그리하여 연구참여자들이 사진 촬영의 윤리를 준수하며 사진을 찍도록 한다. 또한 사진 촬영 방법이나 기법 등을 가르쳐 주기도 한다. 기초적인 것부터 사진을 잘 찍는 기술, 요령 그리고 실습, 튜터링(tutoring) 등의 교육을 제공하는 것이다.

　러트렐(Luttrell)의 연구에서는 '사진 찍는 법'에 대한 교육을 최소화하였다. 아이들이 어른들이 규정한 '좋은 사진'의 틀에 갇힐까 우려되었기 때문이다. 초등학생 연구참여자들이 자신이 찍고 싶은 것을 자유롭게 찍도록 하였고, 대신 사진 촬영의 윤리에 관한 교육에 중점을 두었다.

　연구참여자들이 사진 촬영을 마친 후에는 자신이 찍은 사진들에 대해 이야기를 한다. 러트렐은 이 과정을 '사진감상회(picture viewing audiencing[19] session)'라고 지칭하였다(Luttrell, 2010). 러트렐(Luttrell)의 연구에서는 총 네 차례에 걸친 사진감상회가 진행되었다.

첫 번째 사진감상회는 연구자와 연구참여자 일대일 면담 형식으로 진행되었다. 연구참여자에게 본인이 찍은 사진을 한 장 한 장 보여 주며, 이 사진은 무엇을 찍은 것인지, 왜 이것을 찍었는지 설명하도록 하였다. 연구자는 연구참여자의 이야기를 귀 기울여 듣고 궁금한 것들을 물어보며 사진에 대해 이야기를 나누었다.

각각의 사진에 대해 연구참여자와 충분히 이야기를 나눈 후, 연구참여자에게 본인이 찍은 사진 중에서 다른 사람들에게 가장 보여 주고 싶은 사진 5장을 선정하도록 하였다. 그리고 연구참여자에게 이 사진을 선정한 이유가 무엇인지, 이 사진이 본인에게 어떤 의미가 있는지에 대해 이야기하도록 하였다. 이를 통해 연구참여자가 그의 삶에서 중요하게 생각하는 것, 소중하게 여기는 것, 가치를 두는 것이 무엇인지 이해하고자 하였다. 이상과 같은 과정으로 일대일 개별면담을 진행하였고, 연구참여자의 허락을 받아 개별면담의 전 과정을 영상 녹화하였다.

두 번째 사진감상회는 또래집단 오디언싱(peer-group audiencing) 형식으로 진행되었다. 연구참여자들을 소집단으로 구성, 소집단의 연구참여자들을 한자리에 모아 놓고 본인들이 찍은 사진에 대해 서로 이야기를 나

---

19) 오디언싱(audiencing)을 상담학에서는 '청중 참여시키기'라는 용어로도 지칭한다. 『상담학 사전』(2016)에 의하면, 청중 참여시키기는 이야기치료 과정에서 내담자가 새롭게 구성한 대안적 이야기를 지지, 강화하기 위하여 치료 과정에 청중을 참여시키는 방법을 지칭한다. 이때 청중은 내담자의 이야기와 관련이 있는 사람들이 초대된다. 청중은 내담자의 치료 과정에 참여하여 내담자의 대안적 이야기, 즉 내담자가 그의 삶의 경험에 대해 재해석하고 새로운 의미를 부여하여 그 삶의 경험에 대해 다시 이야기하는 그 대안적 이야기와 관련된 자신들의 이야기를 함으로써 내담자의 대안적 이야기를 지지하고 함께 이야기를 발전시켜 나간다. 그러므로 일반적 의미의 '청중'과는 구별된다. 단지 이야기를 듣기만 하는 사람이 아니라 이야기를 함께 구성해 나가는 사람이다. 포토보이스 연구에서 '오디언싱'의 의미도 같은 맥락에서 이해될 수 있다. 청중의 역할은 단지 사진을 보는 사람이 아니라 사진이 의미하는 바에 대한 해석과 담론에 적극 참여한다.

누도록 하였다. 먼저, 연구참여자들이 찍은 사진들을 모두 책상 위에 펼쳐
놓고, 연구참여자들에게 책상 위의 사진들 중에서 자신이 찍은 사진을 제
외하고 본인의 관심을 끄는 사진을 선정하도록 하였다. 그리고 한 명씩 돌
아가며 자신이 선정한 사진을 보여 주고, 왜 이 사진을 선정하였는지, 이
사진의 무엇이 자신의 관심을 끌었는지에 대해 이야기하도록 하였다. 그
런 다음 사진을 찍은 연구참여자에게 궁금한 점이 있으면 자유롭게 질문
하고 서로 이야기를 나누도록 하였다.

　이와 같이 두 번째 사진감상회는 연구참여자들 간의 자발적이고 자유로
운 대화와 소통을 격려하고 지원하는 방식으로 진행되었다. 필요시 연구
자도 연구참여자에게 질문을 하고 연구참여자들 간의 대화에 참여하였지
만, 되도록 끼어들지 않았다. 연구자는 연구참여자들 간의 대화를 주의 깊
게 관찰, 경청하며 연구참여자들이 무엇에 관심을 기울이는지, 무엇을 중
요시하는지 그리고 그것에 어떤 의미를 부여하는지를 이해하고자 하였다.

　세 번째 사진감상회에서는 연구참여자들을 개별적으로 만나서 사진전
시회에 대하여 의견을 나누었다. 먼저, 연구참여자에게 첫 번째 사진감상
회에서 선정한 5장의 사진을 연구진과 연구참여자들 외에 연구참여자들
의 교사들, 가족들, 나아가서 일반인들에게 보여 주는 것에 대해 다시 한
번 확인을 받았다. 그리고 이때의 면담 장면, 즉 연구참여자가 5장의 사진
을 선정하고 그 이유와 의미에 대해 이야기하는 장면을 영상 녹화하고 이
를 편집한 비디오 클립(video clip)을 연구참여자에게 보여 주고 이를 공개
해도 괜찮은지 의견을 물었다. 연구참여자가 5장의 사진을 변경하고 싶다
거나 비디오 클립에서 일부 장면을 삭제하고 싶다거나 또는 다른 장면을
넣고 싶다고 하면, 연구참여자의 의사에 따라 사진과 비디오 클립을 변경
하였다. 연구참여자가 자신의 면담 장면을 담은 비디오 클립을 공개하고
싶지 않다고 한 경우에는 이를 공개 대상에서 제외시켰다. 이와 같은 과정
을 통해 연구참여자와 함께 5장의 사진에 관한 연구참여자의 이야기를 담

은 영상을 편집하였다.

이후 이 영상을 연구참여자들이 재학 중인 학교의 교사들과 공유하였다. 연구진과 학교의 교사들이 연구참여자들의 사진과 면담 영상을 함께 보며 서로의 견해와 해석을 나누었다. 이를 통해 연구참여자들의 삶과 경험에 대해 보다 깊이 이해할 수 있게 되었다.

네 번째 사진감상회에서는 연구참여자들에게 다 같이 사진전시회를 기획하도록 하였다. 본인들이 찍은 사진들을 어떻게 전시할 것인가에 대한 브레인스토밍(brainstorming) 기획회의를 하도록 한 것이다. 연구진은 사진전시회 기획회의를 참관하며 연구참여자들이 어떤 사진을 전시용으로 선정하는지, 그 선정 기준은 무엇인지, 선정된 사진들은 어떤 내용을 담고 있는지, 사진전시회의 주제와 제목을 어떻게 정하는지 등을 주의 깊게 관찰하고 연구참여자들 간의 대화를 경청하였다. 이를 통해 이민 노동자 자녀들이 가장 하고 싶은 이야기가 무엇인지를 밝히고자 하였다.

연구진은 연구참여자들의 기획회의 결과를 토대로 여러 차례에 걸쳐 다양한 포맷으로 사진전시회를 열었다. 사진전시회는 관객들에게 이민 노동자 자녀들의 눈으로 미국 사회와 문화를 볼 수 있는 경험을 제공하였다. 아울러 연구진에게는 관객들의 눈으로 여러 다양한 관점에서 연구참여자들의 삶과 경험에 대해 볼 수 있는 경험을 제공하였다.

이상과 같은 연구과정을 통해 수집된 자료들, 예컨대 연구참여자들이 찍은 사진들, 네 차례에 걸친 사진감상회 녹화물과 녹취록, 필드노트 등에 대한 분석은 이민 노동자 자녀들이 가정, 학교, 지역사회 생활 속에서 언어, 인종, 종교, 문화 차이를 어떻게 인식하고 어떻게 헤쳐 나가는지를 이해하는 데 초점을 두었다.

먼저, 연구진은 방대한 자료들을 연구참여자별로 정리하였다. 둘째, 연구참여자들 각각의 자료를 보고 읽고 듣고, 여러 차례에 걸쳐 반복하며 자료의 내용을 충분히 이해하였다. 셋째, 자료에서 '연구참여자가 언어, 인종, 종교, 문화 차이를 어떻게 인식하고 어떻게 헤쳐 나가는지'를 나타내는 내용을 선별, 이를 개념화하여 코드를 생성하였다. 넷째, 연구참여자별로 생성된 코드들을 수합하여 코드 목록을 작성하였다. 다섯째, 코드 목록의 코드들 간의 연계성을 면밀히 검토하며 범주를 생성하였다. 여섯째, 생성된 범주들을 수합하여 범주 목록을 작성하고, 범주들 간에 공통된 특성이나 일정한 형태 또는 유형이 있는지를 고찰하였다. 이른바 패턴을 찾는 것이다. 일곱째, 범주들 간의 공통된 특성이나 유형 등을 주제화하여 주제(theme)를 생성하였다. 마지막으로, 생성된 주제들을 엮는 이야기, 내러티브를 구성하였다.

이 같은 자료 분석의 과정을 통해 러트렐(Luttrell)은 '돌봄'을 바라는 아동들의 간절한 목소리를 그의 논문에 담아냈다. 그는 다음과 같이 논문을 끝맺었다.

신자유주의 정책들, 예를 들어 신자유주의 이민정책, 복지정책, 또는 실패할 수밖에 없는 시험으로 아이들을 몰아넣는 교육정책 등이 아이들의 삶에 악영향을 미치고 있는 상황에서, 이 아이들이 표현한 이미지와 내러티브를 통해 아이들이 소중하게 여기는 사회적 관계망을 엿볼 수 있다. 아이들의 목소리는 돌봄의 중요성을 무시해 온 사회이론가나 정책수립자보다 훨씬 앞서 있다. 이제 우리가 아이들의 목소리에 귀를 기울여야 한다(Luttrell, 2010: 234).

6. 내러티브 탐구를 마치며

필자가 10여 년 전 미국교육학회(AERA) 연차학술대회에서 내러티브 탐구에 관한 세션에 참여했을 때 한 토론자가 발표자에게 다음과 같은 일화를 들려주었다. 자신이 어릴 적에 잘못을 하면 어머니가 무슨 일이 있었는지 솔직히 말해 보라 말씀하셨다. 그래서 무슨 일이 있었는지 말하면 어머니가 "네 이야기는 그만하고 이제 진실을 말해 봐."라고 말씀하셨다. 이 같은 일화를 들려주고 토론자는 발표자에게 "내러티브 탐구자는 진실에는 관심이 없는가?"라는 질문을 던졌다.

이 질문이 아직도 또렷하게 기억난다. 아쉽게도 발표자의 대답은 정확히 기억이 나지 않는다. 토론자의 질문에 발표자는 절대적 의미의 진실(the truth)이 아니라 하나의 진실(a truth), 여러 개의 진실(truths)에 대해 말했던 것 같다. 내러티브 탐구, 이 장을 마치며 이 질문을 다시 마주한다.

내러티브 탐구자는 '진실'에는 관심이 없는가? 어떻게 연구참여자의 '이야기'에만 관심을 쏟는가?

영화 〈라쇼몽〉을 보라. 한 사무라이의 죽음에 대한 네 사람의 이야기를 들어 보라. 그날 그곳에서 무슨 일이 벌어졌는가에 대해 현장에 있었던 네 사람이 각기 다른 네 개의 이야기를 들려준다. 이들은 각자 자신의 처지에서 자신의 관점으로 사건을 해석하였다.[20] 그리하여 자신의 행위에 정당한 이유를 들고 의미를 부여하였다. 이것이 사건에 대한 그들의 기억이다. 그들의 이야기이다. 그러나 그들의 이야기는 진실을 가린다. 그들의 이야기를 듣고 있노라면, 진실은 더욱더 미궁 속에 빠진다.

내러티브 탐구자는 진실에 관심이 없다는 오해를 종종 받는다. 진실에 관심 없는 사람이 어디 있겠는가? 다만, 진실이라는 것이 오엑스(OX) 퀴즈를 풀 듯 찾아지는 것이 아님을 내러티브 탐구자는 잘 안다. 복잡하게 얽힌 인간사, 서로 다른 입장과 관점, 저마다의 진실. 내러티브 탐구자는 이를 온전히 이해하고자 한다. 그것이 진실을 찾아가는 길이라 믿는다.

---

20) 이른바 '라쇼몽 효과(Rashomon effect)'라고 일컫는다. 라쇼몽 효과는 동일 사건에 대해 각자의 입장에 따라 서로 달리 해석하는 현상을 지칭하는 용어이다.

　그래서 내러티브 탐구자는 늘 깨어 있어야 한다. '깨어있음'은 복잡다단한 인간의 삶과 경험의 진실을 이론에 기대어 설명하거나 몇 가지 변인으로 단순화하는 것을 경계함을 의미한다. 또한 깨어있음은 연구자 자신의 위치, 관점, 신념 등에 대한 끊임없는 비판적 자기성찰을 의미한다. 그리하여 타자의 삶과 경험을 연구자 자신의 틀 속에 가둔다거나 연구자 자신의 목소리로 타자의 목소리를 억누르거나 집어삼키지 않도록 경계한다.

　내러티브 탐구자는 인간을 각자 자신의 삶의 서사를 써내려가는 저자로 그리고 그 서사 속의 주인공으로 삶을 살아가는 한 사람으로 존중한다. 삶의 서사의 저자로 그리고 그 서사 속의 주인공으로 연구참여자와 연구자가 생의 한가운데에서 만나 삶의 서사를 서로 이야기하고 재해석하고 재구성한다. 이것이 내러티브 탐구이다. 내러티브 탐구가 아니고서야 어찌 타자의 삶, 타자의 경험, 타자의 진실을 이해할 수 있겠는가.

제**6**장

생애사 연구

생애사 연구는 한 인간이 살아온 삶의 궤적을 연구한다. 영어로는 'Life History Research(라이프 히스토리 리서치)', 말 그대로 인생사(人生史) 연구이다. 사실 인생사는 우리에게 낯설지 않다. 어릴 적엔 위인들의 일생을 기록한 위인전을 적잖이 읽었고, 인물의 일대기를 그린 영화나 TV 드라마, 다큐 등도 많이 보았다. 성공한 사람들이 쓴 자서전도 짬짬이 읽었고, 연예인이나 세간의 관심을 받는 사람들이 자신의 인생사를 털어놓는 토크쇼도 심심찮게 보았다. 이들과 '생애사'는 무엇이 다른가? 전기적(傳記的) 연구(Biographical Research), 자전적 연구(Autobiographical Research)와 '생애사 연구'는 무엇이 어떻게 다른가?

이 장에서는 생애사 연구에 대해 고찰하고자 한다. 생애사 연구란 무엇인지, 생애사 연구는 어떻게 하는지 살펴보겠다. 그리고 생애사 연구의 기원과 발전에 대해서, 특히 구술사 연구(Oral History Research)가 미친 영향에 대해 살펴보겠다. 이를 토대로 질적연구방법론으로서 생애사 연구가 갖는 의미와 의의에 대해 논하고자 한다. 끝으로 생애사 연구를 둘러싼 쟁점들에 대해 고찰하며 생애사 연구가 풀어야 할 과제에 대해 논하겠다.

1. 생애사 연구의 대두

앞서 고찰한 질적연구방법론, 예를 들어 문화기술적 연구, 근거이론연구, 현상학적 연구 등에 비해 생애사 연구는 비교적 근래 들어 하나의 독립적인 연구방법론으로 자리 잡았다. 그렇다고 그 역사가 짧다는 뜻은 아니다. 예전에는 여러 연구 분야에서 보조적인 연구방법으로 활용되었다.

예를 들어, 문화인류학에서는 문화기술적 연구를 하며 원주민들의 생애사에 대한 연구를 수행하였다. 특정 집단의 문화를 연구하며 그 일환으로

구성원들의 생애사를 연구한 것이다. 문화기술자들은 개인 생애사를 통해
그 문화를 보다 깊이 이해하고자 하였다. 미국의 생애사 연구자들 중에는
생애사 연구의 기원을 1900년대 초반 수행된 미국 인디언들의 생애사 면
담연구(Life History Interviewing)에서 찾는 연구자들도 있다. 이들 연구는
미국 인디언들, 특히 인디언 추장들과의 생애사 면담을 통해 사라져 가는
아메리카 원주민 문화를 연구하고자 하였다. 문화인류학에 기반한 생애사
연구는 문화를 연구하는 한 방법으로 폭넓게 확산되었다. 한국에서도 문
화인류학에 기반한 생애사 연구가 활발히 이루어졌다. 그 주요 연구자로
문화인류학자 유철인[1]을 꼽을 수 있다.

  사회학에서도 사회 구성원의 생애사에 대한 연구가 활발하게 이루어져
왔다. 미국의 생애사 연구자들 중에는 생애사 연구의 기원을 1900년대 초
반 수행된 토마스와 즈나니에츠키(Thomas & Znanieck, 1927)의 미국 이민
자들의 생애사 연구, 미국 시카고학파(Chicago School)[2] 사회학자들의 도
시 빈민들의 생애사 연구(Bulmer, 1984; Goodson, 2001) 등에서 찾는 연구
자들도 있다. 이들 연구는 가난한 사람, 노동자, 이민자, 흑인 등 사회적 약
자들의 삶에 관심을 기울였고, 이들로부터 살아온 삶의 이야기를 수집하
여 사회적 약자들의 목소리를 들려주었다. 나아가서 이들의 생애사를 통
해 당시 사회에서 소외된 삶, 주변화된 삶에 조명을 비추고 사회의 구조적
인 문제를 파헤쳤다. 말하자면, 개인의 생애사를 통해 당대 사회를 본 것이
다. 이처럼 사회학에서 생애사 연구는 사회구조를 연구하는 한 방법으로
로 활용되었다. 한국에서도 사회학에 기반한 생애사 연구가 활발히 이루

---

1) 유철인 교수의 최근 출간 저서 『여성구술생애사와 신세타령』(2022)을 참고하기 바란다. 1990년
   대부터 최근까지의 그의 생애사 연구에 대해 살펴볼 수 있을 것이다.
2) 1920년대 등장한 시카고학파(Chicago School)에 대해서는 제2장 문화기술적 연구를 참고하
   기 바란다.

어졌다. 그 주요 연구자로 조은,[3] 이희영 등을 들 수 있다. 이희영은 그의 논문에서 생애사 연구를 다음과 같이 설명하였다.

> 생애사 연구의 출발점은 생애사가 개인과 사회의 상호작용에 의한 구성물이라는 전제이다. 개인은 생애시간 동안 직면하게 되는 사회적 실재를 자신의 행위를 통해 나름대로 해석하고, 이에 대응함으로써 자신의 삶의 이력, 즉 생애사를 만들어 간다…. 이것이 뜻하는 바는 개인에게 주어진 사회적 규범과 질서가 그 자체로 개인사를 규정하거나 혹은 개인사 속에서 재생산되는 것이 아니라, 각 개인의 '생애사적 작업'을 거쳐 특정한 방식으로 형상화된다는 점이다….
>
> 생애사 연구는 방법론적 출발점으로 생애사라는 개별경험의 창을 택한다. 이 개별 경험의 구체성 속에서 사회를 문제 삼는 것이다(이희영, 2005: 129-130, 133).

심리학에서도 일찍이 개인 생애사에 대한 연구가 이루어졌다. 특히 발달심리학이나 정신분석학, 임상심리학 등에서 사례연구가 폭넓게 활용되었고 그 일환으로 연구대상자, 피험자 또는 환자의 생애사에 대한 연구가 수행되었다. 생애사 연구를 통해 심리 현상의 발현과 진행 과정, 그 근원과 작용 등을 한 사람이 살아온 삶 속에서 보다 깊이 탐구하고자 한 것이다. 예컨대, 올포트(Gordon W. Allport), 프로이트(Freud) 등을 생애사 연구를 활용한 주요 심리학자로 꼽을 수 있다. 이들 심리학자에게 생애사는 인간 심리를 더 깊이 들여다보기 위한 창이었다.

무엇보다도, 생애사 연구가 연구방법론으로 주목을 받게 된 데에는 구

---

3) 조은·조옥라의 『도시빈민의 삶과 공간: 사당동 재개발지역 현장연구』(1992), 조은의 『사당동 더하기 25: 가난에 대한 스물다섯 해의 기록』(2012)을 참고하기 바란다.

술사 연구[4]의 영향이 적지 않았다. 특히 한국에서는 구술사 연구의 일환으로 '구술 생애사 연구'가 폭넓게 확산되며 생애사 연구에 대한 관심이 크게 증가하였다.

구술사란, 한국구술사연구회(2005: 18)에 의하면, "과거의 기억을 말로 회상한 것을 연구의 주된 자료로 활용하는 역사연구"이다. 이 정의에 따르면 '구술사'는 '구술사료'와 구술사료를 활용한 '역사연구'를 모두 포함하는 용어이다. 구술사료는 역사적으로 중요한 기억이나 개인적인 회고 등을 면담을 통해 수집한 자료이다. 구술사료에는 구전, 구술증언, 구술 생애사 등이 있다. 구전은 여러 세대에 걸쳐 입에서 입으로 전해 내려오는 구술을 말한다. 구술증언은 한 개인이 과거의 특정 사건이나 경험을 회고하여 구술한 진술을 말한다. 구술 생애사는 한 개인이 지나온 삶을 자신의 말로 다른 사람에게 이야기한 기록을 말한다(유철인, 1990; 윤택림, 2019). 이처럼 구술 생애사는 구술사료의 한 종류로 그리고 구술사 연구의 한 방법으로 활용되어 왔다.

구술사료는 문헌사료에 대비되는 개념으로 이해되고 있다. 구술사료의 의미와 의의에 대해 윤택림(1994)은 다음과 같이 주장하였다.

> 수많은 사적(私的)인 기억들 중에서 몇몇의 것은 사회적 기억이 되고, 사회적 기억들은 일정한 선택과정을 통해 역사적 기억으로서 표출된다. 그러한 역사적 기억은 경험을 재현시키는 여러 형태 중에서 대개 문헌으로 남게 된다. 문헌자료는 가장 객관적 내지는 과학적 가치를 지닌 것으로 평가되어 왔지만, 경험의 총체적 재현이라고 볼 수 없다. 그

---

4) 구술사 연구방법론에 관심이 있다면, 윤택림의 『역사와 기록 연구를 위한 구술사 연구방법론』(2019), 김귀옥의 『구술사 연구 방법과 실천』(2014), 한국구술사연구회의 『구술사 방법과 사례』(2005)를 참고하기 바란다.

것은 나당 바슈텔(Nathan Wachtel)이 앞에서 지적한 바와 같이[5] 불평등은 역사적 재현에서도 계속되어지기 때문이다.

문헌자료가 최소한 글을 읽고 쓸 수 있는 계층, 대부분은 지배계층에 의해 쓰여졌기 때문에 피지배계층의 삶은 지배층의 시각을 통해 보여질 수밖에 없다. 그렇다면 자신의 삶을 자신의 목소리로 이야기하고 그것을 남길 수 없었던 사람들의 삶이야기는 어떻게 되었을까? 그들의 삶은 문자나 기록이 아닌 다른 형태로, 즉 구전과 민속의 형태로 우리에게 전해진다. 문헌기록이 아닌 형태의 삶의 기록인 구전과 민속이 하나의 사적(史的) 자료로서 인정되고 그것을 복원시키는 것이 총체적인 역사적 재현에 더 가깝게 가는 것은 아닐까?(윤택림, 1994: 274-275)

윤택림은 종래 문헌 중심의 역사연구에 문제를 제기하며 구술사의 필요성과 중요성을 역설하였다. 나아가서 그는 구술사의 목적을 다음과 같이 주장하였다.

구술사는 문어, 문헌 자료의 헤게모니에 도전하고, 동시에 그에 기반하는 지배적인 역사읽기에 대안적인 역사읽기를 제공한다. 구술사는 문헌을 통해 자기 목소리를 낼 수 없는 사람들, 즉 피지배자, 여자, 소수민족 등의 삶 이야기를, 그것도 다수의 목소리들을 우리에게 들려

---

5) 윤택림의 논문, 「기억에서 역사로-구술사의 이론적, 방법론적 쟁점들에 대한 고찰-」(1994)은 나당 바슈텔(Nathan Wachtel)의 인용문으로 시작한다. 인용문은 다음과 같다.
그것은 '평범한 사람들', 즉 피지배자들의 세계를 구두 증언의 도움으로 망각으로부터 구해내는 문제이다. 왜냐하면 불평등은 죽음 후에도 회상의 보존의 불평등으로 지속되기 때문이다. 따라서 구술사의 목적 중의 하나는 '밑으로부터'의 대항 역사(counter-history)를 쓰는 것이고, 소수민족들, 여자, 또는 노동자들인, '피정복자들'의 역사 해석을 재구성하는 것이다(Nathan Wachtel, 1990: 1-2).

준다. 그 다수의 목소리들은 지배적 사회적 담론 속에 의해 침묵되어
진 삶의 현실들이고, 또한 간과되어질 수 없는 인간의 삶의 부분들이
다(윤택림, 1994: 290).

구술사 연구자는 기록되지 않은 삶에 관심을 기울인다. 기록할 가치가
없다고 여겨진 삶, 기록에서 배제된 삶. 구술사 연구자는 그들의 목소리
에 귀 기울이고 그들의 경험을 기록으로 남긴다. 나아가서 구술사 연구자
는 그들의 경험으로 역사를 다시 읽고, 그들의 기억으로 역사를 다시 쓴
다. 이른바 '밑으로부터의 역사 쓰기'(Thompson, 2000), '대항 역사 쓰기
(Wachtel, 1990)'를 하는 것이다.

한국에서 구술사 연구는 1990년대 일본군 위안부 피해자들의 구술증언
이 발표되며 큰 관심을 받았다(김귀옥, 2006). 침묵과 망각을 강요당한 피
해자들이 제 목소리를 내고 자신의 경험을 기록으로 남길 수 있는 연구.
피해자들의 경험으로 역사를 다시 읽고, 피해자들의 기억으로 역사를 다
시 쓰는 연구. 구술사 연구는 대항적 역사연구로 주목받았다. 구술 생애사
연구는 그 일환으로 피해자, 사회적 약자, 소수자 등의 삶을 기록하고 그
들이 살아온 삶의 궤적을 통해 역사를 재해석하고 그들의 삶의 이야기로
역사를 다시 쓰는 데 심혈을 기울였다.

이상과 같이 생애사 연구는 문화를 연구하는 한 방법으로, 사회를 연구
하는 한 방법으로, 인간 심리를 연구하는 한 방법으로, 또는 역사를 연구
하는 한 방법으로 여러 연구 분야에서 다양하게 활용되어 왔다. 이 장에서
는 생애사 연구를 질적연구방법론의 하나로, 즉 인간의 삶과 경험을 깊이
탐구하는 질적연구의 한 방법론으로 고찰하고자 한다. 그럼 이제 생애사
연구에 대해 본격적으로 살펴보자.

2. 생애사 연구의 특징

대개 연구는 인간의 특정 경험에 주목한다. 예를 들어, 학습 경험이라든 가 교직 경험 또는 상실의 경험 등 특정 경험에 초점을 맞추어 이를 중점적 으로 연구한다. 생애사 연구는 한 인간이 살아온 삶의 역정(歷程)을 탐구 한다. 삶의 한 단면이 아니라 살아온 과정을 고찰한다.

초기 생애사 연구자들은 사회적 약자들이 살아온 삶에 관심을 기울였 다. 노동자, 이민자, 원주민 등 사회적 약자들의 삶에 관심을 기울였고, 이 들로부터 살아온 삶의 이야기를 수집하여 사회적 약자들의 목소리를 들 려주었다. 이 같은 전통은 연면히 이어졌다. 1960년대 서구에서 페미니즘 (Feminism) 운동, 인종차별철폐 운동, 인권 운동 등이 일며 사회적 약자에 대한 생애사 연구는 더욱 확대되었다. 예컨대, 가부장제 사회를 살아온 여 성들의 생애사 연구, 백인 중심의 사회를 살아온 흑인들의 생애사 연구, 비장애중심의 사회를 살아온 장애인들의 생애사 연구, 자본주의 세계화 시대를 살아온 이주노동자들의 생애사 연구 등 사회적 약자들에 대한 생 애사 연구가 광범위하게 수행되었다. 이들 연구는 사회에서 주변화된 사 람들의 위치에서 그들의 눈으로 그들이 살아온 시대와 사회를 바라보았고 그들의 목소리로 그들의 삶에 대해 들려주었다.

근래 들어선 보통 사람들의 삶에 대한 생애사 연구가 늘고 있다(Cole & Knowles, 2001). 역사가나 전기 작가가 보기에 너무 평범해서 기록할 가치 가 없다고 여겨지는 삶. 평범한 보통 사람들이 특정 사회 특정 시대를 어 떻게 살아왔는지에 생애사 연구자들이 관심을 기울이고 있다.

일례로 먼로(Munro, 1998)의 생애사 연구를 살펴보면, 세 명의 여교사, 1920년대 교직생활을 시작한 아그니스(Agnes), 1950년대 교직생활을 시 작한 크리오(Cleo), 1970년대 교직생활을 시작한 보니(Bonnie)의 생애사를 담고 있다. 먼로(Munro)는 이 세 여교사 각각의 생애를 깊이 연구하는 한편, 당대 미국의 사회적 상황과 시대적 맥락 속에서 세 여교사가 걸어온 삶의 노정(路程)을 고찰하였다. 그리하여 20세기 전반에 걸쳐 표준화와 효율화를 추구해 온 미국의 교육정책하에서 그리고 여교사에 대한 뿌리 깊은 사회적 편견 속에서 교사로서, 여성으로서, 한 인간으로서 자율성과 전문성과 존엄성을 지켜내고자 했던 세 여교사의 전 생애에 걸친 부단한 노력을 그려 냈다.

이와 같이 생애사 연구는 한 개인의 삶의 궤적에 대한 깊이 있는 연구를 그 특징으로 한다. 생애사 연구자는 한 사람의 삶을 깊이 이해하는 것이 인간의 삶에 대한 깊은 통찰에 이르는 길이라 믿는다. 그렇다고 '하나를 온전히 이해하면 전체를 이해할 수 있다'는 본질주의적 주장을 하는 것은 아니다. 다만, 가능한 한 많은 대상을 조사하여 일반화를 갈구했던 종래의 연구방법에 문제를 제기하고, '얼마나 많이'보다 '얼마나 깊이'가 더 중요함을 강조하는 것이다. 생애사 연구는 연구참여자 수를 늘리는 데보다 연구참여자 한 사람 한 사람의 삶을 깊이 이해하는 데 노력을 쏟는다.

나아가서 생애사 연구는 개인의 삶의 궤적을 깊이 이해하는 데 그치지 않고, 개인사를 통해 그 시대와 사회를 재조명한다. 이론이나 통계가 아니라 개인의 주관적 경험을 통해 시대와 사회를 들여다본다. 특히 제 목소리를 내지 못하는 사회적 약자들, 소수자들의 위치에서 그들의 관점으로 그들이 살아온 시대와 사회를 바라본다. 그리하여 우리가 보지 못했던 우리 사회 우리 시대의 또 다른 모습을 보여 준다. 우리로 하여금 우리가 바라는 세상은 어떤 모습인지 깊이 생각하게 한다.

생애사 연구의 방법론적 특징에 대해서 자세히 살펴보면 다음과 같다.

1) 서사성: 삶의 서사를 통한 생애사 연구

　생애사 연구는 연구참여자의 삶의 서사를 통해 그의 생애사를 연구한다. 서사란 무엇인가? 앞서 제5장 내러티브 탐구[6]에서 논한 바와 같이 내러티브(narrative), 즉 서사란 복잡다단한 인간의 경험을 구조화한 이야기이다. 경험이라는 것이, 우리가 잠시 멈춰서 그것을 들여다보고 그것이 무엇인지 이해했을 때 비로소 '경험'이 된다. 의미를 부여한 것이다. 우리는 그것을 이야기의 형태로 표상한다. 흘러가는 일상에 의미를 부여하고 그 의미를 중심으로 일상의 조각조각들을 유기적으로[7] 엮어 이야기를 구성한다. 이것이 내러티브, 서사이다. 그리하여 그것은 그냥 흘러가 버린 일상이 아니라 '경험'으로 우리의 기억 속에 살아간다.

　'살아간다'라고 말한 이유는 그것이 단지 과거에 머물러 있는 것이 아니기 때문이다. 우리는 종종 기억 속에서 과거의 경험을 꺼내서 다시 들여다보고 그것이 무엇이었는지 다시금 새로이 깨닫는다. 새로운 의미를 부여하는 것이다. 과거의 경험은 현재 속에서 끊임없이 재해석된다. 그렇게 우리는 자신의 생애 서사를 써간다. 세상 경험이 쌓일수록 우리의 생애 서사도 깊고 풍부해진다.

　생애사 연구는 삶의 서사에 주목한다. 이른바 '이야기한 삶', 즉 연구참여자가 이야기하는 삶의 서사에 관심을 기울인다. 인류학자 에드워드 브루너(Edward M. Bruner, 1984)[8]는 '이야기한 삶', '경험한 삶', '산 삶'을 구별하였다.[9] '산 삶'은 개인에게 실제 일어난 일들을 지칭하고, '경험한 삶'은

---

6) '서사(narrative)'에 대해서는 제5장 내러티브 탐구를 참고하기 바란다.

7) '유기적'이란, 표준국어대사전에 의하면, 생물체처럼 전체를 구성하고 있는 각 부분이 서로 밀접하게 관련을 가지고 있는 것을 뜻한다. 앞서 제5장 내러티브 탐구에서 '플롯'의 사전적 의미에 대해 논하면서 '유기적' 배열과 서술을 강조한 점을 상기하기 바란다.

8) 교육학계에 잘 알려진 심리학자 제롬 브루너(Jerome Bruner)와 구별하기 위하여 '에드워

그에 대한 개인의 주관적인 생각이나 느낌 등을 지칭하며, '이야기한 삶'은 그에 대한 이야기, 즉 내러티브를 지칭한다. 브루너(E. Bruner)에 의하면, 이야기한 삶은 화자(話者)의 이야기를 듣는 청자(聽者), 이야기를 하는 상황과 맥락, 나아가서 스토리텔링(storytelling)에 대한 사회문화적 관념과 관습에 영향을 받는다. 말하자면, 화자가 누구에게 이야기를 하는가, 어떤 상황과 맥락에서 이야기를 하는가, 나아가서 소속된 사회의 이야기 문화나 관습은 어떠한가 등이 화자의 내러티브에 영향을 미친다는 것이다.

브루너(E. Bruner)의 '이야기한 삶'의 개념은 생애사의 서사성을 잘 설명해 준다. 그러나 그가 주장하는 세 가지 유형의 삶은 논란의 여지가 있다. 과연 '산 삶', '경험한 삶', '이야기한 삶'이 명확하게 구분될 수 있는 것인가? 실체적 규정도, 개념적 구분도 쉽지 않다. 더 중요한 문제는 그 기저에 깔린 전제이다. '산 삶'이라고 하는 객관적 실재가 있고, 이에 대한 주관적 체험은 '경험한 삶', 체험자의 이야기는 '이야기한 삶'으로 구분한 것이다. 이를테면, 객관적 입장에서 본 나의 삶이 있고, 나 자신이 체험한 주관적 입장에서의 나의 삶이 있고, 내가 타인에게 이야기한 나의 삶이 있다는 것이다. 그렇다면 '객관적' 입장, 즉 '제삼자의' 입장이란 누구의 입장인가? 누구의 관점에서 본 삶인가?

연구자가 마치 타임머신을 타고 과거로 돌아가서, 연구참여자의 과거 행적을 전지적(全知的) 시점에서 서술하는 연구. 이 같은 종래의 연구에서

드'라는 이름도 표기하였다. 제5장 내러티브 탐구에서 제롬 브루너(Bruner, 1986)의 '내러티브적 사고'에 대해 논하였다. 제롬 브루너(Bruner, 1987)는 '내러티브로서의 삶(life as narrative)'에 대해서도 논한 바 있다. 제롬 브루너(J. Bruner)의 '내러티브적 사고', '내러티브로서의 삶'과 에드워드 브루너(E. Bruner)의 '이야기한 삶'에 대해 비교 고찰해 보기 바란다.

9) 영어로 표기하면, 'life as lived'(산 삶), 'life as experienced'(경험한 삶), 'life as told'(이야기한 삶)이다. 이들 용어는 '살아온 생, 경험된 생, 말해진 생' 또는 '실제로 산 삶, 경험된 삶, 이야기된 삶' 혹은 '살았던 생애사, 체험된 생애사, 이야기된 생애사' 등으로도 번역되었다.

생애사 연구는 탈피한다. 생애사 연구자는 현재의 삶을 살아가고 있는 연구참여자가 과거를 돌아보고 자신의 지나온 삶에 대해 들려주는 이야기에 귀를 기울인다. 생애사 연구자는 연구참여자가 자신의 지나온 삶을 어떻게 이해하는지, 어떠한 의미를 부여하는지에 관심을 기울인다. 생애사 연구자는 연구참여자가 현재의 시점에서 자신의 과거 경험들을 어떻게 해석하는지 그리고 그 수많은 경험을 어떻게 유기적으로 엮어서 이야기로 풀어내는지에 주목한다. 그리하여 생애사 연구자는 연구참여자의 위치에서 그의 눈으로 그가 살아온 생애를 바라보고, 연구참여자의 삶의 서사를 통해 그의 생애를 깊이 이해하고자 한다.

이 같은 서사성은 생애사 연구의 가장 중요한 특징으로 꼽히고 있다. 이 때문에 생애사 연구는 종종 내러티브 탐구 연구방법론의 한 유형으로 다루어지기도 한다.[10] 이 책에서도 제5장 내러티브 탐구에서 생애사 연구에 대하여 간략하게 다루었다. 그러나 내러티브 탐구와 구별되는 연구방법론적 특성을 부각시키며 생애사 연구를 독자적인 연구방법론으로 활용하는 추세이다. 그 중요한 특성 중의 하나가 바로 맥락성이다.

2) 맥락성: 삶의 맥락 속의 생애사 연구

생애사 연구는 연구참여자가 살아온 삶의 맥락 속에서 그의 생애사를 연구한다. 일찍이 브론펜브레너(Bronfenbrenner)가 그의 저서 『The Ecology of Human Development(인간 발달의 생태학)』(1979)에서 주장한 바와 같이,[11] 인간의 삶은 그가 살고 있는 환경과의 상호작용 속에서 이해

---

10) 생애사 연구에 대해 더 읽기 전에 여기서 제5장 내러티브 탐구를 필독하기 바란다. 생애사 연구의 서사성을 보다 깊이 이해하는 데, 또한 생애사 연구의 방법론에 대한 배경지식을 쌓는 데 도움이 될 것이다.

되어야 한다. 생애사 연구자는 연구참여자의 가정 환경과 성장 배경, 나아가 사회적·문화적·경제적·정치적·역사적 맥락 속에서 연구참여자가 살아온 삶을 연구한다. 그리하여 연구참여자를 둘러싼 여러 다양한 환경이 연구참여자의 삶에 어떻게 복합적으로 작용하였는지, 그의 삶에 어떠한 영향을 미쳤는지 등을 고찰한다. 아울러 연구참여자가 자신이 처한 상황과 환경을 어떻게 이해하고, 그에 어떻게 대응하였는지, 그것은 또 어떠한 결과를 가져왔는지, 그의 삶은 어떻게 변화하였는지 등을 고찰한다.

그런 점에서 생애사 연구자는 결정론적 접근이나 자유의지론적 접근 모두를 경계한다. 개인을 둘러싼 환경, 사회, 경제, 문화가 개인의 삶을 결정한다는 결정론적 접근 또는 인간은 외부의 영향이나 제약에 상관없이 스스로 자신의 삶을 결정한다는 자유의지론적 접근에서 벗어나 인간과 환경과의 상호작용 속에서 인간의 삶을 이해하고자 한다.

생애사 연구자 콜과 놀스(Cole & Knowles)는 생애사 연구의 맥락성을 특히 강조하였다. 그들의 저서 『Lives in Context: The Art of Life History Research (맥락 속의 삶: 생애사 연구의 예술)』(2001)[12] 제목이 시사하듯, 콜과 놀스(Cole & Knowles)는 생애사 연구는 한 인간이 삶아온 삶의 궤적을 그가 살아온 삶의 맥락 속에서 이해하는 연구임을 강조하였다. 그리고 이 맥

---

11) 『The Ecology of Human Development』(1979)와 함께 브론펜브레너의 '생태체계이론 (Ecological Systems Theory)'을 참고하기 바란다(Bronfenbrenner, 1992). '생태학적 체계 이론', '생태시스템 이론', '생태계 이론' 등으로도 지칭된다. 브론펜브레너(Bronfenbrenner) 는 아동 발달에 영향을 미치는 환경을 마치 생태계와 같이 여러 다양한 복합적 체계로 개념 화하였다. 아동에게 제일 가깝고 직접적인 영향을 미치는 환경, 예를 들어 가정, 학교 등에서 지역사회, 사회적 제도, 법, 문화, 전통 등에 이르기까지 아동을 둘러싼 환경을 미시체계 (microsystem), 중간체계(mesosystem), 외체계(exosystem), 거시체계(macrosystem), 연대 체계(chronosystem)로 구조화하고, 아동과 환경과의 상호작용 속에서 아동의 발달 과정을 이해하였다.

12) 예술(藝術)은 기예와 학술을 의미한다.

락성이 생애사 연구를 내러티브 탐구와 구별 짓는 가장 중요한 특징이라고 주장하였다.[13] 콜과 놀스(Cole & Knowles)에 의하면, 생애사 연구자는 연구참여자가 이야기하는 삶의 서사를 그가 살아온 삶의 맥락 속에서 이해한다. 탈맥락적 접근을 경계한다.

　어떤 사회에 사느냐, 어떤 시대에 사느냐는 개인의 삶에 큰 영향을 미친다. 그리고 그 시공간 속에서 어떤 위치에서 사는가도 중요한 영향을 미친다. 같은 사회, 같은 시대를 산다 해도 여성으로, 약자로 또는 장애인으로 사는 삶은 그와 다른 위치에 있는 사람들의 삶과 사뭇 다를 것이다. 개인의 위치에 따라 삶은 달리 경험되고 달리 이해된다. 그러므로 한 인간이 살아온 삶을 온전히 이해하기 위해서는 그가 어떤 사회, 어떤 시대를 살아왔는가뿐만 아니라 어떤 위치에서 그 사회와 시대를 살아왔는가를 이해해

---

13) 이 주장은 자칫 내러티브 탐구는 삶의 맥락에 관심을 두지 않는다는 말로 들릴 수 있어 오해의 소지가 있다. 내러티브 탐구자 클랜디닌과 카늘리(Clandinin & Connelly, 2000)는 '3차원적 내러티브 탐구 공간(three-dimensional narrative inquiry space)'이라는 일종의 은유적 표현으로 내러티브 탐구의 맥락성을 강조하였다. 3차원적 내러티브 탐구 공간은 첫째 '시간', 즉 과거와 현재와 미래의 연속성, 둘째 '장소' 그리고 셋째 '상호작용', 즉 개인적인 것과 사회적인 것의 상호작용으로 구성된다. 내러티브 탐구자는 연구참여자의 서사를 그의 과거, 현재, 미래의 연속선상에서 그리고 그가 살아온 물리적 환경과 사회적 상황 속에서 이해하고자 한다. 그런 내러티브 탐구자들에게, '내러티브 탐구는 연구참여자의 서사에 지나치게 의존한다'는 비판은 부당하게 들릴 것이다. 내러티브 탐구자들에게, '생애사 연구는 내러티브 탐구에서 한 걸음 더 나아가 연구참여자의 서사를 그가 살아온 삶의 맥락 속에서 고찰한다'는 생애사 연구자들의 주장 또한 적절치 않다고 여겨질 것이다. 그럼에도 불구하고, 내러티브 탐구자들의 '형식주의'에 대한 비판론은 탈맥락적으로 들릴 수도 있다. 앞서 제5장 내러티브 탐구의 3절 '왜 내러티브 탐구인가'에서 논한 바와 같이, 형식주의에 입각한 연구는 연구참여자의 경험을 이론적 틀에 맞추어 설명하려 한다. 이때 연구참여자는 특정 범주의 표현체(表現體)가 된다. 연구참여자를 계급, 성별, 나이, 문화, 인종, 국적 등 특정 범주를 나타내는 표현체로 보는 것이다. 이 같은 형식주의적 접근을 비판하며, 내러티브 탐구자는 연구참여자를 한 사람으로, 예컨대 여자이기 이전에 한 사람으로, 세상이 붙인 꼬리표를 다 떼어 버리고, 유일무이한 한 사람으로 대한다. 연구참여자에 대한 이같은 자세와 접근은 탈맥락적이라는 오해와 비판을 종종 받는다.

야 한다. 다시 말해, 삶의 맥락을 이해해야 한다. 그래야 그의 위치에서 그
의 관점으로 그가 살아온 삶을 이해할 수 있다. 그가 이야기하는 삶의 서
사를 이해할 수 있다. 생애사 연구의 서사성은 맥락성을 기반으로 할 때
온전히 발휘될 수 있다.

3) 관계성: 연구자와 연구참여자의 공동 연구

생애사 연구의 서사성은 전통적인 연구자/연구참여자의 관계에서 벗
어남을 시사한다. 우리는 아무에게나 자신이 살아온 삶에 대해 이야기하
지 않는다. 설령 이야기해 달라는 부탁을 받는다 해도 사람을 가려 이야기
를 한다. 어떤 이에게는 형식적으로 대강 이야기하고, 어떤 이에게는 마음
속 깊은 곳에 묻어 둔 이야기를 털어놓는다. 상대가 누구냐에 따라, 더 정
확히 표현하자면, 화자(話者)와 청자(聽者)의 관계에 따라, 화자는 자신의
삶에 대해 어떤 이야기를 얼마나 어디까지 어떻게 할지 선택을 한다. 앞서
브루너(E. Bruner, 1984)의 '이야기한 삶'에서 언급한 바와 같이, 화자의 내
러티브는 화자의 이야기를 듣는 청자 그리고 이야기를 하는 상황과 맥락
에 영향을 받는다.

연구참여자와 연구자도 마찬가지이다. 연구참여자가 생판 모르는 연구
자에게 자신이 살아온 삶에 대해 무슨 이야기를 하겠는가. 한 발 뒤로 물
러서서 거리를 두고 있는 연구자에게 연구참여자가 무슨 이야기를 하겠는
가. 자신의 삶을 한낱 데이터 취급하는 연구자에게, 데이터 오염을 걱정하
는 연구자에게, 그래서 객관적이고 중립적이어야 한다는 강박에 빠진 연
구자에게 연구참여자가 무슨 이야기를 하겠는가.

생애사 연구자는 전통적인 연구자/연구참여자의 관계에서 벗어나서 연
구참여자와 새로운 관계를 맺는다. 생애사 연구자와 연구참여자의 관계는
객관성과 중립성의 가치보다 신뢰와 공감을 우선시한다. 거리두기의 원칙

보다 소통을 우선시한다.

　　나아가서 생애사 연구자는 연구참여자의 타자화를 경계한다. 생애사 연구자는 연구참여자를 단지 연구의 대상으로 취급하거나 또는 자신에게 유용한 정보를 제공하는 고마운 제보자 정도로 대하지 않는다. 생애사 연구자는 연구참여자를 연구에 초대[14]하여 생애사 연구의 전 여정을 연구참여자와 함께한다. 연구참여자는 자신이 살아온 삶에 대해 연구자에게 이야기하며 연구자와 함께 그의 지나온 삶을 되돌아보고 그 의미를 되새기고 재해석한다. 그렇게 연구참여자는 연구자와 함께 그의 삶의 서사를 재구성한다. 그렇게 연구자는 연구참여자와 함께 그의 생애사를 연구한다. 생애사 연구는 연구자와 연구참여자의 공동 연구라 할 수 있다.

3. 생애사 연구의 과정

　　서사성, 맥락성, 관계성을 특징으로 하는 생애사 연구를 어떻게 할 것인가? 생애사 연구는 발현적 설계(emergent design)의 원리에 기초한다(Cole & Knowles, 2001). 발현적 설계는 예측불허의 현장 상황에 적절하게 계획을 변경하거나 현장에서 새로운 계획을 세워 진행하는 것을 말한다. 삶이 그러하듯, 연구도 한 치 앞을 내다보기 어려운 때가 많다. 연구자가 아무리 철저히 계획을 세웠어도 현장에 나가면 허사가 되는 경우가 숱하다. 현장 상황에 따라 그때그때 적절히 대응해야 한다. 그래서 연구설계에 있어 발현적 접근이 필요하다.

---

14) 생애사 연구자 콜과 놀스(Cole & Knowles)는 '표집', '샘플링(sampling)'이라는 용어를 거부하고 '초대(invitation)'라는 용어를 사용하였다. 필자도 생애사 연구에 '초대'라는 용어가 더 적절하다고 사료되어 "연구참여자를 연구에 초대"한다는 표현을 사용하였다.

그렇다고 미리 계획을 세울 필요가 없다는 말이 아니다. 세심히 계획을 세우되 유연해야 한다. 특히 생애사 연구는 연구자가 연구참여자를 연구에 초대하여 연구의 전 과정을 연구참여자와 함께 의논하고 함께 결정하고 함께 진행해 나아가는 연구이기에 창발적 접근이 더더욱 필요하다.

그럼 발현적 설계의 원리에 기초한 생애사 연구의 과정과 방법에 대해 살펴보자. 먼저, 생애사 연구의 과정을 간략하게 제시하면 다음과 같다.[15]

- 연구자 자신에 대한 깊은 성찰
- 발현적 연구설계
- 문헌고찰
- 연구참여자 초대
- 생애사 자료 수집
- 생애사 자료 해석
- 생애사 쓰기

이 절에서는 생애사 연구의 과정에서 '연구자 자신에 대한 깊은 성찰', '발현적 연구설계', '문헌고찰' 그리고 '연구참여자 초대'에 대해 살펴보겠다.

1) 연구자 자신에 대한 깊은 성찰

생애사 연구는 연구자 자신에 대한 성찰로부터 시작한다. 연구자가 연구의 여정을 떠나면서 자신이 지금까지 살아온 삶, 자신이 겪은 경험들, 자신이 가지고 있는 신념과 관점 등을 어찌 집에 두고 갈 수 있겠는가. 그

---

15) 콜과 놀스(Cole & Knowles, 2001)의 생애사 연구방법론에 기초하여 생애사 연구의 과정을 제시하였다.

래서 어떤 연구자들은 객관성의 가면과 중립성의 망토를 두르고 연구의
여정을 떠난다. 생애사 연구자는 애써 이를 감추려 하지 않는다. 오히려
자신이 가지고 가는 것이 무엇인지 들여다보고 비판적 성찰을 한다.

　예를 들어, 생애사 연구자는 연구의 여정을 떠나기 전에 자신이 왜 이
연구에 관심을 가지게 되었는지, 어떻게 여기까지 오게 되었는지, 지나온
길을 되돌아보고, 연구자의 '자전적 연구사(研究史)'를 쓴다.[16] 그리고 자신
이 쓴 자전적 연구사를 찬찬히 읽으며 연구자 자신에 대해 깊이 성찰한다.
연구자로서 자신이 가지고 있는 이상과 신념, 입장과 관점, 세계관과 가치
관 등에 대해 비판적으로 성찰한다. 그리하여 타자에 대한 연구의 여정을
떠나기 전에 연구자 자신에 대해, 연구자로서 자신은 어떠한 사람인지, 어
떠한 이상과 신념, 입장과 관점, 세계관과 가치관을 가지고 있는 연구자인
지, 연구자로서 자기인식과 자기이해를 제고한다.

2) 발현적 연구설계

　생애사 연구는 발현적 설계의 원리에 기초한다. 발현적 설계란 연구 상
황에 적절하게 연구계획을 수정, 변경하거나 새로운 계획을 세워 진행하
는 것을 말한다. 현장에 나가 본 연구자라면 알 것이다. 연구 현장이 실험

---

16) 일반적으로 질적연구자들은 '서론' 또는 '연구의 필요성 및 목적'을 제시하기 전에 '연구의 배
　경'을 프롤로그 형식으로 제시, 이 연구를 왜, 어떻게 하게 되었는지 서술한다. 독자들도, 연
　구자나 연구참여자와 마찬가지로, '해석자'라고 생각하기 때문이다. 아울러 독자들을 해석에
　초대하기 위함이다. 독자들이 연구자가 이 연구를 왜, 어떻게 하게 되었는지 알면 연구자의
　해석에 대해 더 깊이 이해할 수 있을 것이라는 생각에서, 독자들이 연구자의 해석을 깊이 해
　석하기 위해서는 연구자에 대해, 연구자가 살아온 삶에 대해 알아야 한다는 생각에서 '연구
　의 배경'을 쓴다. 생애사 연구자가 '자전적 연구사'를 쓰는 데에는 이러한 이유들도 있다. 그
　러나 독자에 앞서, 무엇보다도, 연구자 자신에 대한 성찰을 위해, 연구자 자신에 대한 보다
　깊은 이해를 위해 자전적 연구사를 쓴다.

실처럼 연구자가 통제할 수 있는 곳이 아니라는 것을. 연구자가 계획한 것을 그대로 적용할 수 있을 만큼 예측 가능한 곳도 아니고, 연구자의 계획대로 밀어붙일 수 있을 만큼 만만한 곳도 아니라는 것을 알 것이다. 현장에 나가 연구를 해 본 연구자라면, 현장 상황에 적절하게 연구자가 계획한 것을 수정, 변경해야 함을, 또 때로는 현장에서 새로운 계획을 세워야 함을 배웠을 것이다. 철저한 계획과 강력한 추진력보다 유연성과 창의성이 더 필요함을 깨달았을 것이다. 발현적 설계의 필요성을 절감했을 것이다.

흔히 연구방법을 소개하는 책들을 보면 표나 그림으로 연구의 절차나 방법 등을 명확하게 제시해 준다. 그대로 따라 하면 될 것 같은 기대감과 안도감을 준다. 그러나 생애사 연구는 그렇게 따라 할 수 있는 연구가 아니다. 매뉴얼대로 하면 되는 연구가 아니다. 사실 생애사 연구의 과정과 방법을 매뉴얼화할 수도 없다. 한 사람 한 사람의 삶의 궤적을 깊이 고찰하는 연구를 어찌 표준화할 수 있겠는가. 매뉴얼대로 연구를 하면 연구참여자가 살아온 삶을 이해하게 된다고 어찌 말할 수 있겠는가.

그렇다고 임기응변식이나 주먹구구식으로 해도 된다는 말이 아니다. 미리 계획을 세울 필요가 없다는 말이 아니다. 계획을 세우되 유연해야 하고, 유연하되 원칙은 지켜야 한다. 생애사 연구자 콜과 놀스(Cole & Knowles, 2001)는 생애사 연구를 이끄는 네 가지 원칙을 다음과 제시하였다.

첫째, 관계성의 원칙으로, 생애사 연구자는 연구의 전 과정을 연구참여자와 함께 의논하고 함께 결정하고 함께 진행해 나아간다. 둘째, 상호호혜의 원칙으로, 생애사 연구자는 연구참여자와 대등한 관계에서 서로에게 호혜적인 방식으로 연구를 진행한다. 셋째, 공감의 원칙으로, 생애사 연구자는 연구자의 입장에서 벗어나서 연구참여자의 입장에 서서 보고 생각하고 판단하며 연구를 진행한다. 넷째, 존중과 배려의 원칙으로, 생애사 연구자는 연구참여자를 존중하고 배려하며 연구를 진행한다.

관계성의 원칙, 상호호혜의 원칙, 공감의 원칙, 존중과 배려의 원칙. 한 사람의 삶의 궤적을 깊이 연구하는 데 있어 연구자가 지켜야 할 원칙이다. 생애사 연구자는 관계성, 상호호혜, 공감, 존중과 배려의 원칙에 기초하여 생애사 연구를 진행한다.

3) 문헌고찰

'생애사 연구에 문헌고찰이 뭐 필요하냐'라고 말하는 이도 있다. '한 사람의 삶을, 세상에 하나뿐인 존재의 삶을 이해하는 데, 문헌고찰이 왜 필요하냐'라고 반문하는 이도 있다. '문헌고찰보다 연구참여자가 살아온 삶을 깊이 이해하는 데 더 노력을 쏟아라'라고 조언하는 이도 있다.

그러나 그래서 문헌고찰이 필요하다. 한 개인이 살아온 삶을 깊이 이해하기 위해서 문헌고찰이 필요하다. 연구참여자가 살아온 시대, 사회에 대한 이해가 있어야 연구참여자가 살아온 삶에 대해 더 깊이 이해할 수 있다. 연구참여자와 한 사회에서 같은 시대를 살아온 사람들의 삶에 대한 이해가 있어야 연구참여자의 삶에 대해 더욱 깊이 이해할 수 있다. 연구참여자의 삶의 맥락에 대한 이해가 있어야 그의 삶을 더욱더 깊이 이해할 수 있다.

따라서 생애사 연구의 문헌고찰은 학술 논문에 국한되지 않는다. 학술 논문, 학술 도서, 연구보고서 등은 물론이고, 신문 기사, 뉴스, 르포, 다큐 등, 나아가서 소설, 미술, 영화 등 예술 작품도 포함된다. 생애사 연구자는 연구참여자가 살아온 삶과 삶의 맥락을 이해하는 데 필요한 여러 다양한 문서, 기록물, 표현물 등을 문헌고찰의 대상으로 삼아 광범위한 문헌고찰을 한다.

4) 연구참여자 초대

생애사 연구자 콜과 놀스(Cole & Knowles, 2001)는 '표집(sampling)'이나

연구참여자 '선정(selection)'이라는 용어 대신 '초대(invitation)'라는 용어를 사용하였다. 표집은 모집단의 특성을 반영하는 표본을 추출하는 방법이다. 모집단을 대상으로 전수조사가 어려운 상황에서 모집단을 대신할 수 있는 일부 대상, 즉 표본을 뽑아서 표본을 통해 모집단의 특성을 추정한다. 따라서 표집은 대표성을 기준으로 하며 일반화를 목적으로 한다.

질적연구자들은 연구주제를 탐구하는 데 적절한 연구참여자를 선정하는 것이 중요하기 때문에 모집단을 대표하는 표본 추출에 크게 관심을 두지 않는다. 그래서 '표집'이라는 용어를 사용하지 않는 편이다. '연구참여자 선정'이라는 용어를 많이들 사용한다. 그럼에도 불구하고 표집 논리에 기초한 연구참여자 표집 또는 선정 방법들이 다양하게 개발되어 폭넓게 활용되고 있다. 예컨대, 다종다양사례(maximum variation sampling), 전형사례 표집(typical case sampling), 중요사례 표집(critical case sampling), 예외사례 표집(deviant case sampling), 특이사례 표집(unique case sampling) 등에 대해 질적연구방법 저서들에서 쉽게 찾아볼 수 있다(Miles & Huberman, 1994; Patton, 1990).[17]

이러한 방법들에 대해 콜과 놀스(Cole & Knowles)는 다음과 같이 비판하였다.

왜 이렇게 과학 기술적이고 뭔가 전문적으로 보이는 라벨을 붙이는가?…. 지극히 상식적인 생각들을 왜 이런 과학적 용어로 포장해야 하는가? 실증주의적 이상을 도저히 포기할 수 없기 때문인가? 자신들이 주장하는 바를 학문적으로 보이게 하고 싶어서인가? 일찍이 숀(Schön, 1987)이 기술적 합리성 패러다임(Technical Rationality Paradigm)을 신랄하게 꼬집어 말했듯, 실천세계의 늪에서 빠져나와 저 높은 고상한

17) 이 같은 표집방법에 대해서는 이 책의 제7장 사례연구를 참고하기 바란다.

이론세계에 끼고 싶어서인가? 우리는 인간의 삶에 대한 연구에 있어 이러한 과학화를 더 이상 영속화하고 싶지 않다(Cole & Knowles, 2001: 66).

실증주의 논리, 표집의 논리에서 빠져나오지 못한 연구자들. '어떻게'라는 실증주의적 질문에 골몰한다. 과학적 절차를 내놓아야 하는데, '어떻게 연구참여자를 선정하는가'를 어떻게 과학적으로 설명할 수 있을까 고민한다. 궁여지책으로 과학적 전문 용어로 포장한 방법들을 내놓는다.

그러나 '어떻게'라는 실증주의적 질문에서 벗어나서 더 중요한 질문을 던져야 한다. 연구참여자는 누구인가? '어떻게(how)' 연구참여자를 선정하는가에 앞서 연구참여자는 '누구(who)'인가를 물어야 한다.

연구자가 연구하고자 하는 주제에 대해 많은 것을 배울 수 있는 사람. 그가 바로 연구참여자이다. 이 사람과 연구하면 연구하고자 하는 주제에 대해 많은 것을 배울 수 있기에 그를 연구참여자로 초대한다.[18] 여기에 그 무슨 현란한 선정 방법들이 필요하겠는가?

그렇다면 연구자가 연구하고자 하는 주제에 대해 많이 배울 수 있는 사람임을 어떻게 알 수 있는가? 생애사 연구자는 시중에 나와 있는 표집이나 선정 방법에 의존하기보다 자신이 직접 연구참여자를 찾아 나선다. 예컨대, 주위 사람들 중에서 또는 지인의 소개나 추천을 통해서 또는 자신의 연구에 대해 널리 알림을 통해서 연구참여자를 찾아 나선다.[19] 여러 사람을 만나서 대화를 나누고, 또 그중 몇몇 사람과는 여러 차례 더 만나서 이

---

18) 사례연구자 스테이크(Stake)의 주장과 일맥상통한다. 스테이크의 사례연구(Stake, 1995), 특히 사례연구의 연구참여자 선정에 대해서는 이 책 제7장을 참고하기 바란다.

19) 앞서 제5장 내러티브 탐구 4절 '내러티브 탐구의 방법'에서 필자의 연구를 예시하며 필자가 연구참여자를 찾아 나선 경험에 대해 이야기를 하였다. 이를 참고하기 바란다.

야기를 나눈다. 많은 사람을 만나고 많은 시간을 들이고 많은 노력을 기울여 연구에 적절한 사람을 찾는다. 그리하여 '이 사람과 연구를 하면 내가 연구하고자 하는 주제에 대해 많이 배울 수 있겠다' 생각되는 사람을 연구에 초대한다.

연구자의 초대에 바로 응하는 사람도 있을 것이고, 연구자의 초대를 거절하는 사람도 있을 것이다. 연구자의 초대에 응했다고 그가 자동적으로 연구참여자가 되는 것은 아니다. 그도 연구자를 자신의 삶의 세계에 초대해야 한다. 연구자에게 자신의 삶의 세계를 보여 주고 싶은 마음이 생겨야 하고, 연구자에게는 자신의 삶의 세계를 보여 주어도 괜찮다는 신뢰가 생겨야 한다.[20] 그래야 연구자를 자신의 삶의 세계에 초대할 수 있다. 진정한 의미의 연구참여자가 되는 것이다.

그러므로 생애사 연구자는 연구참여자를 연구에 초대하고 서로 신뢰하는 관계를 형성하는 데 많은 시간과 노력을 쏟는다. 연구자의 초대에 연구참여자가 응했다고 바로 자료 수집에 덤벼드는 것이 아니라 연구참여자를 진정으로 연구참여자로 세우기 위해 노력한다. 그리하여 연구참여자는 연구자를 자신의 삶의 세계에 초대하고 연구자를 자신의 삶의 세계 속으로 깊이 더 깊이 이끈다.

4. 생애사 자료 수집

한 사람이 살아온 삶의 궤적을 깊이 이해하기 위하여 생애사 연구자는 여러 방법으로 다양한 자료[21]를 수집한다. 주요한 방법 몇 가지를 소개하

---

20) 이른바 '라포르(rapport)'라고 한다.
21) 생애사 연구자들은 대체로 '데이터(data)'라는 용어를 사용하지 않는 편이다. '데이터'라는

면 다음과 같다.

1) 생애사 면담

생애사 연구자는 연구참여자가 살아온 삶의 역정을 연구하기 위하여 연구참여자를 만나서 그의 삶의 이야기를 듣는다. 연구참여자들 중에는 '내가 살아온 이야기는 며칠 밤을 새워 말해도 다 못한다'고 하는 사람도 있고, '뭐 들려줄 만한 것도 없는데….'라고 하는 사람도 있다.

전자의 경우, 생애사 연구자는 연구참여자가 하고 싶은 이야기를 다 하도록 하고 그의 이야기를 경청한다. 이렇게 연구참여자가 하고 싶은 이야기를 자유롭게 하고 연구자는 그의 이야기를 경청하는 방식으로 면담이 한두 차례 또는 여러 차례에 걸쳐 진행될 수 있다. 연구참여자가 하고 싶은 이야기를 다 하고 나서 이를 바탕으로 생애사 연구자는 자신이 궁금한 것들, 더 알고 싶은 것들에 대해 연구참여자에게 질문한다. 이제 본격적으로 연구참여자와 그가 살아온 삶에 대해 이야기를 나눈다.

후자의 경우, 생애사 연구자는 왜 연구참여자가 이러한 반응을 보이는지 헤아린다. 자신이 살아온 삶이 보잘것없다고 생각해서인가? 남에게 이야기해 줄 만한 삶, 남에게 보여 줄만한 삶은 아니라고 생각해서인가? 아니면 차마 말할 수 없어서인가? 아니면 연구자에게 말해도 되는지 믿음이 가질 않아서인가?

용어가 가지고 있는 객관주의적 전제 때문이다. 앞서 제5장 내러티브 탐구에서 '데이터'의 어원과 그 기저에 깔린 객관주의적 전제에 대해 논하였다. 그리고 '데이터'라는 용어를 거부하고 '텍스트(text)'라는 용어를 사용하는 내러티브 탐구자들에 대해 소개하였다. 생애사 연구자들도 대체로 '데이터'라는 용어 대신, '텍스트'나 '정보(information)'라는 용어를 사용한다. 이 장에서 필자가 사용하는 '자료'라는 용어는 'data'의 번역어가 아니라 '연구나 조사의 바탕이 되는 재료'를 의미함을 밝혀둔다. '데이터'에 대한 논의는 제5장 내러티브 탐구를 참고하기 바란다.

신뢰의 문제라면, 앞서 '연구참여자 초대'에서 언급한 바와 같이, 연구자는 연구참여자와 신뢰 관계를 형성하는 데 더 많은 시간과 노력을 쏟아야 할 것이다. 아픈 기억을 끄집어내는 면담이라면, 연구자는 연구참여자의 입장에서 면담에 대하여 보다 신중히 접근해야 할 것이다.[22] 앞서 생애사 연구를 이끄는 원칙에 대해 논하였다. 관계성의 원칙, 상호호혜의 원칙, 공감의 원칙, 존중과 배려의 원칙을 철저히 준수하여 면담을 계획, 준비, 진행해야 할 것이다.[23]

가치의 문제라면, 즉 이야기할 가치, 들을 가치, 기록할 가치가 있는가 하는 문제라면, 생애사 연구자는 연구참여자와 왜 이 면담을 하는지, 왜 이 연구를 하는지 좀 더 이야기를 나누고 연구참여자가 연구의 목적을 충분히 이해하도록 해야 할 것이다. 연구참여자가 생각하기에 너무 사소하고 너무 하찮아서 이야기할 만한 가치가 없다고 여겨지는 것조차 연구자에게는 중요하고 경청할 가치가 있는 것임을 이해하도록 해야 할 것이다. 그래야 연구참여자가 연구자를 자신의 삶의 세계 속으로 깊이 이끌 수 있다. 그래야 연구자가 연구참여자의 삶의 노정을 깊이 이해할 수 있다.

'그보다 연구자가 면담 질문을 잘 하면 되지 않느냐'라는 반문을 제기하는 사람들도 있다. 물론 면담 질문을 잘 만들어서 잘하는 것도 중요하다. 그러나 연구참여자가 연구의 목적을 충분히 이해했을 때 그리하여 연구자와 연구참여자가 연구의 목적을 공유하고 있을 때, 연구참여자 스스로 무엇을 이야기할지 결정할 수 있다. 서사의 주체로 서는 것이다.

---

22) 이와 관련하여 김성례의 논문 「여성주의 구술사의 방법론적 성찰」(2002)과 이나영의 논문 「'과정'으로서의 구술사, 긴장과 도전의 여정」(2012)을 참고하기 바란다.

23) 이와 관련하여 일본군 위안부 피해자에 대한 구술사 연구, 예컨대 『강제로 끌려간 조선인 군위안부들』(1993, 1997, 1999, 2001a, 2001b), 김성례의 논문 「여성주의 구술사의 방법론적 성찰」(2002), 윤택림의 논문 「여성은 스스로 말 할 수 있는가: 여성 구술 생애사 연구의 쟁점과 방법론적 논의」(2010) 등을 참고하기 바란다.

생애사 면담은 전통적인 면담자/피면담자의 관계에서 탈피하여 연구참여자를 서사의 주체로 세운다. 생애사 면담의 연구참여자는 그저 질문에 답하는 사람, 물어야 말하는 사람이 아니라, 자기 스스로 이야기하는 사람, 서사의 주체로 선다. 자신이 살아온 삶에 대해, 누군가의 궁금증을 풀어 주기 위해서가 아니라, 무엇을 말해 달라는 요청에 따라서가 아니라, 자기 스스로 이야기한다.

이 같은 맥락에서 생애사 연구자와 연구참여자는 생애사 면담의 질문을 함께 결정한다. 연구자가 질문할 내용이나 질문 항목 등을 미리 구상하고 이를 연구참여자와 의논하며 면담 질문을 구성하기도 하고, 또는 연구참여자가 먼저 자신이 하고 싶은 이야기들을 연구자에게 말하고 연구자가 이를 목록화하여 면담 질문의 항목을 구성한 후 이에 대해 연구자와 연구참여자가 함께 의논하며 면담 질문을 구성하기도 한다.

면담 질문 구성 시 일반적으로 시간적 순서에 따라 구성한다. 예를 들어, 어린 시절부터 현재에 이르기까지 연대기적 순서로 생애사 면담 질문을 구성하는 것이다. 또는 연구참여자의 삶에 큰 영향을 미친 중요한 사건들을 중심으로 생애사 면담 질문을 구성한다. 예컨대, '퇴직', '사별', '독거' 등 연구참여자의 삶에 중요한 영향을 미친 사건들을 중심으로 각 중요 사건별로 현재에서 과거로 거슬러 올라가거나 현재와 과거를 넘나드는 방식으로 생애사 면담 질문을 구성한다. 시간적 순서에 따른 구성이든 중요 사건 중심의 구성이든 생애사 면담 질문은 연구참여자가 살아온 삶과 삶의 맥락을 이해하는 데 목적을 둔다. 그러므로 광범위한 내용을 포함한다. 일례로 윤택림(2019: 186-187)은 구술 생애사 면담 질문의 항목을 다음과 같이 제시하였다.[24]

---

24) 구술 생애사 면담 질문의 항목과 함께 면담 질문도 예시하였으니(윤택림, 2019: 187-188) 참고하기 바란다.

- 출생 시의 상황: 연도, 거주지, 가족(부부관계, 부모-자식관계), 친족 관계, 생계방식 (부모의 직업과 교육 정도), 계층, 사회적 지위
- 사회화 과정: 유년기, 청소년기의 가정교육 및 제도권 교육, 지역사회 교육, 학교생활
- 직업: 최초의 직업과 직장으로부터 시작하여 직업 변화 과정(남성은 군대생활 포함)
- 결혼: 연애, 중매 여부, 결혼 동기, 결혼 생활 내용, 부부관계(여성은 임신과 출산 포함)
- 가족생활: 부모-자식관계, 친족 관계, 육아와 자녀 교육, 가사노동, 레저, 취미
- 일상생활: 주거지, 식생활, 의생활, 활동반경, 일상적으로 반복하는 일
- 구술자의 나이에 따라서 생애과정 중 중년의 삶, 노년의 삶에 대한 질문

생애사 연구자는 연구참여자와 함께 생애사 면담 질문을 구성한 후, 모의면담 연습을 한다. 모의면담을 통해 면담 질문을 다듬고 나아가 연구자의 면담 기예(技藝)[25]를 숙련하기 위함이다. 연구참여자와 유사한 사람과 모의면담을 해 보는 것이 가장 좋지만, 여건이 허락하지 않을 경우, 연구자의 지인이라도 면담이 가능한 사람을 찾아서 모의면담을 해 본다. 연구자가 준비한 질문을 하고 그 질문에 대해 상대방이 어떤 반응을 보이는지 살핀다. 질문을 받고 불편해하지 않는지, 질문을 이해하지 못하는지 등 상대방의 반응을 살피고 의견을 듣고 이를 반영하여 면담 질문을 수정 보완한다. 아울러 면담 질문뿐 아니라 면담자의 자세, 태도, 목소리, 표정 등도 점검하고 실제 면담을 어떻게 할지 세심히 면담 준비를 한다.

---

25) 기예는 기술과 예술을 뜻한다. 면담은 연구자의 기예를 요한다.

생애사 면담 장소도 고려해야 한다. 면담 장소가 면담 내용에 영향을 미치기 때문이다(Cole & Knowles, 2001). 연구자의 연구실에서 하는 면담, 또는 연구참여자의 집이나 직장에서 하는 면담, 혹은 세칭 '제3의 공간', 예컨대 카페나 음식점 등에서 하는 면담, 각기 다를 것이다. 특히 생애사 면담은 연구참여자가 자신이 살아온 삶에 대해 이야기를 하는 자리이기에 더욱 그러하다. 특정 장소가 특정 기억을 자극해서 더 많은 이야기를 하게 할 수 있다. 그래서 생애사 연구자는 늘 같은 곳에서 면담을 하기보다 여러 다른 장소에서 생애사 면담을 진행한다. 연구참여자의 집, 직장, 또는 연구참여자가 자주 가는 곳 등 면담 장소를 달리한다. 물론 가장 중요한 조건은 연구참여자가 편하게 이야기할 수 있는 곳이어야 한다. 바꾸어 말하면, 생애사 연구자는 연구참여자가 편하게 이야기할 수 있는 구술 공간을 마련해야 한다. 생애사 면담 장소는 자유로운 구술 공간이어야 한다.

　면담을 한다 하면, 일반적으로, 연구자는 미리 준비한 질문을 하고 연구참여자는 이에 답하는 질의응답을 떠올린다. 이와 달리, 생애사 면담은 연구참여자가 자신이 살아온 삶에 대해 이야기하고 연구자는 연구참여자의 이야기를 경청하는 방식으로 진행된다. 연구자는 연구참여자의 이야기를 귀 기울여 듣고, 그런 다음 궁금한 것들, 더 듣고 싶은 것들, 이야기를 나누고 싶은 것들을 질문한다. 연구자의 질문에 연구참여자는 연구자를 자신의 삶의 세계 속으로 더 깊숙이 이끈다. 그렇게 깊이 더 깊이 그의 삶의 이야기를 이어 간다.

　생애사 면담을 통해 연구자는 연구참여자의 관점에서 연구참여자가 살아온 삶을 이해하고자 한다. 연구자가 마치 타임머신을 타고 과거로 돌아가서 연구참여자의 행적을 전지적 시점에서 서술하는 연구와 달리, 생애사 연구는 연구참여자의 위치에서 그의 눈으로 그가 살아온 생애를 바라보고 연구참여자의 삶의 서사를 통해 그의 생애를 깊이 이해하고자 한다. 그러므로 생애사 면담자는 현재의 삶을 살아가고 있는 연구참여자가 과거를 돌아보고 지나온 삶에 대해 들려주는 이야기에 귀를 기울인다. 생애사 면담자는 연구참여자가 자신이 살아온 삶을 어떻게 이해하는지를 이해하는 데 중점을 둔다.

생애사 면담은 충분한 시간을 갖고 진행한다. 보통 1회 2~3시간 정도 면담을 진행하는데, 면담 상황에 따라 면담자와 연구참여자가 적절하게 시간을 조정한다. 생애사 면담을 몇 번이나 해야 하느냐는 질문을 많이 한다. 이에 콜과 놀스(Cole & Knowles, 2001)는 '포화'[26)에 이를 때까지라고 말한다. 같은 이야기가 계속해서 나오면 이제 면담을 마칠 때가 되었음을 알게 된다. 포화에 이르기까지 몇 달이 걸리기도 하고 몇 년이 걸리기도 한다. 그러므로 충분한 시간과 기간을 가지고 생애사 면담을 준비, 수행한다.

생애사 면담은 연구참여자의 허락을 받아 영상으로 녹화한다. 연구참여자의 이야기뿐만 아니라 비언어적 표현, 몸짓말(body language), 예컨대 표정, 제스처(gesture), 자세 등의 자료를 수집할 수 있기 때문이다. 영상 녹화가 불가하면 연구참여자의 허락하에 음성 녹음을 하고 중요한 사항들은 노트에 메모를 한다.

생애사 면담 후, 빠른 시일 내에 영상녹화물 또는 음성녹음물을 문서화하여 녹취록을 작성한다. 이때 면담자가 녹취록을 직접 작성하는 것이 원칙이다. 일반적으로 면담 녹취록 작성을 말을 글로 옮기는 단순한 기계적 작업으로 생각한다. 그러나 어디에 마침표를 찍느냐, 어디에 쉼표를 넣느냐, 침묵을 어떻게 표기할 것인가, 간투사는 어떻게 할 것인가 등 녹취록을 어떻게 작성하느냐에 따라 면담이 다르게 읽힐 수 있다. 그러므로 면담자가, 즉 연구참여자와 직접 만나서 면담을 한 사람, 면담 상황과 면담 내용의 맥락을 가장 잘 알고 있는 사람이 녹취록을 작성해야 한다.[27) 녹취록

---

26) '포화(saturation)'의 개념에 대해서는 제3장 근거이론연구를 참고하기 바란다.

27) 불가피하게 면담자가 녹취록을 작성할 수 없는 경우, 녹취록 작성자를 면담 전에 결정하여

작성에 대하여 한국구술사연구회(2005: 141-142)는 다음과 같은 기본 원칙을 제시하였다.[28]

- 녹음된 내용은 '하나도 빠짐없이 있는 그대로, 생생하게' 녹취물로 표현한다. 즉, 녹음된 음성의 음가와 정황을 원상태 그대로 문자 언어로 전환한다. 면담자가 생각하기에 문법적으로 틀린 말이라고 해도 그대로 적어야 하며 사투리도 마찬가지이다.
- 가능한 한 음가를 살리기 위해 노력한다(예: 하아아햔, 허~, 에휴~ 등).
- 반복적으로 나타나는 구술자의 간투사도 일일이 기록한다…. 구술사료가 문서로 텍스트화되는 과정에서 가장 많이 편집되는 부분은 간투사나 도치·삽입, 동어반복과 같은 부분들이다. 녹취를 하는 사람의 입장에서는 '그냥, 뭐', '그러니까'와 같이 끊임없이 반복되는 간투사를 일일이 기록하는 것이 무의미하게 여겨질 수 있다. 그러나 간투사는 구술을 읽는 독자로 하여금 말하고 있는 구술주체의 호흡과 리듬을 따라갈 수 있도록 해 준다. 아울러 언어화할 수 없는 느낌이나 경험을 의미하기도 한다. 그러므로 간투사는 반드시 기록되어야 한다.
- 녹취문은 대화체로 표현한다. 면담은 면담자와 구술자 간의 대화이므로 녹취문도 대화 형식으로 작성되어야 한다. 면담자의 질문내용을 생략한 것은 녹취문이라고 할 수 없다.

녹취록 작성 후 녹취록을 검독(檢讀)한다. 이때 연구참여자도 검독에 참여한다. 생애사 연구자는 연구참여자에게 녹취록을 보내서 검토하도록 한

그를 면담에 참석하도록 한다.
28) 한국구술사연구회의 『구술사: 방법과 사례』(2005)에 제시된 '녹취문 작성의 기본 원칙', 윤택림의 『역사와 기록 연구를 위한 구술사 연구방법론』(2019)에 제시된 '구술자료의 텍스트화' 원칙을 참고하기 바란다.

다. 연구참여자가 녹취록을 읽고 확인하면 최종본을 작성한다. 만약 연구
참여자가 일부 삭제나 수정 요청을 하면 이에 대해 연구자와 연구참여자
가 함께 논의한다.

콜과 놀스(Cole & Knowles, 2001)는 다음과 같은 예시를 들었다. 연구참
여자가 녹취록에서 자신의 어머니에 대한 면담 내용을 읽어 보니 오해의
소지가 있어 이 부분을 일부 삭제하고 수정하고 싶다고 요청할 경우, 연구
자는 연구참여자에게 우려되는 부분이 무엇인지 물어보고 이에 대해 의
견을 나눈다. 그런 후에도 연구참여자가 '여전히 우려가 남아 있어 수정을
하고 싶다'고 하면, 연구참여자에게 녹취록에서 삭제하고 싶은 부분, 수정
하고 싶은 부분을 표시하고 어떤 내용을 어떻게 수정하고 싶은지 수정 사
항을 서술해서 연구자에게 보내도록 한다. 그리고 이를 반영하여 녹취록
을 수정 보완한다.[29]

녹취록을 읽으며, 또 녹취록에 대하여 연구참여자와 이야기를 나누며
생애사 연구자는 연구참여자가 자신이 살아온 삶을 어떻게 이해하는지 더
깊이 이해할 수 있게 된다. 그리하여 다음 면담에서 연구참여자의 삶의 세
계에 더 깊이 들어갈 수 있다. 그러므로 생애사 면담 후 바로 녹취록을 작
성, 검독하고 이를 토대로 다음 면담을 진행하도록 한다.

2) 참여관찰

생애사 연구자는 연구참여자가 살아온 삶과 삶의 맥락을 더 깊이 이해

---

29) 이 같은 수정 보완에 반대하는 연구자들도 많다. 예컨대, 한국구술사연구회(2005: 142)에서
제시한 검독의 원칙에 따르면, "구술 완료 이후, 검독작업 과정에서 구술자의 교정 요청 및
이의 제기사항은 원문은 그대로 유지하여 녹취문을 작성하되 각주에서 그 사유, 이의 제기
일시 장소 등을 명기하여 교정"해야 한다.

하기 위하여 연구참여자의 일상을 관찰한다. 물론 생애사 면담을 통해 연구참여자의 가족생활은 어떠했는지, 학교생활은 어떠했는지, 사회생활은 어떠했는지, 또 가족관계, 친구관계, 사회관계는 어떠한지 등에 대해 연구참여자와 이야기를 나누고 그의 삶의 맥락이 연구참여자의 삶에 어떠한 영향을 미쳤는지 고찰한다.

그러나 생애사 연구자는 듣는 것에 그치지 않고 직접 가서 본다. 연구참여자의 허락을 받아서 그의 일상을 관찰한다. 그가 하루를 어떻게 보내는지, 그가 가족들과 어떻게 지내는지, 그의 직장생활은 어떠한지, 연구참여자를 따라다니며 관찰한다. 때로는 한 발 물러서서 그를 지켜보고, 또 때로는 자연스럽게 그의 가족들이나 친구들, 동료들과 이야기를 나누며 그의 일상에 스며든다.

그렇게 연구참여자의 일상을 참여관찰하며 생애사 연구자는 연구참여자가 살아온 삶의 맥락을 이해하고 연구참여자의 위치에서 연구참여자의 시각으로 연구참여자가 살아온 삶을 바라본다. 나아가서, 연구참여자가 맺고 있는 관계망 속에서 그의 가족의 눈으로, 친구의 눈으로, 동료의 눈으로, 여러 다양한 관점에서 그가 살아온 삶을 바라본다. 더 나아가서, 연구참여자를 둘러싼 사회적 · 문화적 · 경제적 · 정치적 · 시대적 상황과 환경 속에서 그가 살아온 삶을 바라본다.

3) 기록물 수집

생애사 연구자는 연구참여자의 허락하에 연구참여자의 생애와 관련된 기록물을 수집한다. 기록물은 그 성격에 따라 공적 기록물과 개인적 기록물로 구분할 수 있다. 공적 기록물은 공식적 기록으로, 예를 들면 학교생활기록부, 건강기록부, 근무평정 등을 들 수 있다. 개인적 기록물은 연구참여자가 개인적으로 소장하고 있는 기록물을 말한다. 생산 주체에 따라 연구참여자가 직접 생산한 기록물과 다른 사람에 의해 생산된 기록물로 구분할 수 있다. 그리고 매체 특성에 따라 문서류, 시청각 기록물, 전자 기록물, 물품(artifact) 등으로 구분할 수 있다.

예를 들어, 연구참여자가 직접 생산한 문서류에는 일기나 일지, 메모, 서신, 나아가 논문이나 자서전 등이 있고, 시청각 기록물에는 사진이나 동영상 등, 전자 기록물에는 이메일(email)이나 에스엔에스(SNS) 게시글 등이 있다. 물품에는 연구참여자가 직접 만든 물건, 예컨대 공예품이나 일상용품 등이 있고, 다른 사람에 의해 생산된 물건으로 선물과 같이 연구참여자가 소중히 여기는 물건, 기념품과 같이 추억이 깃든 물건 등을 들 수 있다.

이와 같이 생애사 연구자는 여러 다양한 기록물을 광범위하게 수집한다. 기록물을 수집하는 중요한 이유는 연구참여자의 삶과 삶의 맥락을 깊이 이해하기 위함이다. 그러므로 생애사 연구자는 기록물을 통해 연구참여자의 삶의 맥락에 대하여 고찰하고 연구참여자가 살아온 삶의 맥락 속에서 그의 생애사를 탐구한다.

5. 생애사 자료 해석

생애사 자료 해석은 연구참여자가 살아온 삶의 궤적을 깊이 이해하는 데 목적을 둔다. 앞서 생애사 연구의 특징으로 서사성, 맥락성, 관계성에 대해 논하였는데, 이 세 가지 특성은 생애사 자료 해석의 과정에서 더욱 두드러지게 나타난다.

생애사 연구자는 생애사 면담을 통해 연구참여자의 구술 서사를 수집하고, 기록물 수집을 통해 연구참여자가 직접 쓴 일기나 편지, 이메일, 에스엔에스(SNS) 게시글 등을 수집한다. 수집한 생애 서사에 대한 해석을 통해 연구참여자가 자신이 살아온 삶을 어떻게 이해하고 있는지 파악하고 생애사적 주제를 도출한다.

아울러, 생애사 자료 해석은 맥락화를 특징으로 한다. 생애사 연구자는 참여관찰 및 기록물 수집을 통해 연구참여자의 삶의 맥락에 대한 정보와 자료를 수집한다. 또한 연구참여자와 생애사 면담을 하며 연구참여자가 자신이 처한 상황과 환경을 어떻게 이해하고 어떻게 대응하였는지에 관한 정보와 자료도 수집한다. 이를 토대로 연구참여자가 살아온 삶의 맥락 속에서 그의 생애 서사를 해석한다.

앞서 생애사 연구의 중요한 특징 중의 하나로 관계성에 대해 논하며, 생애사 연구는 연구참여자를 연구에 초대하여 생애사 연구의 전 여정을 연구참여자와 함께한다고 전술하였다. 생애사 자료 해석의 과정도 그러하다.

일반적으로 자료 해석이나 데이터 분석은 연구자의 몫으로 여겨져 왔다. 양적연구자들은 물론이고 질적연구자들도 대체로 자료 분석과 해석을 연구자의 고유 영역으로 여긴다. 연구자는 연구대상자 또는 연구참여자들로부터 자료를 수집한 후 수집한 자료를 자신의 연구실로 가져와서 혼자 분석, 해석한다. 연구자의 분석 결과에 대해 연구대상자가 모르는 경우가 허다하다. 정작 자신에 대한 이야기임에도 연구대상자 자신만 모른 채 세상에 알려지는 경우가 적잖다. 일찍이 이른바 '원시문화'를 연구한 19세기 식민주의적 문화기술지와 다를 바 없다.[30] 서구사회, 서구문화에서 나고 자란 백인 남성의 눈으로 본 타문화에 대한 이야기, 원주민들은 읽지도 못하는 영어로 원주민들에 대한 이야기를 써서 세상에 이름을 알린 문화기술자와 무엇이 다를 바가 있겠는가.

생애사 연구자는 이러한 약탈적 자료 수집, 식민주의적 연구를 거부한다. 생애사 연구자는 연구참여자를 해석자로 존중한다. 자신이 살아온 삶을 이해하려 하고 삶의 의미를 찾으려 하는 해석자. 그래서 생애사 연구

---

30) 이 책의 제2장 문화기술적 연구에서 논한 '비판적 문화기술지'를 참고하기 바란다.

자는 연구참여자의 삶의 서사에 귀를 기울인다. 자신이 살아온 삶을 어떻게 이해하고 있는지를 담고 있는 이야기, 즉 연구참여자의 해석에 귀를 기울인다. 생애사 연구자는 연구참여자의 삶의 서사에 겸손히 연구자 자신의 해석을 제시하고, 연구참여자와 서로의 해석을 교류, 공유하며 연구참여자가 살아온 삶에 대해 재해석한다. 이때 연구자와 연구참여자가 단 하나의 해석에 합의하는 것을 목적하지 않는다. 생애사 연구자와 연구참여자는 여러 다양한 해석의 가능성을 열어 놓는다. 서로 다른 해석을 인정한다. 그리하여 우리 삶에 대한 이해를 보다 깊고 풍부히 한다.

이제 생애사 자료 해석의 과정과 방법에 대해 자세히 살펴보자.

1) 프로필 스케치

생애사 면담, 참여관찰, 기록물 수집 등 여러 방법을 통해 수집한 다양한 자료를 한데 모아서 먼저 자료 전체를 통람(通覽)한다. 수집한 자료를 전체적으로 조감한 후 이제 자료를 하나하나 꼼꼼히 읽고 검토하며 그 내용을 숙지한다. 이를 토대로 연구참여자가 살아온 삶의 궤적을 개괄적으로 정리한다. 이것을 '프로필 스케치(profile sketch)'라고 한다(Cole & Knowles, 2001). 연구참여자의 일대기를 약술하는 것이다. 일반적으로 연대기적 서술 방식으로 프로필 스케치를 한다.

2) 에피퍼니를 통한 생애사적 주제 도출

연구참여자의 프로필 스케치 후 이제 본격적으로 연구참여자의 생애 서사를 분석한다. 생애 서사는 현재의 삶을 살아가고 있는 연구참여자가 과거를 돌아보고 자신의 지나온 삶에 대해 들려주는 이야기이다. 다시 말해, 생애 서사는 과거의 경험을 현재의 기억을 통해 서사적으로 구성한 것이다.

　　기억과 그 서술인 구술사는 단지 과거만이 아니라 과거-현재 관계를 수반한다. 구술사의 증언들은 필연적으로 현재의 사건들에 영향을 받으며, 생각하고 이야기 가능한 것을 재구성한 것이다. 그것들은 과거와 현재의 대화이며, 사적(private)인 기억들과 공적(public)인 재현들과의, 과거의 경험과 현재의 상황과의 상호관계이다(Popular Memory Group, 1982: 246). 이러한 인식은 단지 구술사 연구에만 적용되는 것은 아니다. E. H. 카(E. H. Carr)가 역사는 현재와 과거와의 대화라고 지적했듯이, 역사는 현재의 이해관계와 관점에서 항상 재해석되는 것이다…. 따라서 역사적 해석들은 사건들을 위한 특별한 플롯 구조를 갖고 특별한 종류의 이야기를 만들어 내는 것이다(윤택림, 1994: 279-281).

　　기억은 선택적이다. 우리의 기억 속에 있는 것들은 우리가 기억하고 싶은 것들, 기억하려 애쓴 것들 그리고 잊으려 해도 잊히지 않는 것들이다. 살면서 우리는 기억 속에 있는 것들을 꺼내서 다시 들여다보고 그것이 무엇이었는지 재해석하고 그에 새로운 의미를 부여한다. 그렇게 과거는 기억 속에서 현재를 살아간다.

　　또 우리는 종종 기억 속에 있는 것들을 꺼내서 타자에게 이야기를 한다. 그 이야기들은 그저 내가 겪은 일들에 대한 이야기가 아니다. 그 이야기들은 내가 누구인지, 내가 나를 어떻게 보는지 그리고 내가 남에게 어떻게 보이기 바라는지를 담고 있다. 이것이 생애 서사이다. 내가 무엇을 기억하고 내가 무엇을 이야기하는가. 그것은 바로 '나'라는 사람, 나를 만든 경험에 대한 이야기이다.

　　생애 서사에 대한 분석은 연구참여자가 기억 속에서 꺼내서 이야기하는 경험에 초점을 맞춘다. 왜 이 경험이 선택되었는가? 이 경험은 연구참여자에게 어떤 의미를 갖는가? 연구참여자가 들려주는 생애 서사 속에서 그 의미를 찾는다. 특히 연구참여자가 중요한 의미를 부여하는 경험, 에피퍼니

(epiphany)³¹⁾에 주목한다.

　생애사 연구에서 에피퍼니는 개인의 삶에 중요한 영향을 미친 경험이나 사건을 말한다(Cole & Knowles, 2001). 예를 들어, '지금의 나를 만든 내 인생의 경험', '내 인생을 송두리째 바꿔 놓은 사건'이라고 종종 표현한다. 또는 자신이 살아온 삶을 이야기할 때 자주 언급되는 경험이 있다. 그 경험을 말하지 않고는 다른 많은 경험을 이해하기 어렵기 때문이다. 또는 '그 일로 인해'라든가 '그때 그 일만 아니었으면' 등 결정적 의미를 부여하는 사건이 있다. 자신의 지나온 삶을 되돌아보니 내가 여기까지 어떻게 오게 되었는가를 이해하는 데 중요한 사건이기 때문이다.

　생애사 연구자는 연구참여자의 생애 서사를 면밀히 검토하며 에피퍼니들을 추출한다. 그리고 추출된 에피퍼니들을 관통하는 주제를 도출한다. 생애사적 주제를 도출하는 것이다.

　일례로 앞서 언급한 먼로(Munro, 1998)의 생애사 연구에서는 '저항'을 생애사적 주제로 도출하였다. 연구참여자가 중요한 의미를 부여하는 경험들, 예컨대 교직을 선택하게 된 계기, 여교사로서 겪은 교직 입문의 과정, 교육과정 혁신에 참여하며 겪은 갈등, 교사의 자율권 확보를 위한 노력, 전문가로 서기 위한 고투 등 에피퍼니들을 자세히 고찰하였고, 이를 관통하는 주제로 저항을 연구참여자 삶의 생애사적 주제로 도출하였다.

---

31) 에피퍼니(ephipany)는 "예수 공현 축일, 기독교에서 동방 박사들이 아기 예수를 만나러 베들레헴을 찾은 것을 기리는 축일"(옥스퍼드 영한사전)을 일컫는다. 사전적 의미로는 예수의 탄생을 직면한 순간, 신의 출현을 뜻하는데, 문학에서는 등장인물이 갑작스러운 깨달음이나 통찰에 이르는 순간을 뜻하는 용어로 사용된다. '깨달음' 또는 '통찰'이라고 번역되기도 하고, 불교에서 사용하는 용어 '개안(開眼)'이라고 번역되기도 한다.

3) 생애 서사의 재맥락화

연구참여자의 생애 서사에 대한 분석을 통해 생애사적 주제를 도출한 후 생애사 연구자는 연구참여자가 살아온 삶의 맥락 속에서 그의 생애 서사를 재해석한다. 먼저, 생애사 면담, 참여관찰, 기록물 수집 등을 통해 수집한 맥락 정보를 검토한다. 연구참여자의 가정 환경과 성장 배경, 그가 살아온 사회적 · 문화적 · 정치적 · 경제적 환경 등을 면밀히 검토한다. 그리하여 연구참여자를 둘러싼 여러 다양한 환경이 연구참여자의 삶에 어떻게 복합적으로 작용하였는지 고찰한다.

특히 연구참여자가 어떤 사회, 어떤 시대를 살아왔는가 뿐만 아니라 어떤 위치에서 그 사회와 시대를 살아왔는가에 관심을 기울인다. 같은 사회, 같은 시대를 살아왔다 하더라도 여성으로, 저소득층으로, 또는 사회적 약자로 살아온 삶은 그와 다른 위치에 있는 사람들의 삶과 다를 것이다. 그러므로 연구참여자가 살아온 삶의 여건과 조건을 깊이 들여다보고 그것이 연구참여자의 삶에 어떠한 영향을 미쳤는지 고찰한다.

연구참여자의 삶의 맥락에 대한 고찰을 토대로 생애사 연구자는 연구참여자의 생애 서사를 그의 삶의 맥락 속에서 재해석한다. 말하자면, 연구참여자가 자신의 삶에 부여하는 의미를 이해하는 데 그치지 않고 한 걸음 더 나아가는 것이다. 생애사 연구자는 연구참여자의 삶이 갖는 사회적 의미, 문화적 의미, 역사적 의미 등을 고찰한다. 연구참여자의 생애 서사를 재맥락화하는 것이다. 그리하여 한 사람이 살아온 삶의 역정이 갖는 개인적 의미를 넘어서서 사회적 · 문화적 · 역사적 의미와 의의를 밝혀낸다.

4) 기타 생애사 자료 분석 방법

콜과 놀스(Cole & Knowles, 2001)의 생애사 자료 해석 방법 외에 여러 분

석 방법이 생애사 연구에서 활용되고 있다. 몇 가지 주요 방법을 소개하면
다음과 같다.

(1) 만델바움(Mandelbaum)[32]의 생애사 자료 분석 방법

만델바움(Mandelbaum)은 인류학자로 생애사 연구방법론 개발에 힘썼
다. 만델바움에 의하면(Mandelbaum, 1973), 인류학 연구는 집단 연구에 치
중한 나머지 집단 속 개인의 삶에 대해서는 소홀히 다루어 왔다. 따라서
개인 연구를 위한 방법론 또한 부재한 상황이다. 이는 사실 인류학뿐만 아
니라 사회과학 전반에 만연된 문제이다. 일반화를 지향하는 연구 풍토에
서 개인 연구가 설 땅은 없다. 만델바움(Mandelbaum)은 개인 연구를 위한
방법론 개발에 나섰고, 특히 생애사 연구방법론 개발에 많은 노력을 기울
였다.

종래 생애사 연구는 개인의 생애 과정을 출생부터 연대기적 순서로 서
술하는 방식을 취하였다. 만델바움(Mandelbaum)은 연대기적 서술을 넘어
서 생애사 자료에 대한 체계적인 분석을 강조하였다. 그는 다음과 같은 분
석틀을 제시하였다.

만델바움(Mandelbaum)의 생애사 자료 분석틀은 개인의 생애사를 '삶의
영역(dimensions)', '전환점(turnings)', '적응(adaptations)'의 세 가지 차원에
서 분석한다. 삶의 영역에 대한 분석은 개인의 삶에 영향을 미친 주요 요
인들을 분석하는 데 중점을 둔다. 삶의 영역에는 생물적 영역(biological
dimension)도 있고, 사회적 영역(social dimension), 문화적 영역(cultural
dimension), 심리적 영역(psychological dimension) 등이 있다.

예를 들어, 생물적 영역에 대한 분석은 개인의 성장 발육, 건강 상태, 유

---

32) Mandelbaum(맨덜바움)은 한글로 '만델바움'으로 통용되고 있다. 간혹 '맨델바움', '멘델바
움'이라고도 표기된다. 문헌 검색 시 참고하기 바란다.

전적 요인 등 개인의 생애에 영향을 미친 생물적 요인들에 대한 분석에 초점을 맞춘다. 사회적 영역에 대한 분석은 개인이 살아온 사회적 환경을, 문화적 영역에 대한 분석은 개인이 속한 집단의 문화적 특성을 분석하는 데 초점을 둔다. 심리적 영역에 대한 분석은 개인의 주관적 세계에 대한 분석으로, 개인의 성격이나 기질, 정서 등 개인의 생애에 영향을 미친 심리적 요인들에 대한 분석에 초점을 둔다. 이와 같이 삶의 영역에 대한 분석은 한 개인의 생애에 영향을 미친 생물적·사회적·문화적·심리적 요인 등에 대한 다면적이고 복합적인 분석을 특징으로 한다.

전환점은 한 개인의 삶에 중대한 변화가 일어난 계기를 말한다. 특히 개인이 새로운 역할을 맡게 된 시점, 예를 들어 결혼으로 아내의 역할을 하게 된 때라든가 출산으로 어머니의 역할을 하게 된 때 등, 또 새로운 인간관계에 들어선 시점, 예컨대 학교에 들어가서 새로운 친구들을 사귈 때라든가 직장에 들어가서 새로운 인간관계를 맺을 때 등 그리고 새로운 자아관이나 자아개념을 갖게 된 시점 등에 초점을 맞춘다. 그러므로 전환점에 대한 분석은 새로운 역할, 새로운 인간관계, 새로운 자아개념을 갖게 된 경험이나 사건에 중점을 둔다. 그리고 이것을 삶의 영역과 연계하여, 예컨대 새로운 역할은 문화적 영역, 새로운 인간관계는 사회적 영역, 새로운 자아개념은 심리적 영역과 연계하여 분석을 한다.

적응은 변화를 뜻한다. 상황에 맞게 자신을 변화시키는 것이다. 일상을 유지하기 위해 우리는 끊임없이 자신을 변화시킨다. 이것을 만델바움(Mandelbaum)은 '조정(adjustment)'이라고 지칭하였다. 말하자면, 소소한 변화들이다. 적응은, 만델바움(Mandelbaum)에 의하면, 삶에 중요한 영향을 미친 변화를 일컫는다. 따라서 적응에 대한 분석은 전환점에 대한 분석과 연계하여 이루어진다. 한 개인이 삶의 전환점에서 자신의 삶을 어떻게 변화시켰는가, 어떻게 변화시켜야 했는가, 변화시킬 수 밖에 없었는가 등에 초점을 맞추어 적응에 대해 분석한다.

요컨대, 만델바움(Mandelbaum)의 생애사 자료 분석틀은 삶의 영역, 전환점, 적응에 대한 분석을 통해 한 개인의 삶을 깊이 이해하는 데 목적이 있다. 그의 분석틀은 인간의 생애에 대한 일반화를 목적하지 않는다. 오히려 인간 생애의 개인성, 고유성, 특수성을 전제한다. 이에 종래 천편일률적 연대기적 서술에서 탈피하여 한 개인의 삶에 중대한 변화를 가져온 경험이나 사건을 중심으로 생애사를 고찰한다. 이른바 삶의 전환점들을 중심으로 그것을 삶의 영역과 연계하여 그것이 왜, 어떻게 일어났는지를 분석하고 그에 대한 개인 나름의 적응과 그로 인해 그의 삶이 어떻게 변화하였는지를 면밀히 분석하는 것이다. 그리하여 한 사람이 살아온 삶의 궤적에 대해 온전히 이해하고자 한다.

(2) 내러티브 분석/서사 분석

내러티브 연구의 내러티브 분석 방법 또는 서사 분석 방법이 생애사 자료 분석에도 활용되고 있다. 예를 들어, 한경혜(2004)는 생애사 자료 분석 방법으로 리브리쉬 등(Lieblich, Tuval-Mashiach, & Zilber, 1998)의 내러티브 분석 방법을 소개하였다. 리브리쉬 등(Lieblich et al.)의 분석 방법에 의하면, 내러티브 자료, 예컨대 생애 이야기(life story)를 총체적(holistic)으로 분석하느냐, 범주적(categorical)으로 분석하느냐에 따라 그리고 내용(content)을 분석하느냐, 형태(form)를 분석하느냐에 따라 네 가지 접근이 가능하다.

첫째는 '총체적 내용 분석'으로, 한 개인의 생애 이야기 전체를 그 내용에 중점을 두어 총체적으로 분석하는 방법이다. 한 개인에 대한 심층 사례 연구와 유사하다 할 수 있다. 둘째는 '범주적 내용 분석'으로, 생애 이야기에서 범주를 도출하여 도출된 범주를 중심으로 생애 이야기의 내용을 분석한다. 일례로 코딩을 통해 코드를 도출하고 코드들을 범주화하는 방식을 들 수 있다. 나아가서 코드와 범주를 중심으로 생애 이야기 자료에 대한 양적 분석도 가능하다. 셋째는 '총체적 형태 분석'으로, 한 개인의 생애 이야기 기저에 깔린 플롯이나 서사 구조를 분석하는 방법이다. 예컨대, 연구참여자가 자신의 생애를 어떻게 이야기하는지, 어떠한 이야기로 풀어내는지, 그 기저에 깔린 가정과 관점은 무엇인지 등에 대해 고찰한다. 넷째는 '범주적 형태 분석'으로, 생애 이야기들에서 언어적 표현 방식이나 특징 등을 도출한다. 예를 들어, 어떠한 은유가 사용되었는지, 어떠한 어휘나 표현이 자주 사용되었는지, 주어나 서술어가 취하는 형식에 있어 어떠한 특징이 발견되는지 등을 분석한다.

한편, 이희영(2005)은 사회학 방법론으로서 생애사 연구에 대해 소개하며 생애사 자료 분석 방법으로 '생애사 재구성 방법론'을 제시하였다. 특히 '이야기된 생애사'에 대한 분석 방법으로, 연구참여자의 생애사 내러티브의 구조를 파악하고 이를 통해 연구참여자의 생애사적 관점을 도출하는 방법을 제안하였다. 말하자면, 생애사 내러티브를 관통하는 해석의 틀을 이해하는 방식이다. 또한 이재인(2005)은 생애 이야기에 대한 서사분석 기법을 제시하며, 버크(Burke)의 연극 분석 기법, 맥아담스(McAdams)의 이미지 분석 기법, 허먼스 등(Hermans & Hermans-Jansen)의 심리 요법, 화이트와 엡스턴(White & Epston)의 내러티브 테라피(narrative theraphy) 또는 이야기 치료 방법 등에 대해 소개하였다.

이들 분석 방법과 달리 콜과 놀스(Cole & Knowles, 2001)의 방법은 연구참여자의 내러티브, 즉 생애 서사뿐만 아니라 연구참여자의 삶의 맥락에 대한 자료, 예컨대 연구참여자의 일상 관찰 자료, 연구참여자의 가족, 친구, 동료 등과의 면담 자료, 연구참여자의 생애 관련 기록물 등 여러 다양한 유형의 자료를 해석의 대상으로 삼는다. 그리하여 연구참여자가 살아온 삶의 맥락 속에서 그의 생애 서사를 이해하고자 한다. 자, 그럼 이제 생애사 자료 해석을 마치고 생애사 쓰기에 들어가 보자.

6. 생애사 쓰기

프로필 스케치, 에피퍼니를 통한 생애사적 주제 도출, 생애 서사의 재맥락화 등의 해석 및 재해석의 과정을 거쳐 생애사 연구자는 연구참여자의 생애사에 대한 깊은 이해에 이른다. 이제 연구참여자의 생애사를 쓸 때이다. 그러자 한 사람이 살아온 삶의 궤적을 쓴다는 무게감이 생애사 연구자를 짓누른다.

연구참여자가 살아온 삶에 대해 무엇을 어떻게 쓸 것인가? 타자의 삶에 대해 쓴다는 것은 무엇을 뜻하는가? 내 논문은 연구참여자에게 어떤 의미일까? 내 논문이 세상에 나왔을 때 연구참여자에게 어떠한 영향을 미칠까? 혹시라도 내 논문이 연구참여자에게 부정적 영향을 끼치지는 않을까?

> 만약에 여성 구술사가 단지 다른 여성의 삶의 이야기, 그것도 인터뷰해서 얻은 몇 가지 정보로 채워진 텍스트를 만드는 일에 그친다면 그것은 젠더 경험의 또 다른 식민화이다…. 여성주의 구술사는 어깨 넘어 흥미가 있어 보이는 남의 이야기를 하는 스파이 민족지 쓰기가 아니다…. 연구자는 다른 어느 누구를 대상화하고 주변화하는 식민주의적 권위를 가져서는 안 될 것이다. 만약 권위 있는 언어로 다른 여성의 이야기를 자기 편의대로 해석하고 저자의 권력을 행사한다면 그러한 숨겨진 욕망에 대하여 고백해야 한다(김성례, 2002: 57).

「여성주의 구술사의 방법론적 성찰」에서 김성례는 연구참여자를 타자화, 주변화, 식민화하는 논문쓰기에 대하여 일침을 가하였다. 생애사 연구자 콜과 놀스(Cole & Knowles, 2001) 또한 이같은 위험성에 대해 경고하며 생애사 쓰기의 과정에서 생애사 연구의 네 가지 원칙, 관계성의 원칙, 상호호혜의 원칙, 공감의 원칙, 존중과 배려의 원칙[33]을 더욱 엄격히 지킬 것을 강조하였다.

이어 콜과 놀스(Cole & Knowles)는 '생애사적 주제 중심의 생애사 쓰기'를 권하였다. 연구참여자의 생애사 자료 해석을 통해 도출된 생애사적 주제를 중심으로 삶의 에피퍼니들을 유기적으로 엮어 연구참여자의 생애사를 쓰는 것이다. 그런 점에서 생애사 연구는 내러티브 탐구[34]와 일맥상통한다. 코딩식 자료 분석과 코드와 범주 중심의 연구결과 쓰기에서 탈피하여 수집한 생애사 자료 전체를 관통하는 주제를 파악하여 이를 이야기로 풀어내는 방식을 취한다. 따라서 생애사 연구자는 연구참여자가 한 명이든 여러 명이든 연구참여자 한 사람 한 사람의 생애사를 쓴다. 섣불리 코드나 범주를 중심으로 연구참여자들의 생애사를 토막 내고 분류하고 한데 합치지 않는다. 연구참여자 개개인의 생애사는 사라지고 코드나 범주만 남는 식으로 생애사 쓰기를 하지 않는다.

생애사 쓰기는 연구참여자가 살아온 삶에 대한 연구자의 해석을 제시하는 것이다. 더 정확히 표현하자면, 자신이 살아온 삶에 대한 연구참여자의 해석에 연구자의 해석을 제시하는 것이다. 생애사 연구자는 연구참여자를 체험자이자 해석자로서 생애사 연구에 초대한다. 그리하여 연구참여자의 체험과 해석을 깊이 이해하고 이를 토대로 연구자 자신의 해석을 제시한다. 그리고 연구자의 해석에 연구참여자를 초대하여 서로의 해석을 나누고 논의하며 생애 해석을 이어 나간다.

생애사 쓰기는 바로 이 같은 과정을 통해 진행된다. 여기에 독자도 초

---

33) 3절 생애사 연구의 과정, 2항 발현적 연구설계에서 논한 생애사 연구의 네 가지 원칙을 참고하기 바란다.

34) 제5장 내러티브 탐구의 4절 내러티브 탐구의 방법, 특히 '연구텍스트 구성'과 '내러티브 분석'을 참고하기 바란다.

대한다. 이는 곧 또 다른 해석의 가능성을 열어 놓는다는 뜻이다. 연구자의 해석에 독자를 초대하여 해석을 이어 나가는 것이다. 그러므로 생애사 쓰기는 초대적 성격을 띤다. 절대적 진리를 주장하려는 것도, 사실을 있는 그대로 서술하려는 것도 아니다. 연구자의 해석에 독자를 초대하여 생애 해석을 이어 나가려는 것이다. 그리하여 인간의 삶에 대한 보다 깊은 이해와 통찰에 이르고자 함이다.

콜과 놀스(Cole & Knowles, 2001)는 생애사 연구자를 큐레이터(curator)에 비유하였다. 큐레이터는 예술가의 작품과 그의 생애, 그의 작품세계에 대한 전문적 식견을 토대로 전시 주제를 결정하고 그에 따라 예술작품을 선정하여 전시회를 연다. 관객들에게 '이것을 보라' 가리키고 작품 속으로 관객들을 안내한다. 큐레이터의 눈으로 관객들이 작품을 감상하고 음미하도록 이끈다. 그리고 더 나아가서 큐레이터의 해석에 관객들이 각자 자신의 해석을 내놓도록 북돋운다. 관객들을 해석에 초대하여 큐레이터와 함께 작품 해석에 참여하도록 하는 것이다. 그리하여 해석에 참여한 사람들이 전시 작품에 대해, 그 작품을 창작한 예술가에 대해, 예술가의 삶에 대해 그리고 그 작품을 보고 있는 자기 자신에 대해, 자신의 삶에 대해 보다 깊은 이해에 이른다. 그렇게 전시회는 큐레이터와 관객들을 변화시킨다. 관객들은 전시회에 들어올 때와는 다른, 달라진 사람으로 전시회를 나간다.

생애사 연구도 그러하다. 생애사 연구자는 연구참여자의 살아온 삶과 삶에 대한 해석에 연구자의 해석을 독자들에게 제시하고 생애 해석에 독자들을 초대한다. 연구자가 쓴 연구참여자의 생애사를 읽고 독자들이 한 인간이 살아온 삶에 대해, 이 시대 이 사회를 살아가고 있는 자신의 삶에 대해 그리고 더 나아가서 인간의 삶에 대해 보다 깊은 이해에 이르기를 기대한다.

7. 생애사 연구를 둘러싼 쟁점

기억할 만한 삶, 이야기할 만한 삶, 기록할 만한 삶. 생애사 연구는 이에 대한 문제제기이다. 누구의 삶이 기억되고, 이야기되고, 기록되었는가? 어떤 삶이 기억할 만한 가치가 있는 삶, 이야기할 만한 가치가 있는 삶, 기록할 만한 가치가 있는 삶인가?

가치의 문제를 제기하는 생애사 연구자에게 혹자는 진실의 문제를 던진다. 연구대상자의 말이 진실인가? 거짓으로 꾸며 낸 이야기 아닌가? 그의 이야기를 어떻게 믿을 수 있다는 말인가? 객관적 증거를 내놓으라! 가치의 문제를 제기하는 생애사 연구자는 종종 진실 공방에 빠진다. 이런 상황에서 생애사 연구자는 남의 말을 곧이곧대로 다 믿는 순진한 사람 취급을 받거나 아니면 거짓과 진실 판별사가 되어야 한다.

이에 대해 유철인(1998)은 다음과 같이 주장하였다.

> 생애사 연구방법의 기본적인 가정은 행동과 경험의 행위자의 관점 내지는 주관적인 관점에서 연구하고 이해하는 것이다(Denzin, 1989a, 1989b). 그러나 연구방법의 기본적인 가정이자 매력인 주관성은 개인적 주체인 연구대상의 대표성과 개인적 서술의 진실성이라는 방법론적 쟁점을 제기해 왔다….(윤택림, 1994; 윤형숙, 1995)
>
> 자료의 진실성의 문제도 대표성의 문제와 마찬가지로 객관성의 관점이나 실증주의적인 시각에서 제기된 것이다. 어떤 것을 기억하고 말한다는 것은 어차피 선택적이다…. 기억의 선택성과 기억에 대한 주관적인 상상과 해석이 생애사의 본질이기 때문에 어떤 특정한 삶의 이야기가 과연 실제로 일어난 사실(facts)인가 하는 식의 질문은 타당하지 않다. 생애사의 진실성과 신뢰성은 사실에 기초하는 것이 아니고 생애

사를 말한 사람이 상정한 청중의 이해 정도에 달려 있는 것이다. 따라
서 연구자는 제시된 생애사를 독자들이 이해할 수 있도록 주관적인 경
험에다 객관적인 자료를 뒷받침해 주어야 한다(유철인, 1998: 188).

유철인은 '자료로서의 생애사'와 '텍스트로서의 생애사'를 분별하며, 생
애사를 전통적인 사회과학연구에서 데이터 다루듯, "대표적인 사람의 전
형적인 경험을 나타내는" 자료로 다룰 것이 아니라 "주관적인 경험의 표현
그 자체에 초점을 맞춘 '텍스트'로서 생애사"(유철인, 1990: 302)를 이해해
야 한다고 주장하였다. 그리하여 연구대상의 대표성과 수집된 자료에 대
한 진실성만을 문제 삼지 말고, 그 뜻을 읽어야 하는 텍스트로서 생애사를
해석하는 데 중점을 둘 것을 강조하였다.

그렇다고 진실에 관심이 없다는 뜻이 아니다. 생애사 연구자들은 '사실
적 진실(factual truth)'뿐만 아니라 '서사적 진실(narrative truth)' 또한 중요
시한다(김성례, 2004; 윤택림, 2019; 이희영, 2005). 예컨대, 이희영(2005)은
구술사 연구의 방법론적 문제를 제기하며 다음과 같이 주장하였다.

> 구술자가 이야기한 내용 자체를 과거 사실에 대한 재현으로 보고, 특
> 정 부분을 전체적인 맥락에 대한 고려 없이 단순 인용함으로써 소위 구
> 술내용에 대한 '진실성'의 문제를 야기하게 된다. 과거에 대한 구술이
> 지나간 체험을 단순 모사하는 것이 아니라, 이후 삶의 전개 과정에서
> 쌓이는 체험과 구술 상황에 의해 서사적으로 조직되는 측면을 간과한
> 다…. 이런 점에서 기존의 구술사 연구는 구술된 면접내용이 과거에 대
> 한 증언이라는 특성뿐만 아니라, 과거 사실을 현재의 기억을 통해 서사
> 적으로 구성한다는 특성에 대해 방법론적으로 심도 있게 성찰할 것이
> 요구된다(이희영, 2005: 123).

생애사는 사실적 진실과 서사적 진실을 담고 있다. 그러나 전통적인 사회과학연구에 기반한 생애사 연구는 사실적 진실에 치중한 나머지 서사적 진실을 도외시해 왔다. 이에 서사적 진실에 관심을 기울여야 한다는 주장이 제기되고 있는 것이다.

진실의 문제를 제기하는 사람에게 생애사 연구자는 말한다. 타자의 위치에서 타자의 눈으로 세상을 보라. 자신의 위치에서 자신의 눈으로 세상을 볼 때와는 다른 진실을 발견하게 될 것이다. 타자의 서사세계 속으로 들어가서 그의 입장에서 그가 살아온 삶을 바라보라. 객관으로 포장한 자신의 편견을 발견하게 될 것이다. 타자의 삶의 서사 속으로 빠져들어가 보라. 어언지간 그와 자신의 삶의 서사를 나누고 있는 자기 자신을 발견하게 될 것이다. 이것이 바로 생애사 연구가 함의하는 바이다.

제**7**장

사례연구

"사례연구는 연구방법론에 대한 선택이 아니라 연구 대상에 대한 선택이다."(Stake, 1994: 236) 사례연구자 스테이크(Stake)의 주장이다. 이 말은 얼핏 듣기에는 연구방법론에 상관없이, 질적연구방법론이든 양적연구방법론이든, '사례를 연구하면 사례연구이다'라는 말처럼 들린다. 그렇다면 사례연구는 질적연구일 수도 있고 양적연구일 수도 있다는 뜻인가?

사례연구는 질적연구도 아니고 양적연구도 아니다. 사례연구자 인(Yin)의 주장이다. 그는 다음과 같이 주장하였다.

> 사례연구는 『질적연구(Handbook of Qualitative Research)』에 초판
> (Denzin & Lincoln, 1994)부터 실렸고, 질적연구의 다섯 가지 유형 중
> 의 하나(Creswell & Poth, 2017)로 다루어졌을 만큼 사례연구를 한다
> 하면 당연히 질적연구를 하는 것으로 여겨 왔다.
> 그러나 사례연구는 질적연구와 분리될 필요가 있다. 사례연구는
> 그 자체의 독자적인 연구 절차에 따라 수행되어야 한다(Yin, 2018:
> xxiii).[1]

인(Yin)은 사례연구를 질적연구로 여겨 왔던 것에 이의를 제기하며 사례연구를 독자적인 연구방법론으로 확립하고자 힘썼다. 인(Yin)의 저서 『사례연구(Case Study Research)』 초판(1984)에서 제6판(2018)에 이르기까지 사례연구를 독자적인 연구방법론으로 확립하기 위한 그의 노력이 담겨 있다.[2] 그러나 다른 한편으로, 인(Yin)의 사례연구방법론은 질적연구의 전

---

1) 이 책의 한글번역본과 다르게 의역하였다. Yin, R. K. (2018). *Case study research and applications: Design and methods* (6th ed.). Thousand Oaks, CA: Sage. 신경식 외 공역 (2021). **사례연구방법**. 서울: 한경사.

2) 'Case Study Research' 용어에 주목하기 바란다. 인(Yin)은 종래 교육적 목적으로, 임상 사례

통 위에 세워진 사례연구를 양적연구의 논리와 기준에 맞게 수정한 것이라는 비판을 받고 있다. 말하자면, 양적연구자들을 위한 사례연구방법이라는 것이다.

사실 근래 들어 사례연구를 혼합연구(Mixed Methods Research)의 한 방법으로 활용하는 양적연구자들이 늘고 있는 추세이다. 또 최근 질적연구자들 중에는 사례연구에 '질적'을 덧붙여 질적사례연구(Qualitative Case Study, QCS)라는 용어를 쓰는 연구자들도 적지 않다.

이러한 상황에서 필자는 사례연구를 질적연구의 한 방법론으로 논하고자 한다. 사례연구를 질적연구도 아닌 양적연구도 아닌 제3의 연구방법론으로 주장하는 연구자들도 있고, 혼합연구의 한 방법으로 활용하는 연구자들도 있고, 양적연구의 결과에 예시(例示) 내지 실례(實例)를 가미하기 위하여 보조적인 연구방법으로 이용하는 연구자들도 있다. 사례연구가 누구에게 어떻게 쓰이든 사례연구가 지니고 있는 질적연구의 정신은 사라지지 않는다.

그것은 바로 '사례'에 대한 관심이다. '변인'이 아니라 '사례'에 대한 관심. 데이터 조각이 아니라 총체에 대한 관심. 단순화보다 복잡성에 대한 관심. 일반화보다 특수성에 대한 관심. 그래서 사례연구를 한다.

'사례연구는 연구방법론에 대한 선택이 아니라 연구 대상에 대한 선택'이라는 스테이크(Stake)의 주장은, 필자가 생각하기에, 사례에 대한 관심을 강조하는 말이다. 사례연구자들에게 사례 그 자체에 관심을 가질 것을 촉구하는 말이다. 그렇다면 사례란 무엇인가? 이것부터 살펴보자.

분석의 목적으로, 또는 경영이나 기업 사례 분석을 위해 활용하는 케이스 스터디(case study)와 구별되는 연구방법론으로서 사례연구, '케이스 스터디 리서치(case study research)'를 강조하였다.

1. 사례란 무엇인가

'사례'는 일상에서 흔히 쓰는 용어이다. 사례의 사전적 의미는 '어떤 일이 전에 실제로 일어난 예'를 뜻한다. 유의어로는 예, 보기, 경우 등이 있다. 전문 분야에서도 사례는 광범위하게 쓰이고 있다. 예컨대, 의학에서는 질병이나 환자를 사례로 연구하고, 법학에서는 소송 사건이나 판례를 사례로 다룬다. '케이스(case)'라는 용어로도 일상에서 또 전문 분야에서 널리 쓰이고 있다. 예를 들어, 담당 사건이나 일, 담당 클라이언트(client) 등을 '케이스'라고 지칭하기도 하고, 일대일로 개인을 돕는 실천의 뜻으로 '케이스워크(casework)'라는 용어를 사용하기도 한다.

그렇다면 사례연구에서 '사례'란 무엇을 뜻하는가? 사례연구를 하자면 내가 연구하고자 하는 사례가 무엇인지부터 규정해야 할 것이다.

> 질적연구자들은 '무엇이 내 연구의 사례인지' 그리고 '어디까지가 내 연구의 사례인지' 고심한다. 추상적으로 정의하자면, 사례는 일정한 상황에서 일어나는 현상을 말한다. 사실상 사례란 분석의 단위를 뜻한다 (Miles & Huberman, 1994: 25).[3]

> 분석의 단위, 즉 '사례'는 개인일 수도 있고, 프로그램이나 기관, 집단, 사건일 수도 있고, 개념일 수도 있다. 분석의 단위를 설정하는 핵심 질문은 "연구를 하고 나서 무엇에 관해 뭔가 말할 수 있기를 바라는가"

---

3) 이 책의 한글번역본과 다르게 의역하였다. Miles, M. B., & Huberman, A. M. (1994). *Qualitative data analysis*. Thousand Oaks, CA: Sage. 박태영 외 공역(2009). **질적자료분석론**. 서울: 학지사.

(Patton, 1980: 100) 하는 것이다(Merriam, 1988: 44).

마일스와 휴버만(Miles & Huberman)은 사례를 '일정한 상황(a bounded context)에서 일어나는 현상(a phenomenon)'이라 정의하였다. 이어 다음과 같이 말하였다. 만약 사례에 대한 이러한 정의가 추상적으로 들린다면, '분석의 단위(unit of analysis)'를 생각해 보라. 다시 말해, '내가 연구하고자 하는 사례가 무엇인가'에 답하려면 '분석의 단위가 무엇인가' 물어보라는 것이다. 그렇다면 분석의 단위는 어떻게 설정하는가? 메리엄(Merriam)은 패튼(Patton)의 말을 인용하여 다음과 같이 조언한다. 분석의 단위를 설정하려면 연구를 통해 '무엇'에 관해 뭔가 말할 수 있기를 바라는지 물어보라.

요컨대, '내가 연구하고자 하는 사례가 무엇인가'에 답하려면, 이 연구를 통해 '무엇'에 관해 뭔가 말할 수 있기를 바라는지 물어보라는 것이다. 이 '무엇'은 개인일 수도 있고, 집단이나 기관일 수도 있고, 사건이나 프로그램일 수도 있다. 또 개념(concept)일 수도 있다고 메리엄(Merriam)은 말한다. 그런데 개념은 개인이나 집단, 기관, 사건, 프로그램 등과는 좀 다르지 않은가? 후자는 구체(具體)인 데 비해, 개념은 관념적이다.

사례는 단일할 수도 있고 복잡할 수도 있다. 한 아이가 사례가 될 수도 있고, 한 학급의 아이들이 사례가 될 수도 있고, 교직원들이 사례가 될 수도 있다…. 그렇다고 모든 것이 사례가 될 수 있는 것은 아니다…. 의사는 사례가 될 수 있다. 그러나 그의 진료는 사례라고 부르기에는 구체성이 부족하고 경계도 모호하다. 기관은 사례가 될 수 있다. 그러나 아동 방임의 이유나 부모의 방임에 대한 조치 등은 사례라고 부르기 어렵다. 이러한 소재들은 일반적이다. 사례는 구체적이다(Stake, 1994: 236).

사례란 무엇인가에 대해 스테이크(Stake)는 구체성과 경계성을 사례의 주요 특징으로 들었다. 스테이크(Stake)에 의하면, 사례는 구체적이고 경계가 있다. 그래서 예컨대 의사는 사례가 될 수 있지만, 그의 진료는 구체적이지 않고 경계도 모호하기 때문에 사례가 될 수 없다는 것이다.

그러나 다른 한편으로 사례를 보다 확장적으로 정의하는 연구자들도 있다. 일례로 래진(Ragin, 1992)에 의하면, 사례는 '실증적 단위(empirical unit)'로서 사례와 '이론적 구성(theoretical construct)'으로서 사례로 정의될 수 있다. 실증적 단위로서 사례는 실재하는 그 무엇이다. 즉, 직접 경험하거나 지각할 수 있는 일정한 형태와 경계를 가지고 있다. 예컨대, 개인이나 집단, 조직, 기관 등을 실증적 단위로서 사례라 할 수 있다. 이론적 구성으로서 사례는 연구를 통해 구성된다. 예를 들어, 워터게이트(Watergate) 스캔들은 조사를 통해 의도적인 은폐 공작이 드러나게 되었고 그리하여 은폐의 사례로 널리 알려졌다. 말하자면, 조사를 통해 '스캔들'이 '사례'로 구성된 것이다.

근래 출간된 『질적연구 제5판[Handbook of Qualitative Research (5th ed.)]』(Denzin & Lincoln, 2018)에서 슈완트와 게이츠(Schwandt & Gates)는 사례에 대한 여러 다양한 정의가 혼재하고 있는 상황에 대해 논하며 사례란 무엇인가에 대해 여전히 합의에 이르지 못한 채 논쟁이 계속되고 있다고 진술하였다. 물론, 합의는 좋은 것이고 논쟁은 나쁜 것이라든가, 합의는 해야 하고 논쟁은 하지 말아야 한다는 뜻은 아니다. 섣부른 합의가 오히려 독이 될 수 있고, 치열한 논쟁이 우리의 지식을 보다 풍부하게 해 줄 수 있다. 이 장에서 필자는 사례를 다음과 같이 정의하고자 한다.

사례연구에서 사례란 어떤 특정한 상황과 맥락에서 일어나는 현상을 말한다. 다시 말해, 사례는 현상과 그것이 일어나는 상황 및 맥락을 모두 포함하는 개념이다. 사례연구 시 사례는 실증적 단위로 또는 이론적 구성으로 정의될 수 있다. 실증적 단위로서 사례는 실재하는 것으로 일정한 형태와 경계를 가지고 있다. 이론적 구성으로서 사례는 연구를 통해 사례로 구성된다. 당신이 연구하고자 하는 사례는 무엇인가?

2. 사례연구의 특징

사례연구는 '사례'를 연구한다. 왜 사례를 연구하는가? 연구하고자 하는 현상을 몇 개의 변인으로 단순화하여 연구하고 싶지 않기 때문이다. 연구하고자 하는 현상을 그것이 실제로 일어난 상황과 맥락 속에서 이해하고 싶기 때문이다. 연구하고자 하는 현상을 심층적으로 탐구하고 싶기 때문이다. 그래서 사례연구를 한다.

사례연구는 연구하고자 현상을 실세계 맥락 속에서 심층 탐구하는 연구이다. 현상의 복잡성을 이해하고자 한다면 그리고 그 현상이 일어난 상황과 맥락에 대한 이해 없이 현상을 제대로 이해할 수 없다고 생각한다면 사례연구를 해야 할 것이다.

사례연구자 인(Yin, 2018)은 사례연구를 다른 연구방법론과 비교하며 다음과 같이 사례연구의 특징을 강조하였다. 실험연구는 연구하고자 하는 현상을 그 실세계 맥락과 분리하여 오로지 현상에만 집중한다. 실세계 맥락은 실험실에서 통제되거나 변인으로 관리된다. 사례연구는 연구하고자 하는 현상을 그것이 실제로 일어난 상황과 맥락 속에서 연구한다. 역사연구는 연구하고자 하는 현상을 그것이 실제로 일어난 상황과 맥락 속에서 연구하지만, 과거에 일어난 역사적 현상을 연구한다. 사례연구는 현재의 현상을 연구한다. 설문연구는 현재의 현상을 그 실세계 맥락에서 연구하지만, 설문지를 통한 연구이기에 매우 제한적이다. 현상에 대한 심층적인 탐구가 어렵다. 사례연구는 현재의 현상을 그것이 일어난 상황과 맥락 속에서 심층적으로 탐구한다.

그러므로 사례연구는 총체성, 맥락성, 특수성을 그 특징으로 한다. 사례연구의 특징을 각각 살펴보면 다음과 같다.

- 사례연구의 총체성

  사례연구는 복잡한 현상을 총체적으로 이해하고자 한다. 따라서 종래 변인연구와 구별된다. 사례연구는 현상을 몇 가지 변인으로 또는 변인들의 합으로 설명하려 하기보다 현상의 복잡성을 총체적으로 이해하는 데 중점을 둔다.

- 사례연구의 맥락성

  사례연구는 현상을 그 실세계 맥락 속에서 탐구한다. 사례연구는 실세계 맥락을 현상을 연구하는 데 방해가 되는 변수나 또는 현상을 간명하게 설명하기 위하여 통제해야 할 변인으로 다루지 않는다. 사례연구는 탈맥락화를 경계한다. 현상은 그것이 일어난 상황과 맥락 속에서 연구될 때 온전히 이해될 수 있다.

- 사례연구의 특수성

  사례연구는 사례 그 자체에 대한 이해를 중요시한다. 사례연구를 통해 사례를 넘어서서 일반적이고 보편적인 그 무엇을 찾으려 들기 전에 먼저 사례 그 자체에 대해 아주 구체적이고 상세하게 이해하는 것을 우선시한다.

3. 사례연구의 유형

사례연구는 사례연구의 목적에 따라 본질적 사례연구(intrinsic case study)와 도구적 사례연구(instrumental case study)로 구분된다. 그리고 사례의 수에 따라 단일사례연구(single case study)와 다중사례연구(mutiple case study)로 구분된다. 이들 각각에 대해 살펴보면 다음과 같다.

1) 본질적 사례연구

본질적 사례연구는 사례 그 자체에 대한 이해를 목적으로 한다. 스테이크(Stake)는 본질적 사례연구[4]에 대해 다음과 같이 설명하였다.

> 우리가 어떤 사례에 관심을 갖는 이유는 그 특정 사례에 대해 알아야 하기 때문이다. 그 사례를 연구함으로써 다른 사례들이나 또는 어떤 일반적인 문제에 대해 알아낼 수 있기 때문이 아니다. 사례 그 자체에 관심을 가지고 연구를 수행할 때 우리는 그것을 본질적 사례연구라고 부른다(Stake, 1995: 3).[5]

본질적 사례연구는 사례 그 자체에 대한 관심에서 출발한다. 왜 이 사례를 연구하는가? 이 사례가 다수의 사례를 대표하는 사례이기 때문도 아니요, 연구하고자 하는 현상의 전형적인 특징을 지니고 있는 사례이기 때문도 아니요, 또는 이론이나 개념을 검증하는 데 적절한 사례이기 때문도 아니다. 사례 그 자체에 대해 알 필요가 있기 때문이다. 본질적 사례연구는 사례 그 자체의 고유성과 특수성을 이해하는 데 목적이 있다.

---

4) 'intrinsic case study(인트린직 케이스 스터디)'를 '고유사례연구'로 지칭하려 했으나, '본질적 사례연구'라는 용어로 통용되고 있어서 이 장에서도 '본질적 사례연구'로 지칭하였다. '내재적 사례연구'라는 용어로도 지칭되고 있다.

5) 이 책의 한글번역본과 다르게 의역하였다. Stake, R. E. (1995). *The art of case study research*. Thousand Oaks, CA: Sage. 홍용희 외 공역(2000). 질적 사례 연구. 서울: 창지사.

2) 도구적 사례연구

도구적 사례연구는 사례 그 자체에 대한 이해를 넘어서서 이를 통해 특정 목적을 이루고자 한다. 예를 들어, 어떤 문제나 이슈를 고찰하기 위한 목적으로, 구체적인 예시를 통해 개념을 명확화하기 위한 목적으로, 또는 이론을 증명하거나 반증하기 위한 목적으로 사례를 선정하여 연구한다. 따라서 사례 그 자체에 대한 관심보다 사례가 갖는 도구적 가치에 관심을 둔다.

일례로 필자의 연구 「교사들의 교육과정 재구성 실천 경험에 대한 사례연구」(서경혜, 2009)를 들면, 이 연구는 학교 현장의 교사들이 어떻게 교육과정을 재구성하는지, 교육과정 재구성 과정에서 어떤 어려움을 겪고 이를 어떻게 풀어 나가는지, 교사들이 재구성한 교육과정은 어떠한 양상과 특징을 띠는지 등을 탐구하는 데 중점을 두었다. 이때 교사의 교육과정 재구성을 두 가지 수준에서 접근하였다. 하나는 교사 개인 수준이고, 다른 하나는 교사 집단 수준이다. 그리하여 교사 개인 수준의 교육과정 재구성 실천 경험을 탐구하기 위한 사례와 교사 집단 수준의 교육과정 재구성 실천 경험을 탐구하기 위한 사례를 각각 선정, 사례연구를 진행하였다.

사례 그 자체에 대한 관심보다는 교사 개인 수준과 교사 집단 수준의 교육과정 재구성 실천 경험을 이해하기 위한 목적으로 사례를 선정한 것이다. 그렇다고 해서 선정한 사례 그 자체에 대한 관심은 없었다는 뜻은 아니다. 사례 선정의 목적이 사례 그 자체의 고유성과 특수성을 이해하는 데보다 교사 개인 수준과 교사 집단 수준의 교육과정 재구성 실천 경험을 이해하는 데 더 관심을 두었다는 뜻이다. 이 같은 사례연구를 도구적 사례연구라고 일컫는다.

3) 단일사례연구

단일사례연구는 한 사례에 대한 연구이다. 이때 사례는 개인일 수도 있고, 집단이나 조직일 수도 있고, 프로그램이나 프로젝트일 수도 있다. 필자의 경우, '학교 밖 교사학습공동체'와 '학교단위 교사학습공동체'를 단일사례로 연구한 경험이 있다. 학교 밖 교사학습공동체에 대한 사례연구(서경혜, 2008)는 경기도 지역 협동학습연구회 교사들을 대상으로 수행되었고, 학교단위 교사학습공동체에 대한 사례연구(서경혜, 2019)는 J중학교 교사들을 대상으로 수행되었다.

이때 단일사례연구를 하며 가장 많이 들었던 코멘트는 '한두 사례 더 하라'는 것이었다. '적어도 두세 개는 해야지, 하나가 뭐야'라는 말도 많이 들었다. 단일사례연구에 대해 왜 이리 불편한 기색을 보이는가? 두 개는 되고 한 개는 안 되는 이유는 무엇인가?

사례를 추가하라는 말에 당시 필자는 스테이크(Stake)의 사례연구방법론을 인용하며 단일사례연구의 정당성을 주장하였다. 요지는 이러했다. 이 연구는 사례 그 자체에 관심을 가지고 있다. J중학교 교사학습공동체의 고유성과 특수성을 이해하는 데 연구의 목적이 있다. 말하자면, 본질적 사례연구의 논리로 단일사례연구의 정당성을 주장한 것이었다.

한편, 인(Yin)은 이와 다른 논리로 단일사례연구의 정당성을 주장하였다. 그는 단일사례연구가 적절한 몇 가지 근거를 제시하였다. 중요사례(critical case)를 연구한다거나 예외사례 또는 극단사례(unusual or extreme case), 일반적 사례(common case), 현시적 사례(revelatory case), 종단적 사례(longitudinal case)를 연구할 경우 단일사례연구가 적절하다는 것이다. 단일사례연구가 적절한 다섯 가지 근거는 다음과 같다(Yin, 2018).

• 중요사례: 이론이나 가설을 검증하는 데 매우 중요한 사례

- 예외사례 또는 극단사례: 일상적이고 평범한 것에서 크게 벗어나서 예외적이거나 극단적인 사례
- 일반적 사례: 전형적인 또는 대표적인 특징을 보여 주는 사례
- 현시적 사례: 기존에 알지 못했던 것을 밝혀 주는 사례[6]
- 종단적 사례: 같은 사례를 기간을 두고 여러 차례에 걸쳐 연구할 경우

　만약 당신이 단일사례연구를 고려하고 있다면, 당신이 연구하고자 하는 사례가 어떤 사례인지 생각해 보라. 이론이나 가설을 검증하는 데 중요한 사례인가? 예외적이거나 극단적 사례인가? 일반적 사례인가? 현시적 사례인가? 또는 종단적 사례인가? 그렇다면 단일사례연구를 해도 좋다. 당신의 단일사례연구는 정당화될 수 있다. 이것이 인(Yin)의 논리이다.

　연구의 정당성은 연구에 앞서 연구자가 스스로 묻고 답해야 하는 문제이다. 그래야 연구에 나설 수 있다. 그러나 단일사례연구이기 때문에 정당화를 해야 한다면, 다시 말해, '왜 한 개만 하느냐'는 물음에 정당한 사유를 대야 한다면, 그 물음의 정당성에 대해 되묻고 싶다. 이에 대해서는 이 장의 마지막 절에서 논의하자.

4) 다중사례연구

　다중사례연구는 두 개 이상의 사례를 포함하는 연구이다. 인(Yin)은 다중사례연구를 [그림 7-1]로 설명하였다.
　다중사례연구를 하는 중요한 이유 중의 하나는 사례 비교를 위해서이

---

6) 예컨대, 전에는 접근조차 불가능하였는데 이제 연구할 기회가 생겼을 때 이 사례는 기존에 알지 못했던 것을 밝혀 줄 수 있다. 이러한 현시적 사례를 연구할 경우 단일사례연구가 더 적절할 수 있다.

다. 사례 비교를 통해 공통점과 차이점을 발견할 수 있고, 이를 토대로 무엇이 일반적이고 무엇이 특수한지 도출해 낼 수 있고, 더 나아가서 일반화의 토대를 마련할 수 있기 때문이다.

가령, 앞서 언급한 '학교단위 교사학습공동체'에 대한 연구를 다중사례연구로 한다면, 초등학교, 중학교, 고등학교에서 각각 한 개 이상의 사례를 선정할 것이다. 그리고 동일한 자료 수집 방법과 자료 분석 방법을 활용하여 각각의 사례를 연구할 것이다. 그리하여 학교급별로 학교단위 교사학습공동체의 특징을 비교하고 그 공통점과 차이점에 대해 고찰할 것이다. 이를 토대로 학교단위 교사학습공동체의 일반적인 특징과 학교급별 특징을 도출해 낼 수 있다.

단일사례연구가 사례의 고유성과 특수성을 이해하는 데 도움이 된다면, 다중사례연구는 사례 비교를 통해 공통성과 상이성을 이해하는 데 도움이 된다. 이는 사례의 특수성을 보다 깊이 이해하는 데에도 도움이 된다. 그

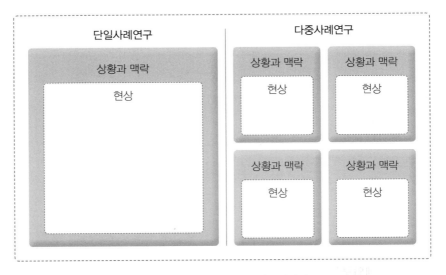

[그림 7-1] 단일사례연구와 다중사례연구

출처: Yin, R. K. (2018). *Case study research and applications: Designs and methods* (p. 48).

리고 더 나아가서, 비교에 그치지 않고 일반화도 가능하다.

사실 인(Yin)은 다중사례연구를 이론 개발에 활용할 것을 제안하였다. 예를 들어, 먼저 사례 하나를 선정하여 연구를 수행하고 결과를 도출한다. 그리고 이를 기점으로 반복연구를 수행한다. 예컨대, 2차 연구에서는 1차 연구의 사례와 유사한 사례들을 몇 개 선정하여 각각의 사례들을 연구한다. 그리고 2차 연구의 결과를 1차 사례연구의 결과와 비교한다. 2차 사례연구에서 동일한 결과를 얻었다면, 3차 사례연구에서는 1차와 2차 연구의 사례들과 상이한 사례들을 몇 개 선정하여 연구한다. 그리고 3차 연구의 결과를 1차와 2차 사례연구의 결과와 비교한다. 3차 사례연구에서 동일한 결과를 얻었다면, 보다 상이한 사례들을 몇 개 더 선정하여 4차, 5차 사례연구를 수행한다. 이 과정에서 만약 동일하지 않은 연구결과가 나온다면, 그것을 '경쟁 가설'로 설정, 이를 검증하기 위한 반복연구를 수행한다. 이와 같은 반복연구를 통해 연구 결과를 일반화한다. 이른바 이론을 개발하는 것이다.

인(Yin, 2018)이 제안한 다중사례연구는 글레이저와 스트라우스(Glaser & Strauss, 1967)의 근거이론연구를 연상시킨다. 이 책의 제3장 '근거이론연구'를 읽어 보고 인(Yin)의 다중사례연구와 비교해 보기 바란다. 사례연구를 통한 이론 개발을 제안한 인(Yin)의 사례연구방법론 속에서 일찍이 데이터로부터 이론 개발을 주장한 근거이론연구의 정신을 발견할 수 있을 것이다.

4. 사례 선정

사례연구는 표본연구가 아니다. 우리가 어떤 특정 사례를 연구하는 이유는 다른 사례들을 이해하기 위해서가 아니다. 바로 그 사례를 이해하기 위해서이다(Stake, 1995: 4).

스테이크(Stake)는 사례연구는 표본연구가 아니라고 주장하였다. 그는 양적연구의 표집 논리와 방법으로 사례를 표집하는 것에 반대하였다. '표집'이라는 용어조차 사용하지 않았다. 대신 '선정(selection)', '사례 선정'이라는 용어를 사용하였다. 그렇다면 사례를 어떻게 선정하는가?

사례 선정의 "첫 번째 기준은 우리가 배울 수 있는 것을 극대화하는 것이다"(Stake, 1995: 4). 스테이크(Stake)는 '배움의 기회'를 사례 선정의 가장 중요한 기준으로 제시하였다. 이 사례가 내가 연구하고자 하는 바에 대해 가장 많이 배울 수 있는 사례인가? 이것이 연구자가 사례를 선정할 때 물어야 하는 질문이다.

스테이크(Stake)의 사례선정론은 양적연구의 표집 논리 및 방법과는 근본적으로 다르다. 모집단을 대표하는 표본을 표집하는 데 더 이상과 관심과 노력을 쏟지 않는다. 이제 더 이상 대표성을 잣대로 삼지 않는다. 사례연구는 표본을 표집하지 않는다. 사례를 선정한다.

그러나 배움의 기회가 사례를 선정하는 최적의 기준인가에 대해서는 논란이 있다. 양적연구의 표집 논리 및 방법에 대한 문제제기 그리고 사례연구방법론 자체의 사례 선정 논리 및 방법의 필요성에 대해서는 대체로 동의하지만, 사례를 어떻게 선정해야 하는가에 대해서는 의견이 분분하다. 또 다른 한편에서는 이러한 목소리도 나오고 있다. '표집'이라는 용어까지 굳이 버릴 필요가 있는가? '대표성'을 내던지는 것이 과연 바람직한가? 양적연구의 표집논리는 못 받아들이더라도 표집 방법 중에서 적절한 것들은 취해야 하지 않을까?

필자는 기본적으로 스테이크(Stake)의 주장을 지지한다. 사례연구는 표본이 아니라 사례를 연구해야 한다. 표본추출법, 즉 모집단을 전제로 하며 일반화를 지향하는 표집법에서 탈피해야 한다. 사례연구의 목적에 맞는 사례를 선정해야 한다. 연구하고자 하는 바에 대해 가장 많이 배울 수 있는 사례를 선정하는 것, 즉 '배움의 기회'는 사례 선정의 중요한 기준이다. 그러나 유일한 기준은 아니다. 예를 들어, 이른바 '유목적 표집'의 논리와 방법이 사례 선정에 활용될 수 있다(Merriam, 1988; Miles & Huberman, 1994; Miles, Huberman, & Saldaña, 2014; Patton, 2002).

유목적 표집은 연구하고자 하는 현상에 대해 풍부한 정보를 제공하는 사례를 선정하는 방법을 말한다. 말하자면, 연구의 목적을 성취하는 데 가장 적절한 정보를 제공하는 사례를 선정하는 것이다. 사례 선정에 유용한 유목적 표집방법 몇 가지를 소개하면 다음과 같다.

- 다종다양사례 표집
  연구하고자 하는 바에 대해 여러 가지 다양한 양상이나 특징 등을 보여 주는 사례들을 선정한다.[7] 다종다양사례는 현상의 다양성뿐만 아니라 다양성을 관통하는 공통성을 고찰하는 데에도 유용하다.
- 특이사례 표집
  연구하고자 하는 바에 대해 일반적으로 알려진 것과 달리 매우 독특하고 특이하여 새로운 통찰을 주는 사례를 선정한다. 예외사례, 일탈사례, 극단사례, 아웃라이어(outlier) 사례 등으로도 지칭되는데, 이들 용어는 평균치나 정상범위에서 크게 벗어남의 의미를 내포하고 있다. 특이사례가 지닌 특수성과 새로운 통찰의 가능성에 보다 강조점을 두었으면 한다.
- 전형사례 또는 대표사례 표집
  연구하고자 하는 바에 대해 전형적인 또는 대표적인 양상이나 특징을

---

7) 다종다양사례 표집은 '맥시멈 베리에이션 샘플링(maximum variation sampling)'을 지칭한다. '최대변량표집'이라 일컬어지기도 한다.

보여 주는 사례를 선정한다. 일반적으로 혼합연구에서 많이 활용한
다. 예를 들어, 양적연구를 통해 집중경향을 파악하고 최빈치나 중앙
치, 평균치 등에 해당하는 사례를 선정하여 대표적인 양상이나 전형
적인 특징을 심층적으로 탐구한다.

• 중요사례 표집

중요사례는 연구하고자 하는 바에 대해 매우 중요한 정보를 제공하여
일반화 가능성이 있는 사례를 말한다. 중요사례의 '중요성'은 일반화,
더 나아가서 이론화의 가능성을 지니고 있음을 함의한다.

사례를 선정하였다면 이제 본격적으로 자료 수집에 나설 때이다. 어떤
자료를 어떻게 수집해야 할지 살펴보자.

5. 사례연구의 자료 수집

사례연구는 연구하고자 하는 현상을 실세계 맥락 속에서 심층 탐구하는
연구이다. 현상에 대한 탐구뿐만 아니라 그 상황과 맥락에 대한 고찰을 요
한다. 그러므로 자료의 다각화(triangulation)[8]가 반드시 필요하다. 한 가지
방법이나 한 가지 자료에만 의존할 경우 사례연구의 총체성, 맥락성, 특수
성을 구현하기 어렵다. 여러 자료 수집 방법을 활용하여 다양한 자료를 수
집해야 한다.

일례로 필자가 학교단위 교사학습공동체에 대한 사례연구(서경혜, 2019)
를 할 때, J중학교를 사례로 선정한 후 J중학교에 나가서 다양한 자료를 수

---

8) 'triangulation(트라이앵귤레이션)'을 '삼각검증', '다각검증', '삼각화', '다원화' 등으로 번역하
여 사용하기도 한다.

집하였다. J중학교 교사들의 회의와 모임을 관찰하였고, 특히 2월 새학기 교육과정 만들기 활동, 3월 수업 공개 및 수업협의회 활동, 6월 동학년 수업연구회 활동, 11월 전체제안수업 활동, 12월 교육과정 평가회 활동 등을 집중 관찰하였다. 아울러 수업 참관도 병행하였다. 또한 교사들과의 면담도 진행하였다. 수석교사, 부장교사, 고경력 교사, 전입 교사, 초임 교사 등 여러 교사와 여러 차례에 걸쳐 면담을 수행하였다. 그리고 교사들이 작성한 학교교육계획서, 교육과정 자료, 수업 자료, 연구보고서 등 관련 문서 및 기록물도 수집하였다. 이와 같이 여러 가지 자료 수집 방법을 활용하여 약 1년여에 걸쳐 J중학교 교사학습공동체 활동에 대한 다양한 자료를 수집하였다.

인(Yin)은 사례연구는 적어도 여섯 가지 자료원(data sources)에서 자료를 수집해야 한다고 주장하였다. 여섯 가지 자료원은 면담, 직접관찰, 참여관찰, 문서, 기록, 물품이다(Yin, 2018). 자료원의 다각화를 강조한 것이다. 이 절에서는 사례연구의 자료 수집 방법으로 관찰, 면담, 기록물[9] 수집에 대하여 살펴보겠다.

1) 관찰

사례연구자는 연구하고자 하는 현상을 그것이 실제로 일어난 상황과 맥락 속에서 심층적으로 탐구하기 위하여 현장에 나가서 여러 다양한 자료를 수집한다. 먼저, 연구참여자의 일상을 관찰한다. 이때 연구참여자의 일상에 참여하며 관찰을 할 수도 있고, 참여하지 않고 관찰을 할 수도 있다. 전자를 '참여관찰'(participant observation), 후자를 '자연스러운 관찰'(naturalistic observation) 또는 '비참여관찰'이라고 지칭한다.

---

9) 기록물에는 문서(documentation), 기록(archival records), 물품(artifacts) 등이 포함된다.

(1) 비참여관찰

비참여관찰은 연구참여자의 실생활에서 그의 행위를 관찰하는 방법이다. 실험실이나 어떤 통제된 환경에서 이루어지는 관찰과 달리 연구참여자의 자연스러운 일상의 모습을 관찰할 수 있다. 비참여관찰자는 연구참여자의 일상에 관여하거나 개입하지 않는다. 연구참여자의 행위에 영향을 미칠 수 있기 때문이다. 그러므로 연구참여자와 일정한 거리를 두고 연구참여자의 일상 행위를 관찰한다.

한편, 관찰자의 존재 자체가 연구참여자의 행위에 영향을 줄 수도 있다. 관찰자가 보고 있기 때문에 평소와는 다른 행위를 하는 경우가 종종 있다. 일례로 필자가 참여한 연구에서는 유아들의 일상인지에 관한 관찰연구였는데(Ginsburg, Inoue, & Seo, 1999), 비참여관찰을 본격적으로 시작하기 전에 3개월여 동안 현장에 나가 연구참여자들과 시간을 보냈다. 연구참여자들이 관찰자에게 더 이상 관심을 보이지 않고 관찰자의 존재를 그들의 일상으로 여기게 되었을 때, 본격적으로 비참여관찰을 시작하였다. 그리하여 일상에서 자연스럽게 일어나는 유아들의 인지활동에 대한 자료를 수집할 수 있었다.

(2) 참여관찰

참여관찰은 비참여관찰과 마찬가지로 연구참여자의 실생활에서 그의 행위를 관찰한다. 그러나 비참여관찰과 달리 참여관찰은 연구참여자의 일상에 참여하며 관찰을 한다. 관찰자는 연구참여자와 대화도 나누고, 그가 하는 활동을 같이 하기도 하고, 그의 가족이나 동료들과도 이야기를 나누는 등 그의 일상에 참여한다. 그리하여 연구참여자의 일상 행위에 대한 이해뿐만 아니라 그 기저의 연구참여자의 생각, 느낌, 신념, 가치 등에 대해 깊이 이해하고자 한다.[10]

참여관찰을 할 것인가, 비참여관찰을 할 것인가는 관찰의 목적에 달려 있다. 관찰을 하는 목적이 무엇인지 명확히 하고 그에 적절한 관찰 방법을 선택해야 할 것이다. 관찰은 면담을 하는 데에도 매우 유용하다. 연구참여자를 관찰하며 그의 일상을 보고 일상 속에서 그의 모습을 보고 연구참여자에 대해 많은 것을 알게 된다. 이는 면담 질문을 개발하는 데에도 도움이 되고 면담을 하는 데에도 도움이 된다. 관찰에 기반한 면담은 일반 면담, 예컨대 연구자가 자신이 궁금한 것들을 질문으로 만들어서 면담 장소에 나가 연구참여자를 처음 대면하고 진행하는 면담과는 비교조차 할 수 없다. 면담을 계획하고 있다면 먼저 연구참여자의 일상을 관찰할 것을 권하고 싶다.

2) 면담

사례연구에서 면담을 많이 활용하는데, 고려해야 할 사항들이 적지 않다. 개인면담을 할 것인가, 집단면담을 할 것인가. 면담을 어느 정도 구조화할 것인가. 면담 질문을 미리 만들어서 그대로 물어보는 것이 나을까, 아니면 연구참여자와 자유롭게 이야기를 나누는 것이 나을까. 각각의 연구참여자에게 각기 다른 질문을 해도 되나, 각기 다른 방식으로 면담을 진행해도 되나. 만약 집단면담을 한다면 어떻게 하는 것이 좋을까.

면담의 구조화에 따라 구조화된 면담(structured interview), 반구조화된 면담(semistructured interview), 비구조화된 면담(unstructured interview)으로 구분할 수 있다. 이 절에서는 이 세 가지 면담 방법에 대해 살펴보겠다. 그리고 집단면담, 특히 특히 포커스그룹 면담(Focus Group Interview, FGI)[11]에 대해 살펴보고자 한다.

---

10) 참여관찰에 대해서는 제2장 문화기술적 연구에서 자세히 논하였다. 이를 참고하기 바란다.
11) '포커스그룹 면담'은 '초점집단 면담', '표적집단 면접', '집단 심층면접' 등으로도 일컬어진다.

(1) 구조화된 면담

구조화된 면담은 면담에 대한 전반적인 계획을 사전에 철저히 세우고 그 계획에 따라 면담을 수행한다. 면담 질문, 질문의 순서, 면담 진행 방법 및 절차 등을 미리 결정하여 모든 면담 대상자에게 동일한 방식으로 면담을 진행한다. 대체로 양적연구에서 구조화된 면담을 많이 활용하는데, 면담 결과를 비교하기 위한 목적으로 주로 활용한다. 비교를 위해서는 표준화된 질문이 필요하고 이를 동일한 조건에서 동일한 방식으로 물어야 한다. 즉, 구조화를 통해 객관성과 중립성을 확보하고 일반화의 토대를 마련하려는 것이다.

(2) 반구조화된 면담

반구조화된 면담은 구조화된 면담과 마찬가지로 면담에 대한 전반적인 계획을 사전에 수립한다. 그러나 구조화된 면담과 달리, 연구참여자의 반응에 맞추어 연구자가 사전에 계획하고 준비한 것들을 면담이 진행되는 그 자리에서 보다 적절하게 수정, 변경한다. 면담 질문이나 질문의 순서 등을 변경하기도 하고, 새로운 질문을 추가하기도 한다. 연구참여자의 생각, 의견, 경험 등을 보다 깊이 탐구하기 위하여 각각의 연구참여자에게 적절한 방식으로 유연하게 면담을 진행한다. 따라서 반구조화된 면담은 연구자의 유연성은 물론이고 고도의 면담 능력을 요한다.

(3) 비구조화된 면담

비구조화된 면담은 면담 주제에 대해 연구자와 연구참여자가 자유롭게 이야기를 나누는 방식으로 진행되는 열린 면담이다. 연구자는 묻고 연구참여자는 답하는 질의응답식 면담이 아니라 연구자와 연구참여자가 대화를 나누는 방식으로 진행된다. 예컨대, 연구참여자가 자신의 경험에 대해 이야기를 하고, 연구자는 연구참여자의 이야기를 귀 기울여 듣고, 그러고 나서 궁금한 것들, 더 듣고 싶은 것들을 질문한다. 연구자의 질문에 연구참여자는 자신의 경험에 대해 더 깊이 있는 이야기를 이어 간다. 이 같은 비구조화된 면담을 통해 연구참여자의 생각, 신념, 경험 등에 대해 보다 심층적으로 탐구할 수 있다. 이를 위해서는 무엇보다도 연구자와 연구참여자 간의 라포르(rapport) 형성이 중요하다.

(4) 포커스그룹 면담

포커스그룹 면담은 소수의 참여자들이 특정 주제에 대해 의견을 나누는 방식으로 진행되는 집단면담을 말한다. 앞서 언급한 질적연구의 여러 면담 방법, 예컨대 심층면담, 현상학적 면담, 해석학적 면담, 내러티브 면담, 생애사 면담 등은 대화식 면담을 그 특징으로 한다. 즉, 전통적인 질의응답식 면담과 달리, 연구자와 연구참여자가 대화를 나누는 방식으로 면담이 진행된다. 포커스그룹 면담은 질의응답식 면담이나 연구자와 연구참여자 간의 대화식 면담과 달리, 연구참여자들이 특정 주제에 대해 자유롭게 의견을 나누는 토론 방식으로 진행된다. 이때 연구자 또는 면담자는 연구참여자들의 토론을 이끌어 가는 진행자의 역할을 한다. 요컨대, 포커스그룹 면담은 진행자의 주재로 참여자들이 특정 주제에 대해 서로 의견을 나누는 토론식 집단면담이다.

예전에는 주로 광고와 마케팅 분야에서 포커스그룹 면담이 많이 활용되었다. 예컨대, 신제품 론칭 시 신제품이 타깃으로 하는 특정 소비자군을 대상으로 적절한 참여자들을 선정하여 포커스그룹을 구성한다. 그리고 이들을 초대하여 신제품에 대해 소개하고 자유롭게 의견을 나누도록 한다. 이때 신제품에 대한 여러 다양한 의견이 제시, 논의되고, 또 제품 개발자들이 생각하지 못한 새로운 아이디어들도 나오기도 한다. 포커스그룹 면담에서 나온 의견을 종합, 분석하여 신제품 광고 및 마케팅에 활용한다.

요즘에는 학계에서도 포커스그룹 면담이 폭넓게 활용되고 있다. 포커스그룹 면담을 통해 특정 주제에 대해 특정 집단이 어떠한 생각을 가지고 있는지 그리고 왜 그렇게 생각하는지를 심층적으로 탐구한다(Krueger & Casey, 2009, 2015). 예를 들어, 교직문화에 대한 교사들의 인식 연구에서 초임교사들을 한데 모아 놓고 교직문화에 대해 자유롭게 이야기를 나누는 방식으로 포커스그룹 면담을 진행할 수 있다. 연구자가 초임교사와 일대일로 개별면담을 할 때보다 훨씬 더 많은 이야기를 들을 수 있을 것이다. 포커스그룹 면담을 통해 동질집단의 경험 그리고 그들이 가지고 있는 생각, 신념, 가치 등을 보다 깊이 이해할 수 있을 것이다.

그러므로 포커스그룹 면담에서는 포커스그룹 구성에 각별히 주의를 기울여야 한다(Morgan & Krueger, 1997). 가령, 학교의 교직문화에 대한 연구를 하는데 교장, 교감, 부장교사, 고경력 교사, 저경력 교사, 초임교사를 포커스그룹으로 구성해서 포커스그룹 면담을 진행했다 치자. 과연 교사들이 자신의 의견을 자유롭게 말할 수 있었을까? 아마 초임교사나 저경력 교사의 경우 자신이 경험한 교직문화에 대하여 솔직하게 이야기하기가 쉽지 않았을 것이다. 차라리 개별면담을 하는 것이 더 나을 수 있다. 포커스그룹을 어떻게 구성하느냐에 따라 포커스그룹 면담의 내용과 그 깊이가 크게 달라질 수 있다.

일반적으로 동질집단으로 포커스그룹을 구성하는데, 동질성을 어떻게 규정하는가는 연구의 목적 및 연구자의 전문적 판단에 달려 있다(Morgan, 1997). 그런 점에서 포커스그룹은 동질성에 기반한 유목적 표집을 통해 구성된다고 할 수 있다. 포커스그룹은 보통 여섯 명에서 열 명 정도로 구성한다. 참여자들이 골고루 의견을 말할 수 있는 기회가 주어져야 하고 또 상호 의견 교환이 충분히 이루어져야 하기 때문에 이에 적정한 인원으로 포커스그룹을 구성한다.

포커스그룹 면담에서는 진행자[12]의 역할이 매우 중요하다. 포커스그룹 구성원들이 자유롭게 자신의 의견을 말하고 의견을 나눌 수 있도록 면담을 진행해야 하기 때문이다. 크루거와 케이시(Krueger & Casey, 2015)는 진행자의 역할을 다음과 같이 설명하였다.

- 포커스그룹 진행자는 집단토론을 이끌어 가는 사회자이자, 참여자들 간의 상호작용을 북돋우는 촉진자이며, 동시에 그룹 내 상호작용을 모니터링하고 관리하는 조정자이다. 면담 주제에 대한 깊은 지식, 대인관계 능력, 의사소통 능력을 필요로 한다.
- 포커스그룹 진행자는 참여자들이 편하고 자유롭게 이야기할 수 있는 분위기, 서로 존중하고 경청하는 분위기를 조성한다.
- 포커스그룹 진행자는 참여자들이 한 명도 빠짐없이 모두 자신의 의견을 말할 수 있도록 한다. 간혹 한두 사람이 주도권을 쥐고 발언권을 독점하는 경우가 생길 수 있다. 이때 다른 참여자들에게 의견을 묻거나 발언권을 주는 등의 방식으로 참여자들에게 발언의 기회를 골고루 제공한다. 특히 아무 말도 안 하는 사람이나 소극적으로 참여하는 사람에게는 의견을 말할 수 있는 기회를 적극 제공하고 참여를 북돋운다.
- 포커스그룹 진행자는 참여자들 간의 상호작용을 촉진한다. 서로 다른 의견을 솔직하게 내놓고 이야기할 수 있도록 한다. 그리하여 여러 다양한 의견이 제기, 논의될 수 있도록 한다.
- 포커스그룹 진행자는 참여자들의 의견이 일치로 가는 경향이나 또는 대립으로 가는 경향을 경계해야 한다. 집단사고로 흐를 수 있는 위험 또는 집단 내 갈등을 유발할 수 있는 위험이 있기 때문이다.

포커스그룹 면담은 그룹 내 상호작용을 통해 다양하고 심층적인 정보를 수집하는 면담 방법이다. 최근에는 소수집단, 소외집단이 특정 이슈에 대

---

12) 진행자(moderator)를 조정자, 사회자 등으로도 지칭한다.

해 가지고 있는 생각과 의견을 탐구하기 위하여 포커스그룹 면담을 활용하는 연구가 늘고 있다. 이들 연구는 포커스그룹 면담을 통해 다수 의견에 묻힌 소수자들의 목소리를 들려준다.

3) 기록물 수집

사례연구자는 연구 사례에 관한 다양한 기록물을 광범위하게 수집한다. 기록물은 매체의 특성에 따라 문서류, 시청각 기록물, 전자 기록물, 물품 등으로 구분할 수 있다. 그리고 그 성격에 따라 공적 기록물과 개인적 기록물로 나눌 수 있다. 공적 기록물은 공식적인 기록을 말한다. 예컨대, 정부기관이 작성한 열람 가능한 공공자료, 학교나 교육기관에서 작성한 공식 기록부, 회사나 조직에서 작성한 공식 서류 등을 들 수 있다. 개인적 기록물은 연구참여자가 개인적으로 소장하고 있는 기록물을 말한다. 예를 들어, 일기나 편지와 같은 문서류, 사진이나 동영상과 같은 시청각 기록물, 이메일이나 SNS 게시글과 같은 전자 기록물, 연구참여자가 직접 만든 물품 등이 있다.

기록물의 유형과 종류가 워낙 많고 다양하기 때문에 어떠한 기록물을 수집할 것인지 명확한 계획을 세워서 체계적으로 수집하는 것이 필요하다. 또한 기록물 수집 시, 기록물의 내용에 대한 확인뿐만 아니라 해당 기록물이 어떠한 목적으로 누구를 위해 또는 누구를 대상으로 작성되었는지에 대한 정보를 수집할 필요가 있다. 다시 말해, 기록물의 내용과 용도를 정확히 파악하고 기록물의 산출 배경과 그 목적을 면밀히 검토해야 한다. 그래야 기록물에 대한 적절한 자료 분석이 이루어질 수 있다.

6. 사례연구의 자료 분석

사례연구에서는 사례연구의 목적에 따라 다양한 분석방법을 활용한다. 앞서 "사례연구는 연구방법론에 대한 선택이 아니라 연구 대상에 대한 선택이다"(Stake, 1994: 236)라고 전술한 바와 같이, '사례'를 연구하면 사례연구로 포괄한다. 따라서 사례연구는 다양한 연구방법론, 예를 들어 문화기술적 연구라든가 현상학적 연구, 내러티브 탐구, 생애사 연구 등을 포괄한다.[13] 이에 사례연구의 목적이 특정 집단의 문화를 이해하는 데 있다면, 문화기술적 연구의 자료 분석 방법을 활용한다. 사례연구의 목적이 삶의 서사를 통해 인간의 경험과 그 의미를 이해하는 데 있다면, 내러티브 탐구의 분석 방법, 예컨대 서사 분석 방법을 활용한다. 사례연구의 목적이 한 인간이 살아온 삶의 궤적을 깊이 이해하는 데 있다면, 생애사 연구의 분석 방법을 활용한다. 최근에는 체험 연구를 목적으로 체험의 특수성과 보편성을 이해하기 위하여 해석적 현상학적 분석(Interpretative Phenomenological Analysis: IPA)을 활용하는 사례연구도 늘고 있다.[14] 이와 같이 사례연구의 목적에 따라 그 목적에 적절한 분석방법을 활용하는 추세이다.

여러 다양한 분석방법을 활용함에도 한 가지 공통된 것이 있다. 사례를 분석한다는 것이다. 변인이 아니라 사례를 분석한다. 마일스와 휴버만

---

13) 그러나 역으로, 이들 연구방법론의 입장에서 볼 때, 예를 들어 문화기술적 연구의 경우 사례연구를 문화기술적 연구방법의 일환으로 또는 보조적인 연구방법으로 활용해 왔다. 문화기술적 연구가 사례연구를 포괄한다 볼 수 있다. 이에 여러 사례연구자가 사례연구를 독자적인 연구방법론으로 확립하고자 힘썼다.

14) 문화기술적 연구, 내러티브 탐구, 생애사 연구, 현상학적 연구, 근거이론연구의 자료 분석 방법은 이 책 제2장에서 제6장에 걸쳐 논하였다. 해당 장을 참고하기 바란다.

(Miles & Huberman, 1994: 173)은 변인 분석과 사례 분석을 다음과 같이 설명하였다. 가령, 학생의 대학진학결정에 영향을 미치는 요인에 대한 자료표(datasheet)를 가상해 보자.

ID	성별	사회 경제적지위	부모의 기대	학업성취도	또래의 지지	대학진학 결정
01	1	2	4	6.3	12	1
02	1	4	6	5.2	8	0
03	2	4	5	8.9	7	0
~						
10	2	3	7	7.0	10	1

일반적으로 변인 분석은 데이터를 세로로 읽는다. 각각의 변인들에 대해 살펴보고 변인들 간의 관계, 예컨대 성별, 사회경제적 지위, 부모의 기대, 학업성취도, 또래의 지지 그리고 대학진학결정 간의 관계를 고찰한다. 그리하여 대학진학결정에 영향을 미치는 요인을 밝혀내고 이를 일반화한다.

이와 달리 사례 분석은 데이터를 가로로 읽는다. 1번 학생의 성별, 사회경제적 지위, 부모의 기대, 학업성취도, 또래의 지지, 대학진학결정 등을 총체적으로 살펴본다. 그다음 2번 학생, 3번 학생, 학생 한 명 한 명, 각각의 사례를 구체적으로 검토한다. 이렇게 개별 사례에 대해 충분히 이해한 후 이를 토대로 사례들 간의 유사성과 상이성을 비교 분석한다. 그리하여 사례의 특수성과 보편성을 이해한다.

마일스와 휴버만(Miles & Huberman)의 설명이 사례 분석을 지나치게 단순화한 경향이 없지 않지만, 또한 변인 분석의 틀 안에 갇힌 사례 분석이라는 비판도 받고 있고, 특히 사례를 변인들의 합으로 볼 수 있는 오해의 소지가 있다는 비판의 목소리가 높지만, 변인 분석과 사례 분석의 차이를 선명하게 부각시켰다는 점에서 주목할 만하다.

사례 분석은 총체성을 특징으로 한다. 연구하고자 하는 현상을 낱낱으로 잘게 쪼개서 분석하는 것이 아니라 총체적으로 분석한다. 총체적 분석은 사례 분석의 중요한 특징 중의 하나이다. 그렇다면 실제로 사례 분석을 어떻게 하는지 그 실례를 참조하며 사례 분석에 대해 자세히 살펴보자.

1) 단일사례분석

단일사례분석은 사례 그 자체를 이해하는 데 중점을 둔다. 단일사례분석을 본질적 사례연구 전용으로 오해를 많이 하는데, 도구적 사례연구에서도 단일사례분석을 많이 활용한다. 예를 들어, 기존 이론으로 설명되지 않는 현상을 예외사례로 선정, 단일사례분석을 통해 기존 이론에 대한 경쟁가설(rival hypothesis)이나 대안가설(alternative hypothesis) 또는 수정이론(modified theory)의 가능성을 제시할 수 있다. 이때 사례 그 자체에 대한 이해는 기존 이론에 대한 문제제기, 수정, 보완, 대체 등을 궁극적 목적으로 한다는 점에서 도구적 성격을 띤다. 그 외 중요사례나 극단사례, 일반적 사례, 현시적 사례, 종단적 사례 등에 대한 연구에서도 단일사례분석을 많이 활용한다.

일례로 필자의 연구(서경혜, 2008)를 들면, 「학교 밖 교사학습공동체에 대한 사례연구」에서는 이 연구를 기획할 당시 2005년에는 국내에서 교사학습공동체에 대해 알려진 바가 별로 없어서 사례로 선정한 학교 밖 교사학습공동체를 이해하는 데 가장 중점을 두었다. 이를 위해 단일사례분석을 수행하였고 질적코딩을 분석의 한 방법으로 활용하였다. 질적코딩방법에 대해 간략하게 설명하면 다음과 같다.

(1) 자료 숙지
수집한 자료들을 유형별로(예컨대, 관찰자료, 면담자료, 문서자료 등), 연구참여자별로, 또는 날짜별로 정리한다. 그리고 모두 한데 모아서 자료 전체를 처음부터 끝까지 읽는다. 수집한 자료를 숙지하기 위함이다. 또한 자료 전체를 통독함으로써 각각의 자료들이 서로 어떻게 관련되어 있는지 그 관계를 볼 수 있게 되고, 그 관계 속에서 개별 자료들이 갖는 의미와 의의를 이해할 수 있게 된다. 이렇게 수집한 자료 전체를 여러 차례에 걸쳐 통독하며 자료의 내용을 파악한다.

(2) 코딩 및 코드 도출

자료 전체의 내용을 숙지한 후 이제 자료의 내용을 한 줄 한 줄 읽어 가며 그 의미를 파악하는 데 집중한다. 이것을 질적코딩(qualitative coding)이라 일컫는다. 질적코딩은 자료의 의미를 파악하는 과정으로, 연구자는 자료를 정독하며 그것이 의미하는 바를 고찰하고 그 의미를 가장 잘 나타내는 용어, 즉 코드(code)를 부여한다. 코드는 자료의 의미를 개념화한 것이다.

자료의 내용을 한 줄 한 줄 읽어 가며 줄 단위로 또는 한 문장이나 한 문단을 단위로 그 의미를 나타내는 개념을 코드로 명명하는 과정은 한 번에 끝나지 않는다. 1차 코딩을 마치고, 다시 처음으로 돌아가 2차, 3차 코딩을 하며 코드를 수정 보완하고 또 새로운 코드를 도출한다. 더 이상 새로운 코드가 나오지 않을 때까지 여러 차례에 걸쳐 코딩을 계속한다.

(3) 코드 범주화

도출된 코드들을 모두 나열하고 목록화한다. 그리고 코드들 간의 공통성과 상이성을 비교한다. 유사한 코드들은 병합하고, 코드의 개념적 수준에 따라 상위개념의 코드 하에 하위개념의 코드들을 통합시킨다. 이와 같이 수평적 그리고 수직적으로 개념을 분류, 통합하며 보다 추상적이고 보편적인 개념, 즉 범주를 도출한다. 범주는 코드들을 개념적으로 통합한 것으로 추상성과 보편성을 특징으로 한다.

(4) 주제 생성

범주들을 통합할 수 있는 주제를 생성한다. 주제 생성은 여러 방식으로 진행될 수 있다. 몇 가지를 소개하면 다음과 같다.

- 범주들 간의 관계를 고찰하고 범주들을 서로 관련지어 범주들을 통합하는 방식으로 주제를 생성한다.
- 범주들을 하나로 엮어 내러티브를 구성하는 방식으로 주제를 생성한다.
- 범주들 기저에 흐르는 근본적인 주제나 여러 범주를 관통하는 공통 주제로 범주들을 통합하여 주제를 생성한다.

「학교 밖 교사학습공동체에 대한 사례연구」에서는 범주들을 서로 관련지어 통합하는 방식으로 '협력'과 '반성적 실천'을 주제로 이끌어 냈다. 그리하여 학교 밖 교사학습공동체에서 이루어지는 교사 학습 및 전문성 개발을 협력적 반성적 실천으로 특징지었다.

이와 달리 필자의 연구(서경혜, 2019)「학교단위 교사학습공동체 운동의 의의와 과제」에서는 내러티브 분석 방법을 활용하여 단일사례분석을 수행하였다. 내러티브 분석[15]은 경험의 단편들을 담고 있는 이야기들을 유기적으로 연결시킬 수 있는 해석적 틀을 생성하고, 해석적 틀 속에서 경험의 단편들을 담고 있는 이야기들의 의미와 의의를 분석한다. 필자의 학교단위 교사학습공동체 운동에 대한 사례연구에서는 교사 협업을 대주제로 그리고 집단자율성과 집단전문성을 소주제로 해석적 틀을 구성하였다. 이들 주제를 중심으로 J중학교의 학교단위 교사학습공동체 운동에 대한 내러티브를 구성하였다. J중학교에서 학교단위 교사학습공동체 운동이 왜, 어

---

15) 내러티브 분석에 대해서는 제5장 내러티브 탐구를 참고하기 바란다.

떻게 일어났는지 그리고 어떻게 진행되었는지 그 과정과 그리하여 무엇이
어떻게 달라졌는지 그리고 그 변화가 의미하는 바가 무엇인지 등을 하나
의 이야기로 엮어 내러티브를 구성하였다.

이상과 같이 단일사례분석은 사례 그 자체에 대한 이해에 중점을 두며,
사례연구의 목적에 따라 그에 적절한 분석방법을 활용한다. 코딩 방식의
분석방법을 활용하기도 하고 서사분석 기법을 활용하기도 한다. 중요한
것은 사례에 대한 깊은 이해에 이르는 것이다.

2) 다중사례분석

다중사례분석은 사례 그 자체에 대한 이해를 넘어서서 사례 간 비교 분
석을 통해 보다 보편적인 이해를 추구한다. 다시 말하면, 다중사례분석은
사례의 특수성과 보편성을 모두 담아내고자 한다. 그러므로 다중사례분석
은 먼저 사례들을 각각 분석한 후 각 사례에 대한 충분한 이해를 토대로 사
례들을 비교, 그 유사성과 상이성을 분석하는 방식으로 이루어진다. 그 방
법은 다음과 같다(Miles & Huberman, 1994; Stake, 2006).

- 다중사례분석은 먼저 사례들을 하나하나 개별적으로 분석하는 것에
  서 시작된다. 개별 사례의 고유성과 특수성에 대한 이해 없이 섣불리
  사례 비교 분석에 들어갈 경우 피상적 분석에 그치기 때문이다.
- 다중사례분석은 사례의 총체성을 무너뜨리지 않는다. 말하자면, 사
  례 분석의 가장 기본적인 원칙, 즉 사례를 총체적으로 분석한다는 원
  칙하에 다중사례분석을 수행한다. 사례를 낱낱이 쪼개서 몇 개의 변
  인으로 분석하는 방식을 경계하는 것이다. 사례 하나하나를 총체적
  으로 분석함으로써 개별 사례의 고유성과 특수성을 깊이 이해하고자
  한다.

- 다중사례분석을 사례들을 한데 합쳐 요약하는 것으로 오해하는 경우가 많다. 사례들을 몇 개의 변인으로 나누어서 정리하는 것이라고 오해하는 경우도 적지 않다. 또는 아예 사례들을 각각 요약해서 하나씩 차례대로 사례 요약을 제시한 논문들도 어렵지 않게 볼 수 있다. 다중사례분석은 개별 사례의 총체성을 보존하며 사례들을 비교 분석하는 방법이다. 사례들을 마구잡이로 합치거나 요약, 정리하는 방식을 경계한다.

- 다중사례분석은 개별 사례의 고유성을 토대로 사례 간 비교를 통해 유사성과 상이성을 분석한다. 일반적으로 각 사례 분석을 통해 코드, 범주, 주제를 도출하고 각각의 사례에서 도출된 주제들 간에 어떤 관련성이 있는지, 공통되는 속성을 가진 주제들이 있는지, 특히 부각되는 주제들이 있는지 등을 고찰하는 방식으로 비교 분석이 이루어진다. 그리하여 사례들을 관통하는 주제, 이른바 대주제 또는 최상위 주제를 도출해낸다.

- 사례 간 비교 분석을 통해 생성된 대주제를 중심으로 사례의 특수성과 보편성에 대해 고찰한다. 다중사례분석을 수행한 사례연구 논문은 사례의 특수성과 보편성을 모두 담아내려고 한다. 이에 먼저 개별 사례 분석 결과에 대해 논한 후, 이를 토대로 사례 간 비교 분석 결과에 대해 논하는 방식으로 논문을 구성한다.

일례로 홍미연과 조미경(2018)의 「알코올중독자의 회복경험에 대한 질적 사례연구」에서 연구진은 일곱 명의 알코올중독 회복자를 연구참여자로 선정, 이들의 경험에 대한 자료를 수집하여 다중사례분석을 수행하였다. 먼저 일곱 명 각각의 경험을 고찰, 개별 사례 분석을 수행하였고, 각 사례로부터 알코올중독 회복 관련 이슈들을 도출하였다. 그리고 사례별 이슈들을 토대로 사례 간 비교를 통해 네 개의 주제를 도출하였다. 그리하여 알코올중독자들의 회복경험을 '자기성찰을 통해 술을 포기함', '단주 열망으로 가득함', '중독의 늪에서 빠져나오기', '상처를 끌어안고 새로운 삶에 충실함'의 네 가지 주제를 중심으로 이해하였다.

예를 하나 더 들면, 권지성 등(2010)의 「입양가족의 뿌리찾기 경험에 대한 질적 사례연구」에서는 다섯 입양가족을 사례로 선정하여 입양아동의 뿌리찾기 경험에 대한 다중사례연구를 수행하였다. 연구진은 먼저 다섯 가족의 경험을 각각 심층 분석하였고 이를 토대로 사례 간 분석을 하였다. 연구진에 의하면, "사례 간 분석에서는 앞서 제시한 사례들을 전반적으로 검토하면서 뿌리찾기의 전체 과정에서 나타나는 중요한 주제들을 발견하고자 하였다"(권지성 외, 2010: 227). 그 결과, '입양됨의 인식', '호기심 폭발', '불안한 기다림', '진실을 만나는 순간', '그래, 내가 진짜 엄마야', '그리고 아무 말도 없었다' 등과 같은 중요 주제들이 도출되었다. 이 주제들은 입양가족의 뿌리찾기 경험을 단계적으로 담아낸 것으로, 이 같은 과정을 통해 입양가족은 이제 하나의 가족으로서 새로운 삶을 시작할 수 있었다.

요컨대, 사례연구의 자료 분석은 '사례'를 분석한다. 변인 분석이 아니라 사례 분석을 한다. 사례 분석은 총체성을 그 특징으로 한다. 연구하고자 하는 현상을 낱낱으로 쪼개서 몇 개의 변인으로 또는 변인들의 합으로 분석하는 것이 아니라 '사례'로서 총체적으로 분석한다. 이때 단일사례분석은 사례 그 자체를 이해하는 데 중점을 둔다. 즉, 사례의 고유성과 특수성을 온전히 이해하고자 한다. 이에 비해 다중사례분석은 사례 그 자체에 대한 이해를 넘어서서 사례 간 비교 분석에 보다 중점을 둔다. 그리하여 사례의 특수성과 보편성을 모두 담아내고자 한다.

7. 사례연구를 둘러싼 쟁점

사례연구를 한다 하면 사례를 몇 개 연구하느냐는 질문을 많이 받는다. 한 개를 한다 하면 두세 개는 해야 하지 않냐고 하고, 두세 개를 한다 하면 네다섯 개는 해야 하지 않느냐고 한다. 도대체 몇 개를 해야 더 하란 소리를 듣지 않을까? 사례연구를 위한 적정 사례 수는 몇 개인가?

사례연구방법론에 대한 고찰을 마무리하는 이 시점에서 이 질문에 어떻게 답해야 할지 알 것이다. 몇 개가 중요한 것이 아니라 어떤 사례를 연구하느냐가 중요하다.[16] 일반적으로 알려진 것과 다른 어떤 특이성을 지닌 사례인가? 새로운 통찰을 주는 사례인가? 어떤 현상이나 중요한 이슈의 여러 다양한 양상을 보여 주는 사례인가? 기존 이론으로는 설명할 수 없는 사례인가? 사례연구자는 어떠한 사례를 연구할 것인가에 관심을 기울인다. 사례 수는 그리 중요하지 않다.

그럼에도 불구하고 사례연구자에게 사례 수를 묻는 것은 정말로 개수가 궁금해서가 아니라 연구에 대한 근본적인 문제를 제기하는 것이다. 모름지기 연구는 일반화를 궁극적인 목적으로 해야 한다. 그런데 고작 사례한두 개를 연구한다니, 게다가 사례 그 자체를 이해하는 데 중점을 두겠다니, 이것을 연구라고 할 수 있는가?

일반화 문제에 대해 사례연구자들은 여러 다양한 입장을 취하고 있다(Donmoyer, 2000; Gomm, Hammersley, & Foster, 2000; Lincoln & Guba, 2000; Schwandt & Gates, 2018). 그중 몇 가지를 제시하면 다음과 같다.

---

16) 사례 수 논쟁과 관련하여 스몰(Small)의 논문 「How many cases do I need?」(2009)을 읽어 보기 바란다. 양적연구의 표집논리를 질적연구의 사례 선정에 적용하는 문제, 나아가서 사례연구의 일반화 문제에 대해 날카로운 비판을 가하였다.

- 사례연구에서 일반화 문제를 거론하는 것 자체가 부적절하다는 입장이다. 사례연구는 '사례'를 연구한다. 일반화를 목적으로 한다면 사례연구가 아니라 다른 연구방법을 찾아봐야 할 것이다.
- 사례연구를 통해 '분석적 일반화'가 가능하다는 입장이다. 일반적으로 일반화라고 하면 모집단을 대표하는 표본을 표집해서 표본연구의 결과를 일반화하는 것을 생각한다. 이것은 '통계적 일반화(statistical generalization)'라 할 수 있다. 사례연구는 분석적 일반화(analytic generalization)를 추구한다. 사례연구를 통해 새로운 개념이나 이론을 개발할 수 있다. 예를 들어, 다중사례연구나 사례반복연구를 통해 이론을 개발할 수 있고, 이론 개발에 중요한 사례를 선정, 연구할 수 있고, 또는 기존 이론으로 설명할 수 없는 사례를 선정, 연구하여 새로운 이론 개발의 첫걸음을 내디딜 수 있다. 사례는 모집단을 대표하는 표본이 아니라 새로운 개념이나 이론으로 나아갈 수 있는 가능성이다.
- '일반화는 독자의 몫이다'라는 입장이다. 독자가 사례연구 논문을 읽고 그 사례가 자신의 이야기처럼 느껴진다면, 자신에게도 충분히 가능한 일이라 여겨진다면, 그것이 바로 일반화이다. 일반화는 독자의 해석이다. 연구자가 다다른 결론에 독자도 다다른다면 그것이 일반화이다.

사례연구자에게 사람들은 말한다. 당신이 연구한 사례를 넘어서서 보다 일반적이고 보편적인 것을 찾아보라. 사례연구자는 그들에게 말한다. 일반적이고 보편적인 것에 가려진 것을 깊이 들여다보라. 다수에 묻힌 소수의 목소리를 귀 기울여 들어 보라. 이제 변인의 세계에서 나와서 사례의 세계로 들어가 보라.

제**8**장

여섯 가지 질적연구방법론

'가지'란 원줄기에서 뻗어 나온 줄기를 말한다. 우리는 지금까지 질적연구의 여섯 가지 방법론에 대해 살펴보았다. 인간의 삶과 경험을 어떻게 연구할 것인가에 대한 여섯 가지를 볼 수 있었다. 이 여섯 가지 외에도 질적연구는 여러 가지로 뻗어 나갔다. 특히 두 가지 큰 흐름은 주목할 만하다.

하나는 연구자와 연구대상자 간의 경계의 무너짐이다. 외부인 연구자에 의한 타자화를 거부하고 자신의 삶과 경험에 대해 자신이 직접 연구하는 연구자들이 늘고 있다. 또한 종래 식민주의적 연구에 문제제기하며 내부자로서 자신이 속한 집단의 삶과 경험에 대해 연구하는 연구자들도 늘고 있다. 이러한 경계의 무너짐은 자전적 연구(autobiographicl research), 자기연구(self-study research), 내부자연구(insider research), 자문화기술지(autoethnography), 실행연구(action research) 등에서 발견할 수 있다.

다른 하나는 실천지향적 연구의 확산이다. 이해를 넘어서서 실천으로 나아가는 연구자들이 늘고 있다. 이 연구자들은 다음과 같이 주장한다. 이해하는 것만으로는 달라지지 않는다. 이해하는 것에 그치지 않고 실천으로 나아가야 한다. 연구를 통해 자신의 삶, 자신의 실천을 변화시키는 연구자들, 연구를 통해 자신이 가르치는 학생, 자신이 돌보는 환자, 자신과 함께 하는 사람들이 더 나은 삶을 살 수 있도록 지원하는 연구자들, 연구를 통해 차별과 불평등에 맞선 사회적 약자들의 저항운동에 동참하는 연구자들, 연구를 통해 더 나은 세상을 만드는 데 참여하는 연구자들이 늘고 있다. 이 같은 실천지향적 연구는 실행연구(action research), 참여적 실행연구(participatory action research), 협업적 실행연구(collaborative action research) 등에서 발견할 수 있다.

질적연구의 최근 흐름에 대해서는 다른 기회에 따로 논하려고 한다. 여섯 가지 질적연구방법론에 대한 고찰을 마치며 비교 논의가 필요하지 않을까 하는 생각에 〈표 8-1〉을 작성해 보았다. 사실 필자는 여러 연구방법

표 8-1   여섯 가지 질적연구방법론

	문화기술적 연구	근거이론연구	현상학적 연구	내러티브 탐구	생애사 연구	사례연구
연구의 목적	특정 집단이 공유하는 문화를 탐구하는 연구	데이터에 근거하여 이론을 개발하는 연구	체험의 본질적 의미를 탐구하는 연구	삶의 서사(narrative)를 통해 인간의 경험과 그 의미를 탐구하는 연구	한 인간의 살아온 삶의 궤적을 탐구하는 연구	연구하고자 하는 현상을 실세계 맥락 속에서 심층 탐구하는 연구
연구방법론의 특징	-문화기술적 연구의 목표는 '연구민의 관점'을 이해하는 것이다(Malinowski) -문화기술지는 '심층 기술'이다(Geertz)	-연속적인 데이터 수집·코딩·분석을 통한 이론적 표집을 통한 데이터 수집 -이론적 포화에 이를 때까지 지속적인 비교분석	-현상을 직접 경험한 사람들이 체험을 통해 본질을 탐구 -체험자의 체험을 통해 그 본질에 다가가기 위하여 표현상학적 환원 또는 에포케, 판단중지, 괄호치기를 수행	-삶의 서사를 쓰는 저자로 그리고 그 서사 속의 주인공으로 삶을 살아가는 인물로, 연구참여자와 연구자가 삶의 한가운데에서 만나 삶의 서사를 이야기하고 재해석하고 재구성함	-서사성: 삶의 서사를 그리고 그 서사 속의 주인공으로 삶을 살아가는 한 생애를 연구 -매타성: 삶의 매타 속의 생애사 연구 -관계성: 연구자와 연구참여자의 공동 연구	-총체성: 복잡한 현상을 총체적으로 이해하고자 함 -매타성: 현상이 일어나는 상황과 맥락 속에서 현상을 연구함 -특수성: 사례 그 자체에 대한 이해를 우선시함
연구방법론의 유형	-사실주의적 문화기술지 -해석적 문화기술지 -비판적 문화기술지 -자문화기술지	-글레이저와 스트라우스(Glaser & Strauss)의 근거이론연구 -스트라우스와 코빈(Strauss & Corbin)의 근거이론연구 -샤메즈(Charmaz)의 근거이론연구	-서술적 현상학적 연구 -해석학적 현상학적 연구 -해석적 현상학적 연구	내러티브 연구(Narrative Research), 내러티브 분석(Narrative Analysis)과 구별됨	전기적 연구(Biographical Research), 자전적 연구(Autobiographical research)와 구별됨	-스테이크(Stake)의 사례연구방법론 -인(Yin)의 사례연구방법론
연구참여자 선정	-유목적 표집 -연구의 목적에 적절한 문화집단 '집단'을 선정	-이론적 표집 -유목적 표집	특정 현상을 체험한 사람들을 연구참여자로 선정	연구하고자 하는 바에 대해 가장 많이 배울 수 있는 사람을 연구참여자로 연구에 '초대'함	연구하고자 하는 바에 대해 가장 많이 배울 수 있는 사람을 연구참여자로 연구에 '초대'함	-'배움의 기회'를 기준으로 도 사례 선정 -유목적 표집(예컨대, 다중다양사례 표집, 특이사례 표집, 전형사례 표집, 중요요소사례 표집)

	문화기술적 연구	근거이론연구	현상학적 연구	내러티브 탐구	생애사 연구	사례연구
자료 수집 방법	필드워크 -참여관찰 -문화기술적 면담 -기록물 수집	-심층면담 -관찰 -기록물 수집	-현상학적 면담 -연구참여자의 체험 서술 -생활세계의 체험자료	연구참여자의 삶의 서사 속으로 들어가서 서로의 삶의 서사를 나누며 현장텍스트를 구성함 -내러티브 면담, 관찰, 연구참여자의 개인적 기록물 등	-생애사 면담 -참여관찰 -기록물 수집	-관찰(참여관찰, 비참여관찰) -면담(구조화된 면담, 반구조화된 면담, 비구조화된 면담, 포커스그룹 면담) -기록물 수집
자료 분석 방법	문화기술적 자료 분석 -자료통독 -절적코딩 -메모잉 -주제도출	-개방코딩, 축코딩, 선택코딩, 패러다임 모형, 선택코딩 (Strauss & Corbin) -초기코딩, 초점코딩, 이론적 코딩 (Charmaz)	-서술적 현상학적 분석 -현상학적 성찰을 통한 주제분석 -해석적 현상학적 분석 (IPA)	-연구참여자의 서사 속에서 빠져나오며 그 서사가 의미하는 바에 대해 고찰하며 '연구텍스트'를 구성함 -연구참여자의 경험의 의미와 의의를 해석함	-프로필 스케치 -에피파니를 통한 생애 사적 주제 도출 -생애 서사의 재맥락화	-단일사례분석 -다중사례분석
연구방법론의 의의	필드워크, 참여관찰, 심층면담 등 질적연구 방법의 초석을 마련함	이론/가설 검증에 치중한 학계에 신랄한 비판을 가하며, 메타이론에 근거한 이론을 개발하는 연구방법론을 제시함	환원주의와 객관주의에 입각한 전통적인 연구에 문제를 가하며, '본인'이 아니라 인간의 '체험'에 근거한 연구, 체험자를 배제시킨 이론바-'객관적인' 분석이 아니라 체험자의 관점에서 체험이 어떻게 경험되는지를 분석하는 연구방법론을 제시함	삶의 경험을 이론적 틀에 맞추어 설명하려는 형식주의, 삶의 경험을 몇 개의 변인으로 설명하려는 환원주의에 문제를 제기하며, 삶의 서사를 통해 인간의 경험을 탐구하는 연구방법론을 제시함	누구의 삶이 기억되고 이야기되고 기록되었는가에 대해 문제제기하며, 특정 사회 특정 시대를 살아가는 평범한 보통 사람들의 주관적 경험에 대한 사적(史的) 연구방법론을 제시함	종래 개인연구, '표본연구'의 탈맥락적, 환원주의적 접근에 문제제기하며, 현상을 그 실제 상황과 맥락 속에서 '사례'로서 탐구하는 연구방법론을 제시함

론을 일괄적으로 비교하는 것에 비판적 입장이다. 그럼에도 불구하고, 질적연구의 여정을 떠나는 연구자들에게 조금이나마 도움이 될 것 같아 표를 제시하였다.

덧붙여 이 말을 하고 싶다. 질적연구의 여정을 떠나는 연구자들에게.

질적연구자는 아주 특별한 사람임을 잊지 말았으면 한다. 질적연구를 한다는 것은 타자의 세계에 들어감을 의미한다. 타자의 세계에 들어가서 타자의 눈으로 세상을 보는 것이다. 타자의 입장과 관점에서 타자의 삶과 경험을 이해하는 것이다. 이른바 내부자적 시각을 갖는 것이다. 그러므로 질적연구자는 아주 특별한 사람이다. 내부자적 시각을 가진 외부자. 질적연구자는 내부자적 시각을 가진 외부자이다. 다시 말하면, 질적연구자는 내부자적 시각과 외부자적 시각을 가지고 있는 사람이다. 질적연구자는 내부자들이 당연하게 보는 것을 왜 당연하게 보는지 이해하고 더 나아가서 그것을 당연하지 않게 본다. 내부자들에게는 당연한 것을 당연하지 않게 볼 수 있도록 하고, 외부자들에게는 당연하지 않은 것을 당연하게 볼 수 있도록 한다. 그래서 그의 연구는 외부자의 관점과는 다른, 내부자의 관점과는 다른, 또 다른 관점을 담고 있다. 그 관점은 인간의 삶과 경험에 대한 우리의 이해를 더 넓게 확장시키고 더 깊게 심화시킨다. 그러니 질적연구의 여정을 떠나는 당신이 아주 특별한 사람임을 잊지 말았으면 한다.

참고문헌

권지성 · 안재진 · 변미희 · 최운선(2010). 입양가족의 뿌리찾기 경험에 대한 질적 사례연구. 한국사회복지학, 62(2), 209-233.

권향원(2016). 근거이론의 수행방법에 대한 이해: 실천적 가이드라인과 이론적 쟁점을 중심으로. 한국정책과학학회보, 29(2), 171-216.

김귀옥(2014). 구술사 연구 방법과 실천. 파주: 한울아카데미.

김성례(2002). 구술사와 기억: 여성주의 구술사의 방법론적 성찰. 한국문화인류학, 35(2), 31-64.

김성례(2004). 한국 여성의 구술사: 방법론적 성찰. 조옥라 · 공지영(엮음). 젠더, 경험, 역사(pp. 29-60). 서울: 서강대학교출판부.

김영천(2001). 현장작업(fieldwork)에 필요한 열한 가지 연구기술. 교육인류학연구, 4(1), 1-43.

김은정(2017). 한국의 사회학 연구영역에서의 근거이론의 활용 방법과 전개, 그리고 향후 방향의 모색. 한국사회학, 51(3), 37-70.

김춘경 · 이수연 · 이윤주 · 정종진 · 최웅용(2016). 상담학 사전. 서울: 학지사.

박나라(2020). 질적 연구의 심화와 확장: 한국 정치학 연구에서의 근거이론 방법 적용 가능성. 정치정보연구, 23(2), 189-234.

박민정(2006). 내러티브란 무엇인가?: 이야기 만들기, 의미구성, 커뮤니케이션의 해석학적 순환. 아시아교육연구, 7(4), 27-47.

박지영(2007). 노인자살생존자의 자살경험에 관한 연구. 이화여자대학교 대학원 박사학위논문.

서경혜(2008). 학교 밖 교사학습공동체에 대한 사례연구. 한국교원교육연구, 25(2), 53-80.

서경혜(2009). 교사들의 교육과정 재구성 실천 경험에 대한 사례연구. 교육과정연구, 27(3), 159-189.

서경혜(2017). 정의로운 교육을 위한 어느 교사의 분투: 내러티브 탐구. 교육과정연구, 35(3), 129-156.

서경혜(2019). 학교단위 교사학습공동체 운동의 의의와 과제. 교육과학연구, 50(2), 1-28.

안준희(2000). '노숙자'의 정체성과 적응전략: 인지인류학적 접근. 비교문화연구, 6(2), 221-266.

염지숙(2003). 교육연구에서 내러티브 탐구(narrative inquiry)의 개념, 절차, 그리고 딜레마. 교육인류학연구, 6(1), 119-140.

오민석(2017). 현대문학이론의 길잡이. 서울: 시인동네.

오욱환(2003). 교육사회학의 이해와 탐구. 서울: 교육과학사.

유철인(1990). 생애사와 신세 타령 −자료와 텍스트의 문제−. 한국문화인류학, 22, 301-308.

유철인(1998). 생애사 연구방법: 자료의 수집과 텍스트의 해석. 간호학탐구, 7(1), 186-195.

유철인(2022). 여성 구술생애사와 신세타령. 서울: 민속원.

유혜령(2013). 현상학적 질적 연구에 대한 오해와 이해: 연구 논리와 연구 기법 사이에서 길 찾기. 현상·해석학적 교육연구, 10(1), 5-31.

유혜령(2015). 현상학적 질적 연구의 논리와 방법: Max van Manen의 연구방법론을 중심으로. 가족과 상담, 5(1), 1-20.

윤택림(1994). 기억에서 역사로 −구술사의 이론적, 방법론적 쟁점들에 대한 고찰−. 한국문화인류학, 25, 273-294.

윤택림(2010). 여성은 스스로 말할 수 있는가: 여성 구술 생애사 연구의 쟁점과 방법론적 논의. 여성학논집, 27(2), 77-111.

윤택림(2013). 문화와 역사 연구를 위한 질적연구방법론. 홍천군: 아르케.

윤택림(2019). 역사와 기록 연구를 위한 구술사 연구방법론. 홍천군: 아르케.

윤형숙(1995). 여성생애사 연구방법론. 여성연구, 3, 99-115.

이나영(2012). '과정'으로서의 구술사, 긴장과 도전의 여정. 한국여성학, 28(3), 181-218.

이남인(2005). 현상학과 질적연구방법. 철학과 현상학 연구, 24, 91-122.

이남인(2014). 현상학과 질적 연구: 응용현상학의 한 지평. 파주: 한길사.

이용숙 · 이수정 · 정진웅 · 한경구 · 황익주(2012). 인류학 민족지 연구 어떻게 할 것 인가. 서울: 일조각.

이재인(2005). 서사유형과 내면세계: 기혼여성들의 생애이야기에 대한 서사적 접 근. 한국사회학, 39(3), 77-119.

이희영(2005). 사회학 방법론으로서의 생애사 재구성: 행위이론의 관점에서 본 이 론적 의의와 방법론적 원칙. 한국사회학, 39(3), 120-148.

이혁규 · 심형택 · 이경화(2003). 초등 예비 교사의 실습 체험에 대한 내러티브 연 구. 교육인류학연구, 6(1), 141-197.

조은(2012). 사당동 더하기 25: 가난에 대한 스물다섯 해의 기록. 서울: 또하나의문화.

조은 · 조옥라(1992). 도시민빈의 삶과 공간: 사당동 재개발지역 현장연구. 서울: 서울대 학교출판부.

한경혜(2004). 생애사 연구를 통한 노년기 삶의 이해. 한국노년연구, 24(4), 87-106.

한경혜(2005). 생애사 연구를 통해 본 남성의 삶. 한국가정관리학회 학술발표대회 자 료집(pp. 1-30).

한국구술사연구회(2005). 구술사 방법과 사례. 서울: 선인.

한국정신대연구소 · 한국정신대문제대책협의회 엮음(1993). 강제로 끌려간 조선인 군 위안부들 증언집 1. 서울: 한울.

한국정신대연구소 · 한국정신대문제대책협의회 엮음(1997). 강제로 끌려간 조선인 군 위안부들 2. 서울: 한울.

한국정신대연구소 · 한국정신대문제대책협의회 엮음(1999). 강제로 끌려간 조선인 군 위안부들 3. 서울: 한울.

한국정신대연구소 · 한국정신대문제대책협의회 엮음(2001a). 강제로 끌려간 조선인 군 위안부들 4: 기억으로 다시 쓰는 역사. 서울: 풀빛.

한국정신대연구소 · 한국정신대문제대책협의회 엮음(2001b). 강제로 끌려간 조선인 군 위안부들 5. 서울: 풀빛.

한승희(1997). 내러티브 사고양식의 교육적 의미. 교육과정연구, 15(1), 400-423.

홍미연 · 조미경(2018). 알코올중독자의 회복경험에 대한 질적 사례연구. 한국사회 복지질적연구, 12(1), 135-162.

Adams, T. E., Jones, S. H., & Ellis, C. (2015) *Autoethnography: Understanding qualitative research.* Oxford: Oxford University Press.

Barone, T. (2001). *Touching eternity: The enuring outcomes of teaching.* New York: Teachers College Press.

Barone, T. (2008). Creative nonfiction and social research. In G. Knowles & A. Cole (Eds.), *Handbook of the arts in qualitative research* (pp. 105–116). Thousand Oaks, CA: Sage.

Barone, T., & Eisner, E. (2012). *Arts based research.* Thousand Oaks, CA: Sage.

Birks, M., & Mills, J. (2011). *Grounded theory: A practical guide.* London: SAGE. Melanie Birks, Jane Mills 공저, 공은숙 · 이정덕 공역(2015). 근거이론의 실천. 서울: 학지사메디컬.

Birks, M., & Mills, J. (2015). *Grounded theory: A practical guide* (2nd ed.). London: Sage.

Braun, V., & Clarke, V. (2006). Using thematic analysis in psychology. *Qualitative research in Psychology, 3*(2), 77–101.

Braun, V., & Clarke, V. (2013). *Successful qualitative research: A practical guide for beginners.* London: Sage.

Bronfenbrenner, U. (1992). Ecological systems theory. In R. Vasta (Ed.), *Six theories of child development: Revised formulations and current issues* (pp. 187–249). Jessica Kingsley Publishers.

Bruner, E. M. (1984). Introduction: The opening up of anthropology. In S. Plattner & E. M. Bruner (Eds.), *Text, play, and story: The construction and reconstruction of self and society* (pp. 1–16). Proceedings of the American Ethnological Society. Princeton, NJ: American Ethnological Society.

Bruner, J. (1986). *Actual minds, possible worlds.* Cambridge, MA: Harvard University Press.

Bruner, J. (1987). Life as narrative. *Social Research, 54*(1), 11–32.

Bulmer, M. (1984). *The Chicago School of Sociology: Institutionalization, diversity, and the rise of sociological research.* Chicago: University of Chicago Press.

Charmaz, K. (2006). *Constructing grounded theory: A practical guide through qualitative analysis.* Thousand Oaks, CA: SAGE. Kathy Charmaz 저, 박현선 · 이상균 · 이채원 공역(2013). 근거이론의 구성: 질적 분석의 실천지침. 서울: 학지사.

Charmaz, K. (2014). *Constructing grounded theory* (2nd ed.). Thousand Oaks, CA: SAGE.

Clandinin, D. J. (2013). *Engaging in narrative inquiry.* New York: Left Cast Press. Jean Clandinin 저, 염지숙 · 강현석 · 박세원 · 조덕주 · 조인숙 공역(2015). 내러티브 탐구의 이해와 실천. 서울: 교육과학사.

Clandinin, D. J., & Connelly, F. M. (2000). *Narrative inquiry: Experience and story in qualitative research.* San Francisco: Jossey-Bass Publishers. D. Jean Clandinin, F. Michael Connelly 공저, 소경희 · 강현석 · 조덕주 · 박민정 공역 (2007). 내러티브 탐구: 교육에서의 질적 연구의 경험과 사례. 서울: 교육과학사.

Clarke, A. E. (2005). *Situational analyses: Grounded theory after postmodern turn.* Thousand Oaks, CA: Sage.

Colaizzi, P. (1978). Psychological research as a phenomenologist views it. In R. S. Valle & M. King (Eds.), *Existential-phenomenological alternatives for psychology* (pp. 48-71). New York: Oxford University Press.

Cole, A. L., & Knowles, J. G. (2001). *Lives in context: The art of life history research.* Lanham, MD: AltaMira Press.

Connelly, F. M., & Clandinin, D. J. (1990). Stories of experience and narrative inquiry. *Educational Researcher, 19*(5), 2-14.

Corbin, J., & Strauss, A. (2015). *Basics of qualitative research: Techniques and procedures for developing grounded theory* (4th ed.). Thousand Oaks, CA: SAGE. Juliet Corbin, Anselm Strauss 공저, 김미영 · 정승은 · 차지영 · 강지숙 · 권유림 · 김윤주 · 박금주 · 서금숙 공역(2019). 근거이론(4판). 서울: 현문사.

Creswell, J. W. (1998). *Qualitative inquiry & research design: Choosing among five approaches.* Thousand Oaks, CA: Sage.

Creswell, J. W. (2002). *Educational research: Planning, conducting, and evaluating quantitative and qualitative research.* Upper Saddle River, NJ: Pearson Education.

Creswell, J. W., & Poth, C. N. (2017). *Qualitative inquiry & research design: Choosing among five approaches* (4th ed.). Thousand Oaks, CA: Sage.

Crotty, M. (1996). *Phenomenology and nursing research*. Melbourne: Churchill Livingston.

deLoria, V. (1969). *Custer died for your sins: An Indian manifesto*. New York: Macmillan.

Denzin, N. K. (1989a). *The research act: A theoretical introduction to sociological methods* (3rd ed.). Englewood Cliffs, NJ: Prentice-Hall.

Denzin, N. K. (1989b). *Interpretive biography*. Newbury Park, CA: Sage.

Denzin, N. K., & Lincoln, Y. S. (1994). *Handbook of qualitative research*. Thousand Oaks, CA: Sage.

Denzin, N. K., & Lincoln, Y. S. (Eds.). (2005). *The Sage handbook of qualitative research* (3rd ed.). Thousand Oaks, CA; Sage.

Dey, I. (1999). *Grounding grounded theory*. San Diego, CA: Academic Press.

Donmoyer, R. (2000). Generalizability and the single-case study. In R. Gomm, M. Hammersley & P. Foster (Eds.), *Case study method* (pp. 45-68). Thousand Oaks, CA: Sage.

DuBois, W. E. B. (1899). *The Philadelphia negro: A social study*. New York: Schocken.

Dunlop, R. (1999). *Boundary Bay: A novel as educational research* (Doctoral dissertation). The University of British Columbia, Vancouver, British Columbia, Canada.

Ellis, C. (2004). *The ethnographic-I: A methodological novel about autoethnography*. Walnut Creek, CA: AltaMira Press.

Ellis, C., & Bochner, A. P. (2000). Autoethnography, personal narrative, reflexivity. In N. K. Denzin & Y. S. Lincoln (Eds.), *Handbook of qualitative research* (2nd ed., pp. 733-768). Thousand Oaks, CA: Sage.

Emerson, R. M., Fretz, R. I., & Shaw, L. L. (1955). *Wrting ethnographic fieldnotes*. Chicago: The University of Chicago Press.

Erickson, F. (2018). A history of qualitative inquiry in social and educational research. In N. K. Denzin & Y. S. Lincoln (Eds.), *The SAGE handbook of qualitative research* (5th ed., pp. 36–65). Thousand Oaks, CA: Sage.

Faulkner, S. (2009). *Poetry as method: Reporting research through verse.* Walnut Creek, CA: Left Coast Press.

Flowers, P., Davis, M., Hart, G., Rosengarten, M., Frankis, J., & Imrie, J. (2006). Diagnosis and stigma and identity amongst HIV positive Black Africans living in the UK. *Psychology and Health, 21,* 109–122.

Gadamer, H. G. (1975). *Truth and method.* New York: Seabury Press.

Gadamer, H. G. (1986). *The relevance of the beautiful and other essays.* Cambridge: Cambridge University Press.

Geertz, C. (1973). *The interpretation of cultures.* New York: Basic Books. 클리퍼드 기어츠 저, 문옥표 역(2009). 문화의 해석. 서울: 까치글방.

Ginsburg, H. P., Inoue, N., & Seo, K. (1999). Young children doing mathematics: Observations of everyday activities. In J. Copley (Ed.), *Mathematics in the early years.* Reston, VA: National Council of Teachers of Mathematics.

Giorgi, A. (2009). *The descriptive phenomenological method in psychology: A modified Husserlian approach.* Pittsburgh, PA: Duquesne University Press.

Giorgi, A. (2012). The descriptive phenomenological psychological method. *Journal of Phenomenological Psychology, 43,* 3-12.

Glaser, B. G. (1992). *Basics of grounded theory analysis: Emergence vs. forcing.* Mill Valley, CA: Sociology Press.

Glaser, B. G. (2002). Constructivist grounded theory? *Forum Qualitative Sozialforschung / Forum: Qualitative Social Research, 3*(3), Art. 12, Available at: http://nbnresolving.de/urn:nbn:de:0114-fqs0203125.

Glaser, B. G., & Strauss, A. L. (1967). *The discovery of grounded theory: Strategies for qualitative research.* New York: Aldine de Gruyter. Barney G. Glaser, Anselm L. Strauss 공저, 이병식 · 박상욱 · 김사훈 공역(2011). 근거이론의 발견: 질적연구전략. 서울: 학지사.

Gomm, R., Hammersley, M., & Foster, P. (2000). Case study and generalization. In R. Gomm, M. Hammersley & P. Foster (Eds.), *Case study method* (pp.

98–115). Thousand Oaks, CA: Sage.

Goodson, I. (2001). The Story of Life History: Origins of the Life History Method in Sociology. *Identity, 1*(2), 129–142.

Hayano, D. M. (1979). Auto-Ethnography: Paradigms, problems, and prospects. *Human Organization, 38*(1), 99–104.

Heider, K. G. (1975). What do people do? Dani Auto-Ethnography. *Journal of Anthropological Research, 31*(1), 3–17.

Ho, K. Z. (2009). *Liquidated: An ethnography of Wall Street.* Durham, NC: Duke University Press. 캐런 호 저, 유강은 역(2013). 호모 인베스투스: 투자하는 인간, 신자유주의와 월스트리트의 인류학. 서울: 이매진.

Husserl, E. (1931/2002). *Ideas: General introduction to pure phenomenology.* Translated by W. R. B. Gibson. New York: Routledge.

Keen, E. (1975). *A primer in phenomenological psychology.* Washington, D.C.: University Press of America.

Kim, J. H. (2016). *Understanding narrative inquiry.* Thousand Oaks, CA: Sage.

Krueger, R. A., & Casey, M. A. (2009). *Focus groups: A practical guide for applied research* (4th ed.). Los Angeles, CA: Sage. Richard A. Krueger, Mary Anne Casey 공저, 민병오·조대현 공역(2014). 포커스 그룹: 응용조사 실행방법. 서울: 명인문화사.

Krueger, R. A., & Casey, M. A. (2015). *Focus groups: A practical guide for applied research* (5th ed.). Thousand Oaks, CA: Sage.

Leavy, P. (2013). *Fiction as research practice: Short stories, novellas, and novels.* Walnut Creek, CA: Left Coast Press.

LeCompte, M., Schensul, J. J. (1999). *Analyzing & interpreting ethnographic data.* Walnut Creek, CA: AltaMira Press.

Lieblich, A., Tuval-Mashiach, R., & Zilber, T. (1998). *Narrative research: Reading, analysis, and interpretation.* Thousand Oaks, CA: Sage.

Lincoln, Y. S., & Guba, E. G. (2000). The only generalization is: There is no generalization. In R. Gomm, M. Hammersley, & P. Foster (Eds.), *Case study method* (pp. 27–44). Thousand Oaks, CA: Sage.

Luttrell, W. (2010). "A camera is a big responsibility": A lens for analyzing children's visual voices. *Visual Studies, 25*(3), 224-237.

MacIntyre, A. (1981). *After virtue: A study in moral theory.* Notre Dame, ID: University of Notre Dame Press.

Madison, D. S. (2005). *Critical ethnography: Method, ethics, and performance.* London: Sage.

Malinowski, B. (1922). *Argonauts of the Western Pacific: An account of native enterprise and adventure in the archipelagoes of Melanesian New Guinea.* London and New York: G. Routledge and E. P. Dutton.

Malinowski, B. (1984). *Argonauts of the Western Pacific: An account of native enterprise and adventure in the archipelagoes of Melanesian New Guinea.* Heights, Illinois: Waveland Press. 브로니스라브 말리노브스키 저, 최협 역 (2013). 서태평양의 항해자들. 광주: 전남대학교출판부.

Malinowski, B. (1967). *A diary in the strict sense of the term.* New York: Harcourt, Brace.

Mandelbaum, D. G. (1973). The study of life history: Gandhi. *Current Anthropology, 14*(3), 177-206.

Mead, M. (1928). *Coming of age in Samoa: A psychological study of primitive youth for Western civilization.* New York: William Morrow. 마거릿 미드 저, 박자영 역(2008). 사모아의 청소년: 서구문명을 위한 원시사회 청소년들에 대한 심리학적 연구. 파주: 한길사.

Merleau-Ponty, M. (1962). *The phenomenology of perception.* Translated by C. Smith. New York: Humanities Press. (Orig. pub. French, 1945).

Merriam, S. B. (1988). *Case study research in education: A qualitative approach.* San Francisco, CA: Jossey-Bass Publishers.

Miles, M. B., & Huberman, A. M. (1994). *Qualitative data analysis: An expanded sourcebook* (2nd ed.). Thousand Oaks, CA: Sage. Matthew B. Miles, A. Michael Huberman 공저, 박태영 · 박소영 · 반정호 · 성준모 · 은선경 · 이재령 · 이화영 · 조성희 공역(2009). 질적자료분석론. 서울: 학지사.

Miles, M. B., Huberman, A. M., & Saldaña, J. (2014). *Qualitative data analysis:*

A methods sourcebook (3rd ed.). Thousand Oaks, CA: Sage. Matthew B. Miles, A. Michael Huberman, Johnny Saldaña 공저, 박태영 · 김은경 · 김혜선 · 박소영 · 박수선 · 심다연 · 이재령 · 임아리 · 장은경 · 조성희 · 조지용 공역(2019). 질적자료분석론: 방법론 자료집. 서울: 학지사.

Morgan, D. L. (1997). *Focus groups as qualitative research.* Thousand Oaks, CA: Sage. David L. Morgan 저, 김성재 · 오상은 · 은영 · 손행미 · 이명선 공역 (2007). 질적 연구로서의 포커스 그룹. 서울: 군자.

Morgan, D. L., & Krueger, R. A. (1997). *The focus group kit.* Thousand Oaks, CA: Sage.

Moustakas, C. (1994). *Phenomenological research methods.* Thousand Oaks, CA: Sage.

Munro, P. (1998). *Subject to fiction: Women teachers' life history narratives and the cultural politics of resistance.* Philadelphia, PA: Open University Press.

Narayan, K., & George, K. (2012). Stories about getting stories. In J. Gubrium, J. Holstein, A. Marvasti, & K. McKinney (Eds.), *The SAGE handbook of interview research: The complexity of the craft* (pp. 511–524). Thousand Oaks, CA: Sage.

Niles, J. D. (1999). *Homo narrans: The poetics and anthropology of oral literature.* Philadelphia, PA: University of Pennsylvania Press.

Osborn, M., & Smith, J. A. (1998). The personal experience of chronic benign lower back pain: An interpretative phenomenological analysis. *British Journal of Health Psychology, 3*, 65–83.

Paley, J. (1997). Husserl, phenomenology and nursing. *Journal of Advanced Nursing, 26*(1), 187–193.

Patton, M. Q. (1980). *Qualitative evaluation methods.* Newbury Park, CA: Sage.

Patton, M. Q. (1990). *Qualitative evaluation and research methods* (2nd ed.). Newbury Park: Sage.

Patton, M. Q. (2002). *Qualitative research and evaluation method* (3rd ed.). Thousand Oaks, CA: Sage.

Polkinghorne, D. E. (1988). *Narrative knowing the human sciences.* New York:

State University of New York Press.

Polkinghorne, D. E. (1995). Narrative fonciguration as qualitative analysis. In J. A. Hatch & R. Wisniewski (Eds.), *Life history and narrative* (pp. 5–25). London, UK: Falmer Press.

Popular Memory Group. (1982). "Popular memory: Theory, politics, method." In R. Johnson, G. McLennan, B. Schwarz, & D. Sutton (Eds.), *Making histories: Studies in history-writing and politics* (pp. 205–252). London, UK: University of Birmingham.

Ragin, C. C. (1992). Introduction: Cases of "what is a case?" In C. C. Ragin & H. S. Becker (Eds.), *What is a case? Exploring the foundations of social inquiry* (pp. 1–17). Cambridge, UK: Cambridge University Press.

Rankin, J. (2002). What is narrative?: Ricoeur, Bakhtin, and process approaches. Concrescence: *The Australasian Journal of Process Thought, 3,* 1–12.

Ricoeur, P. (1970). *Freud and philosophy: An essay on interpretation.* New Haven, CT: Yale University Press.

Ronai, C. R. (1995). Multiple reflections of child sex abuse: An argument for a layered account. *Journal of Contemporary Ethnography, 23,* 395–426.

Rosaldo, R. (1989). *Culture and truth: The remaking of social analysis.* Boston, MA: Beacon.

Saldaña, J. (Ed.). (2005). *Ethnodrama: An anthology of reality theatre.* Walnut Creek, CA: AltaMira Press.

Schensul, J. J., LeCompte, M. D., & Schensul, S. (1999). *The ethnographer's toolkit* (Vols. 1–5). Walnut Creek, CA: AltaMira Press.

Schön, D. A. (1987). *The reflective practitioner: How professionals think in action.* New York: Basic Books.

Schwandnt, T. A., & Gates, E. F. (2018). Case study methodology. In N. K. Denzin & Y. S. Lincoln (Eds.), *The SAGE handbook of qualitative research* (5th ed., pp. 341–358). Los Angeles, CA: Sage.

Seidman, I. (2013). *Interviewing as qualitative research* (4th ed.). New York: Teacher College Press.

Shankman, P. (2009). *The trashing of Margaret Mead: Anatomy of an anthropological controversy*. Madison, WI: The University of Wisconsin Press.

Small, M. L. (2009). 'How many cases do I need?': On science and the logic of case selection in field-based research. *Ethnography, 10*, 5-38.

Smith, J. A. (1996). Beyond the divide between cognition and discourse: Using interpretative phenomenological analysis in health psychology. *Psychology & Health, 11*, 261-271.

Smith, J. A. (1999). Towards a relational self: Social engagement during pregnancy and psychological preparation for motherhood. *British Journal of Social Psychology, 38*, 409-426.

Smith, J. A., Flowers, P., & Larkin, M. (2009). *Interpretive phenomenological analysis: Theory, method and research*. Los Angeles, CA: Sage.

Smith, J. A., & Osborn, M. (2003). Interpretative phenomenological analysis. In J. A. Smith (Ed.), *Qualitative psychology: A practical guide to methods*. London: Sage.

Spiegelberg, H. (1960). *The phenomenological movement*. The Hague. 허버트 스피겔버그 저, 최경호 · 박인철 공역(1991). 현상학적 운동. 서울: 이론과실천.

Spradley, J. (1979). *The ethnographic interview*. New York: Holt, Rinehart & Winston. James P. Spradley 저, 박종흡 역(2003). 문화기술적 면접법. 서울: 시그마프레스.

Spradley, J. (1980). *Participant observation*. New York: Holt, Rinehart & Winston. James P. Spradley 저, 신재영 역(2006). 참여관찰법. 서울: 시그마프레스.

Stake, R. E. (1994). Case studies. In N. K. Denzin & Y. S. Lincoln (1994). *Handbook of qualitative research* (pp. 236-247). Thousand Oaks, CA: Sage.

Stake, R. E. (1995). *The art of case study*. Thousand Oaks, CA: Sage. Robert E. Stake 저, 홍용희 · 노경주 · 심종희 공역(2000). 질적사례연구. 서울: 창지사.

Stake, R. E. (2006). *Multiple case study analysis*. New York: Guilford Press.

Stevick, E. L. (1971). An emprical investigation of the experience of anger. In A. Giorgi, W. Fisher, & R. Von eckartsberg (Eds.), *Duquesne studies in phenomenological psychology* (Vol. 1, pp. 132-148). Pittsburgh, PA:

Duquesne University Press.

Strauss, A. L. (1987). *Qualitative analysis for social scientists*. New York: Cambridge University Press.

Strauss, A. L., & Corbin, J. M. (1990). *Basics of qualitative research: Grounded theory procedures and techniques*. Newbury Park, CA: Sage.

Thomas, W. I., & Znanieck, F. (1927). *The Polish peasant in Europe and America*. Chicago: University of Chicago Press.

Thompson, P. (2000). *The voice of the past: Oral history* (3rd ed.). Oxford, UK: Oxford University Press.

Trumbull, M. (1993). The experience of undergoing coronary artery bypass surgery: A phenomenological investigation. (Doctoral dissertation, The Union Institute, 1993). *Dissertation Abstracts International, 54*, 1115B.

Van Kaam, A. (1966). *Existential foundations of psychology*. Pittsburgh, PA: Duquesne University Press.

Van Manen, M. (1990) *Researching lived experience: Human science for an action sensitive pedagogy*. Albany, NY: State University of New York Press. 밴 매넌 저, 신경림 · 안규남 공역(1994). 체험연구: 해석학적 현상학의 인간과학 연구방법론. 서울: 동녘.

Wachtel, N. (1990). Introduction. In M. Bourguet, L. Valensi, & N. Wachtel (Eds.), *Between memory and history*. New York: Harwood Academic Publishers.

Willis, P. (1977). *Learning to labor: How working class kids get working class jobs*. New York: Columbia University Press. 폴 윌리스 저, 김찬호 · 김영훈 공역(2004). 학교와 계급재생산: 반학교문화, 일상, 저항. 서울: 이매진.

Willis, P. (1978). *Profane culture*. London: Routledge & K. Paul.

Wolcott, H. F. (2008). *Ethnography: A way of seeing*. (2nd ed.). Lanham, MD: AltMira Press.

Yin, R. K. (1984). *Case study research: Design and methods*. Thousand Oaks, CA: Sage.

Yin, R. K. (2018). *Case study research and application: Design and methods* (6th

ed.). Thousand Oaks, CA: Sage. Robert K. Yin 저, 신경식 · 송민채 · 신현
섭 · 조수현 · 서이안 공역(2021). **사례연구방법.** 서울: 한경사.

Young, M. (1979). *The ethnography of Malinowski: The Trobriand Islands 1915–
18.* London: Routledge and K. Paul.

찾아보기

인명

내용

저자 소개

서경혜(Kyounghye Seo)
이화여자대학교 교육학과 학사
이화여자대학교 대학원 교육학 전공 석사
미국 콜롬비아대학교 Teachers College 발달심리학 전공 석사
미국 콜롬비아대학교 Teachers College 교육과정 전공 박사
전 미국 위스콘신대학교(Univ. of Wisconsin-Milwaukee) 교수
현 이화여자대학교 교육학과 교수

질적연구방법론
Qualitative Research Methodology

2023년 10월 20일 1판 1쇄 인쇄
2023년 10월 23일 1판 1쇄 발행

지은이 • 서경혜
펴낸이 • 김진환
펴낸곳 • ㈜**학지사**
　　　　04031 서울특별시 마포구 양화로 15길 20 마인드월드빌딩
대표전화 • 02-330-5114　　팩스 • 02-324-2345
등록번호 • 제313-2006-000265호

홈페이지 • http://www.hakjisa.co.kr
인스타그램 • https://www.instagram.com/hakjisabook

ISBN 978-89-997-2995-9　93370

정가 20,000원

출판미디어기업 학지사
간호보건의학출판 **학지사메디컬** www.hakjisamd.co.kr
심리검사연구소 **인싸이트** www.inpsyt.co.kr
학술논문서비스 **뉴논문** www.newnonmun.com
교육연수원 **카운피아** www.counpia.com